深圳市人文社会科学重点研究基地成果

TRADITION AND MODERNITY
Collection of Chinese Thought and Culture

传统与现代
中国思想文化论集

方映灵 ◎ 著

南方出版传媒
广东人民出版社
·广州·

图书在版编目（CIP）数据

传统与现代：中国思想文化论集 / 方映灵著. —广州：广东人民出版社，2021.11（2022.6重印）
ISBN 978-7-218-15356-8

Ⅰ.①传… Ⅱ.①方… Ⅲ.①思想史—中国—文集 Ⅳ.①B2-53

中国版本图书馆CIP数据核字（2021）第220787号

CHUANTONG YU XIANDAI：ZHONGGUO SIXIANG WENHUA LUNJI
传统与现代：中国思想文化论集
方映灵 著

版权所有 翻印必究

出 版 人：肖风华

责任编辑：陈其伟 唐金英
装帧设计：龙瀚文化 0755-33133493
责任技编：周星奎

出版发行：广东人民出版社
地　　址：广州市越秀区大沙头四马路10号（邮政编码：510102）
电　　话：（020）85716809（总编室）
传　　真：（020）85716872
网　　址：http://www.gdpph.com
印　　刷：深圳市金丽彩印刷有限公司
开　　本：787mm×1092mm　1/16
印　　张：15　　插　页：2　　字　数：220千
版　　次：2021年11月第1版
印　　次：2022年6月第2次印刷
定　　价：56.00元

如发现印装质量问题，影响阅读，请与出版社（020-85716808）联系调换。

自序：传统与现代

在现代社会中，每个人都处在传统与现代的某个点上。我们既延续着传统的习俗模式与思想观念，也跟随着时代、社会的发展步伐，不断吸纳和创造推动着当下现代的时尚潮流样式与文化价值理念。

何为传统？如何对待传统？是全盘否定传统还是由传统开出现代？诸如此类近现代中国始终绕不开的核心问题，围绕的都是传统与现代的关系问题。美国政治学家塞缪尔·亨廷顿（Samuel P.Huntington）指出："传统社会以农业为基础，现代社会以工业为基础。""现代化包括工业化、城市化，以及识字率、教育水平、富裕程度、社会动员程度的提高和更复杂的、更多样化的职业结构。……现代社会中的人的态度、价值观、知识和文化极大地不同于传统社会。"①

鸦片战争之前的天朝帝国，考虑的只是恪守"天不变，道亦不变"的传统祖训，所以美国学者本杰明·史华慈（Benjamin Schwartz）说："在十九世纪，西方人经常把中国视为停滞的传统主义的典型。"② 固守东方文明古国封闭停滞的传统也许岁月静好，无奈西方列强率先工业化之后的船坚炮利还是一夜惊醒了天朝自大美梦。肇于此，对传统的全面批判与反省

---

① [美]塞缪尔·亨廷顿著，周琪等译：《文明的冲突与世界秩序的重建》，北京：新华出版社，2010年，第47、47—48页。
② [美]林毓生著，穆善培译：《中国意识的危机》，贵阳：贵州人民出版社，1986年，序第1页。

自此开端，至今未绝。从五四新文化运动提倡全盘西化、全盘否定传统，到80年代文化热全民性热烈拥抱西方文化，正如历史学者林毓生所言："二十世纪中国思想史的最显著特征之一，是对中国传统文化遗产坚决地全盘否定的态度的出现与持续。"①

反传统思潮一方面掀起了思想启蒙解放运动，推动了社会变革与进步，但另一方面也使国人在社会文化价值观等方面全方位失去原本所据，给国人带来迷茫彷徨和内在主体的不自信。而"全盘西化"的拾人牙慧一方面会碰到水土不服问题，另一方面则大概率是学生永远赶不上老师，现代化不可能一夜之间从西方直接复制嫁接植入中国。"从僵化的传统走向激烈反传统……传统规范多已荡然无存，而新的规范仍在难产之中。"②现代化未能培植建立，传统又遭全面否弃，传统与现代的关系陷入对立否定、排斥不相容的困境。而历史证明，这种激进的反传统主张是不现实也走不通的，对中国的现代化发展的作用不能持久，也不具普遍意义。因为，"无论由中国史或世界史的角度来看，五四新文化运动中的反传统思想都是一个独特的历史现象"③。

假如说，1840年鸦片战争的被动开放，中国是以"西方冲击—中国回应"模式反思、否弃传统并救亡图存艰难发展现代化的话，那么，1978年开始的改革开放，则是中国自身意识到"不搞改革开放，只有死路一条"（邓小平语）的深重危机，主动融入世界，开始现代化进程。自此，对内改革传统、对外开放回应西方建设现代化，成为"决定当代中国命运的关键一招，也是决定实现'两个一百年'奋斗目标、实现中华民族伟大复兴的关键一招"④。传统与现代、中国与西方等关系紧张问题，在改革开放这一"中国智慧"中，逐步得到了和解与统一。

20世纪90年代开始，随着国内外形势发展与中国经济实力的增强，传

---

① [美]林毓生著，穆善培译：《中国意识的危机》，第2页。
② [美]林毓生著，穆善培译：《中国意识的危机》，第84页。
③ [美]林毓生著，穆善培译：《中国意识的危机》，第165页。
④ 习近平：《习近平谈治国理政》，北京：外文出版社，2014年，第71页。

统与现代的关系天平渐渐发生了倾斜转变。一方面，国际风云变幻，东欧剧变、冷战结束，"全球政治在历史上第一次成为多极的和多文明的"①。多元文化的兴起既冲击了由全球化所带来的以美国为代表的现代西方文化霸权，又促进了传统本土化的复兴与发展："文明之间的力量对比正在发生变化：西方的影响在相对下降；亚洲文明正在扩张其经济、军事和政治实力"②，本土化复兴成为一种世界潮流和"全球现象"③。另一方面，国内改革开放带来了经济腾飞，中国崛起带来了传统的自信回归与内在主体性觉醒高扬。正是在这样国内外形势背景下，传统荣耀高扬回归，国学热、传统文化热持续升温，并最终成为增强文化自信、提升文化软实力、打造文化强国这一国家战略的核心主体资源。自此，传统终于一反昔日被否定、被改造的窘境，在主动接纳包容现代的自信中，朝着面向现代化、面向世界、面向未来的方向，日益与现代形成互动协同发展关系。

传统的复兴上位与主体地位的自觉确立，一方面带来了民族自豪感与主场自主感，诚如李泽厚所提出，进入21世纪，"该中国哲学登场了"④；另一方面也使继承和弘扬中华优秀传统文化、推动传统文化创造性转化、创新性发展成为全民性、纲领性工作任务：传统价值要素被国家层面作为民族精神根脉和"在世界文化激荡中站稳脚跟的根基"⑤植入社会主流价值观；全国各地基于挖掘传统打造的各类地方文化、民俗文化如雨后春笋般涌现；学术界对传统经典的阐释方兴未艾，"照着讲"的经典阐释与"接着讲"的理论创建并力齐发，诸多西学专业出身的学者也转而研究中学，中西学术扎实深度融通，极大推动了中国现代学术高水平蓬勃发展，建设中国学派，构建中国特色、中国风格、中国气派的学科体系、学术体系、话语体系成为目标使命；更值得注意的是，作为最具现代社会特色的资本商界，也纷纷运用资本的力量，对传统进行形形色色的商业化改造创新与

---

① [美]塞缪尔·亨廷顿著，周琪等译：《文明的冲突与世界秩序的重建》，第5页。
② [美]塞缪尔·亨廷顿著，周琪等译：《文明的冲突与世界秩序的重建》，第4页。
③ [美]塞缪尔·亨廷顿著，周琪等译：《文明的冲突与世界秩序的重建》，第83页。
④ 李泽厚、刘绪源：《该中国哲学登场了？》，上海：上海译文出版社，2011年。
⑤ 习近平：《习近平谈治国理政》，第264页。

包装，转化成为各种文化产品，在构筑和丰富现代中国人文化消费模式及文化样式、推动中国文化产业崛起与大众文化消费市场繁荣的同时，也把传统有效激活并深度融入当下社会生活与中国现代化发展过程中。资本的力量对于现代化进程的扎实推动作用，正如吾师袁伟时先生所说："从传统社会向现代社会转型，主要推动力量是商人及其代表的强大的市场经济。"①

  新时代下，传统与现代的张力关系仍然存在，因为"现代社会并不能仅靠现代性而存在"②，如何维系和平衡这种张力还是要义。极端的守旧复古回归传统与轻贱否弃传统一样不可取。一方面，继承和弘扬传统、挺立文化主体性和自主性，既是民族尊严和国家文化安全的需要，也是可持续发展的需要；另一方面，面向现代化、建设发展现代化才能走向富强、拥有未来。发展是硬道理，越是民族的越是世界的。由此，如何在现代视域下对传统进行创造性转化、创新性发展，使传统"获得更丰富的意蕴与更鲜活的生命力"③，从而在给予国人家园感与心灵安顿的同时，也有效补益克服现代化带来的浮躁不确定性、功利工具性，无疑才是未来正确发展途径。

  中国智慧是大国智慧，应该成为世界发展的压舱石。传统智慧应该转化发展成为国人之福而不是灾难之源。展望未来，一个融汇传统与现代、富强幸福的中国终将以独特美好的生活样式图景为世界所欣赏所向往，中华民族伟大复兴的中国梦必将实现。

  是为序。

---

① 袁伟时：《帝国落日：晚清大变局》，南昌：江西人民出版社，2003年，第5页。
② 陈来：《传统与现代：人文主义的视界》，北京：生活·读书·新知三联书店，2009年，第12页。
③ 冯达文：《寻找心灵的故乡——儒道释三家学术旨趣论释》，北京：中华书局，2015年，第2页。

目　次

自序：传统与现代 ……………………………………………… 1

一

从《老子指略》析王弼儒道融通问题 ……………………… 3
庄子人生哲学内在矛盾性试探 ……………………………… 17
佛玄之间：从《不真空论》析僧肇佛学玄学化问题 ………… 25
从《坛经》析禅宗的内在性本质特征
　　——兼论禅宗与儒家心学之异同 ……………………… 39
试论陈白沙与湛甘泉哲学的师承关系 ……………………… 51
梁启超与章太炎佛学救世思想比较研究
　　——兼论近代应用佛学思潮 …………………………… 58
章太炎生平与学术思想略述 ………………………………… 84
孙中山伦理思想新探 ………………………………………… 91
社会发展与妇女问题
　　——以冯友兰《新事论》为中心 ……………………… 107

二

中华优秀传统文化传承发展研究
　　——以深圳文化为例 …………………………… 119
儒家文化与文化创新发展 ……………………………… 141
道家文化与中国传统文化的创新发展 ………………… 155
佛学文化与智慧城市发展 ……………………………… 168
论盛唐文化精神 ………………………………………… 176

三

辨析儒释道 ……………………………………………… 187
　　儒家的人格理想——君子小人之辨 ……………… 188
　　文化的对话：儒家与佛家 ………………………… 194
　　说说老子的"无为"与"自然" …………………… 198
　　庄子的为人与道家的德性 ………………………… 202
《说苑》的伦理思想智慧 ………………………………… 207
　　君臣父子转相为本——《说苑》中的独特伦理 ………… 208
　　利归于民、罪责在我——《说苑》中的为政之道 ………… 214
　　忠孝两难——《说苑》中的人生困境 …………… 218
　　转祸为福与报怨以德——《说苑》中的事理与人情 ……… 222

参考文献 ………………………………………………… 226
后　　记 ………………………………………………… 232

Part 1

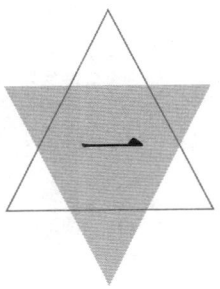

从《老子指略》析王弼儒道融通问题

王弼（226—249）是魏晋玄学的真正开创者，在其短暂的生命中，写下《周易注》《周易略例》《老子注》《老子指略》《论语释疑》等中国思想史上闪烁着耀眼光芒的划时代之作。援儒入老、融通儒道是王弼的思想特色。本文试图通过对《老子指略》的解读分析，探究王弼的儒道融通问题。

一

魏晋之际，时局动乱，士人们无以安身立命，纷纷寄情研读《老子》，注释《老子》成为一种风气。《老子指略》就是王弼通过"指略"这种当时通用的文体，简要地阐发《老子》这部典籍的思想主旨，借此表述自己的哲学观和政治观的一篇作品。以下详引此文并作解读分析。

夫物之所以生，功之所以成，必生乎无形，由乎无名。无形无名者，万物之宗也。不温不凉，不宫不商。听之不可得而闻，视之不可得而彰，体之不可得而知，味之不可得而尝。故其为物也则混成，为象也则无形，为音也则希声,为味也则无呈。故能为品物之宗主,苞通天地,靡使不经也。①

文章一开头便开宗明义地说,万物的生成是由于无形与无名,无形与无名是万物的宗主。这里无形无名指的是老子的道。《老子》第三十二章有言:"道常无名。"宫和商都是五音之一,这里是说,道既不温,也不凉;既不是宫,也不是商,它没有任何规定性。道是听不到(无声)、看不见(无色)、摸不着(无形)、品尝不出(无味)的,但正是这种无名、无声、无色、无形、无味的抽象物,才能成为万物的宗主,天地万物无一不经由。

这里,以道即无并作为万物的最高主宰,既表明了王弼的道家立场,也体现了他的"贵无论":

若温也则不能凉矣,宫也则不能商矣。形必有所分,声必有所属。故象而形者,非大象也;音而声者,非大音也。然则,四象不形,则大象无以畅;五音不声,则大音无以至。四象形而物无所主焉,则大象畅矣;五音声而心无所适焉,则大音至矣。故执大象则天下往,用大音则风俗移也。无形畅,天下虽往,往而不能释也;希声至,风俗虽移,移而不能辩也。

在王弼看来,因为道若具有了某种规定性,则必然受到某种限制。说它是温则不能说它是凉,说它是宫声则不能说它是商声,说它是这个形状则不能说它是那个形状。只有无形、无名、无声、无色、无味,才可以是这个声音、形状、名称、颜色、味道,也可以是那个声音、形状、名称、颜色、味道,正所谓大象无形、大音无声、大美无言。但是,无形无声无名又必须通过有形有声有名表现出来。"四象"指天地日月,"大象"指规律,它既指自然规律(天地日月运转变换),也指社会历史规律("执大象则天下往",有道之人天下都来归顺他)。

---

① [魏]王弼著,楼宇烈校释:《王弼集校释》上册,《老子指略》,北京:中华书局,1980年。本文所引皆出自该书第195—199页。

是故天生五物，无物为用。圣行五教，不言为化。是以"道可道，非常道，名可名，非常名"也。五物之母，不炎不寒，不柔不刚；五教之母，不皦不昧，不恩不伤。虽古今不同，时移俗易，此不变也，所谓"自古及今，其名不去"者也。天不以此，则物不生；治不以此，则功不成。故古今通，终始同；执古可以御今，证今可以知古始；此所谓"常"也。无皦昧之状，温凉之象，故"知常曰明"也。物生功成，莫不由乎此，故"以阅众甫"也。

"五物"就是金、木、水、火、土五行，中国古代人们认为，万物都是五行变化生成的。"五教"就是五伦之教，即父子有亲、君臣有义、夫妇有别、长幼有序、朋友有信，这是儒家的纲常伦理主张。虽然天地万物是由五行组成的，但我们日常生活中并看不到五行，只看到各种有用的东西，所以"无物为用"；儒家的五伦之教，到了大家都默认遵守不用再谆谆教诲时，就真正教化成功了，所以"不言为化"。

夫奔电之疾犹不足以一时周，御风之行犹不足以一息期。善速在不疾，善至在不行。故可道之盛，未足以官天地；有形之极，未足以府万物。是故叹之者不能尽乎斯美，咏之者不能畅乎斯弘。名之不能当，称之不能既。名必有所分，称必有所由。有分则有不兼，有由则有不尽；不兼则大殊其真，不尽则不可以名，此可演而明也。

上面讲"形必有所分，声必有所属"，这里继续提出"名必有所分，称必有所由"，对道只能是无、不能是有做进一步的论证。有了规定性，哪怕规定得尽善尽美，也终归无法囊括万物，总是有缺憾，更不能担当起"官天地""府万物"的重任。因此，作为万物宗主的道不能有任何规定性，只能是无。

夫"道"也者，取乎万物之所由也；"玄"也者，取乎幽冥之所出也；"深"也者，取乎探赜而不可究也；"大"也者，取乎弥纶而不可极也；"远"也者，取乎绵邈而不可及也；"微"也者，取乎幽微而不可睹也。然则"道""玄""深""大""微""远"之言，各有其义，未尽其极者也。

那么作为无的道到底应该如何描述呢？《老子》用了道、玄、深、大、远、微六个字，从六个方面描述作为万物宗主的道。在王弼看来，道最初的本意是人所行的道路，所以说它是万物之所由；玄是取之道的幽暗深远；深是取之道的幽深难见不可究尽；大是取之道的综括所有而不能极尽；远是取之道的久远不可能及；微是取之道的暗昧细微不可睹见。但尽管如此，道这六个名称取义各有其本意的限制，还是未能极尽完整地表达形容道。

然弥纶无极，不可名细；微妙无形，不可名大。是以篇云："字之曰道""谓之曰玄"，而不名也。然则，言之者失其常，名之者离其真，为之者则败其性，执之者则失其原矣。是以圣人不以言为主，则不违其常；不以名为常，则不离其真；不以为为事，则不败其性；不以执为制，则不失其原矣。

正由于任何的描述规定都不能准确阐明道，所以《老子》只是称其为道，说它是玄而不以任何规定性的名字称呼它。因为一旦对之进行描述、进行命名、有所作为、对其执着，便可能失其常、离其真、败其性、失其原。所以，睿智的圣人以无言、无名、无为、无执为最高境界，从而不会违背道的常理、不会失去道的真实、不会败坏道的本性、不会失去道的根本。

圣人、有为、名教纲常，这是儒家的核心理念，用无言、无名、无为、无执等道家理念来描述圣人，这里充分体现了王弼在哲学层面上融通道儒的思想特色。

然则，《老子》之文，欲辩而诘者，则失其旨也；欲名而责者，则违其义也。故其大归也，论太始之原以明自然之性，演幽冥之极以定惑罔之迷。因而不为，损而不施；崇本以息末，守母以存子；贱夫巧术，为在未有；无责于人，必求诸己；此其大要也。

《老子》想对道进行辩诘言说，这就偏离了道本无言的宗旨；想用名称来规定道，则违背了道本无名的原意。因此，王弼认为，道的中心思想，是论说万物形成的根源，从而明了自然的本性，消除人们对玄远终极的迷惘，使人们减少欲望不作为。守住自然无为的本性，放弃枝枝节节的有为巧术，这才是道的根本宗旨。显然，王弼在这里对道的诠释比老子更彻底、更清晰。

借助对道即无的阐述，王弼提出了他的"贵无论"哲学命题——崇本息末。在这里，无是本、是母，有是末、是子；无作为"无责于人，必求诸己"的自足本体派生万有；无为是抓住了根本，有为则是"贱夫巧术"，这就是"崇本息末""守母存子"。一句话，道就是要"贵无"。

而法者尚乎齐同，而刑以检之。名者尚乎定真，而言以正之。儒者尚乎全爱，而誉以进之。墨者尚乎俭啬，而矫以立之。杂者尚乎众美，而总以行之。夫刑以检物，巧伪必生；名以定物，理恕必失；誉以进物，争尚必起；矫以立物，乖违必作；杂以行物，秽乱必兴。斯皆用其子而弃其母。物失所载，未足守也。

从道家的立场出发，王弼点评了法家、名家、儒家、墨家、杂家等诸子百家观点的得失，并从崇本息末、守母存子的观点看，认为他们的过失是由于弃本逐末、用子弃母，颠倒了本末的关系，未能把握住最根本的东西，即无为的道。

然致同涂异，至合趣乖，而学者惑其所致，迷其所趣。观其奇同，则谓之法；睹其定真，则谓之名；察其纯爱，则谓之儒；鉴其俭啬，则谓之墨；见其不系，则谓之杂。随其所鉴而正名焉，顺其所好而执意焉。故使有纷纭愦错之论，殊趣辩析之争，盖由斯矣。

由于人们各执己见，各顺所爱，而又都抓不到根本，所以才导致了百家争鸣而得不到统一的混乱局面。显然，对于诸子百家，王弼独尊道术。

又其为文也，举终以证始，本始以尽终；开而弗达，导而弗牵。寻而后既其义，推而后尽其理。善发事始以首其论，明夫会归以终其文。故使同趣而感发者，莫不美其兴言之始，因而演焉；异旨而独构者，莫不说其会归之征，以为证焉。夫途虽殊，必同其归；虑虽百，必均其致。而举夫归致以明至理，故使触类而思者，莫不欣其思之所应，以为得其义焉。

掌握了根本的道，就可以自如地解决各类问题，触类旁通，无所不通。也可以说，到达了道的境界之后，对事物就能有点石成金的妙用。总之，抓住了根本，一切问题都可迎刃而解，无为而无不为，这就是得道的缘故。

凡物之所以存，乃反其形；功之所以克，乃反其名。夫存者不以存为存，以其不忘亡也；安者不以安为安，以其不忘危也。故保其存者亡，不忘亡者存；安其位者危，不忘危者安。善力举秋毫，善听闻雷霆，此道之与形反也。

普通人把握不到根本的道，原因之一在于：最根本的东西往往是与所见所成相反的，是无形的。一个人、一个国家之所以能够生存，就在于他（它）时刻不忘被淘汰和被灭亡，能居安思危，有危机感，如此才能真正得到安定。力气大的人一定能举起秋毫，听觉最灵敏的人也一定能听到雷霆，但只看到举秋毫和听雷霆这种表面现象并不能说明一个人的力气大和听觉灵敏，只有看到举秋毫和听雷霆的反面才能说明这个人的力气大和听觉灵敏，这才算抓住了根本的道。所以说无形的道与有形的存在是相反的。一般人若看不到这一点，就往往只知枝节而把握不到根本。

安者实安，而曰非安之所安；存者实存，而曰非存所存；侯王实尊，而曰非尊之所为；天地实大，而曰非大之所能；圣功实存，而曰绝圣之所立；仁德实著，而曰弃仁之所存。故使见形而不及道者，莫不忿其言焉。

人们把握不到根本的道的另一种原因在于：不明白道是无为的。一个国家的安定与存在并不是人为的表面做作出来的，而是自自然然内在体现的；王侯的尊贵也是内在自然流露体现出来的，并不是表面有意造作的；天地的大在于它的自然无为；圣人的功成在于圣人已进入绝圣无为的境界；仁德也不是靠表面的做作而存在的。所以，一切有为都是以无为本达到目的，无为才能无不为。有为没有任何意义，一是"反其形，反其名"的原因，二是客观事物是实在的存在的，主观并不能起任何作用。儒家提倡有为、仁德、圣智，这必须通过无为才能真正获得。

这里，王弼更进一步地融通了儒道，指出道能更好地证儒，道高于儒。

夫欲定物之本者，则虽近而必自远以证其始。夫欲明物之所由者，则虽显而必自幽以叙其本。故取天地之外，以明形骸之内；明侯王孤寡之义，而从道一以宣其始。故使察近而不及流统之原者，莫不诞其言以为虚焉。是以云云者，各申其说，人美其乱。或迂其言，或讥其论，若晓而昧，若分而乱，斯之由也。

所以，要规定万物的本源，虽然从近处入手，但必须在远处才能得到证实；要明了万物之所由，虽然从明显处开始但必须在幽暗深处才能叙述来源。所以，只有由远及近，才能把握住道，抓住根本，才能有条不紊。

其他各种学说表面好像分析得清楚，真实很紊乱，原因就在于此。

> 名也者，定彼者也；称也者，从谓者也。名生乎彼，称出乎我。故涉之乎无物而不由，则称之曰道；求之乎无妙而不出，则谓之曰玄。妙出乎玄，众由乎道。故"生之畜之"，不壅不塞，通物之性，道之谓也。"生而不有，为而不恃，长而不宰"，有德而无主，玄之德也。"玄"，谓之深者也；"道"，称之大者也。名号生乎形状，称谓出乎涉求。名号不虚生，称谓不虚出。故名号则大失其旨，称谓则未尽其极，是以谓玄则"玄之又玄"，称道则"域中有四大"也。

这一段阐明了道的名字由来及其"玄"的属性。在王弼看来，名号是表达确实对象的，而称谓则出自说话者的主观意向。所以，所有的名号都是有所限制的，称谓也未能充分完整表达，故老子只能用"道"来称呼它，"玄"也只能是"玄之又玄"。

> 《老子》之书，其几乎可一言而蔽之。噫！崇本息末而已矣。观其所由，寻其所归，言不远宗，事不失主。文虽五千，贯之者一；义虽广瞻，众则同类。解其一言而蔽之，则无幽而不识；每事各为意，则虽辩而愈惑。尝试论之曰：夫邪之兴也，岂邪者之所为乎？淫之所起也，岂淫者之所造乎？故闲邪在乎存诚，不在善察；息淫在乎去华，不在滋章；绝盗在乎去欲，不在严刑；止讼存乎不尚，不在善听。故不攻其为也，使其无心于为也；不害其欲也，使其无心于欲也。谋之于未兆，为之于未始，如斯而已矣。故竭圣智以治巧伪，未若见质素以静民欲；兴仁义以敦薄俗，未若抱朴以全笃实；多巧利以兴事用，未若寡私欲以息华竞。故绝司察，潜聪明，去劝进，剪华誉，弃巧用，贱宝货，唯在使民爱欲不生，不在攻其为邪也。故见素朴以绝圣智，寡私欲以弃巧利，皆崇本以息末之谓也。

在王弼看来，《老子》一书的旨要就是"崇本息末"，只要抓住了这个根本方法，无论如何说都不会远离主旨，做事也不会失掉根本，无往而不胜。否则，会越辩越迷惑。在他看来，社会奸邪混乱的现象并不是这些人主观愿意这样做的，而是社会风气使然。在私欲日益膨胀的社会风气中，各种奸诈邪恶自然蜂拥而起，在这种情况下，讲仁义、倡圣智、用严刑，都不是根本的治理方法，只有见素抱朴、绝圣去智、少私寡欲从而营造朴素、敦厚的民风，才是抓住了治理的根本，这就是崇本息末。

夫素朴之道不著，而好欲之美不隐，虽极圣明以察之，竭智虑以攻之，巧愈思精，伪愈多变，攻之弥甚，避之弥勤。则乃愚智相欺，六亲相疑，朴散真离，事有其奸。盖舍本而攻末，虽极圣智，愈致斯灾，况术之下此者乎！夫镇之以素朴，则无为而自正；攻之以圣智，则民穷而巧殷；故素朴可抱，而圣智可弃。夫察司之简，则避之亦简；竭其聪明，则逃之亦察；简则害朴寡，密则巧伪深矣。夫能为至察探幽之术者，匪唯圣智哉？其为害也，岂可记乎！故百倍之利未渠多也。

倘若把握不住治乱的根本而像法家那样治理的话，则往往会"道高一尺，魔高一丈"。这种方法，虽然也许是极顶聪明的，但也终归是下策；而若抓住了治乱的根本，掌握了自然无为的方法，社会自然得到治理，而这难道就不是圣智吗？！虽然这种崇本息末的办法不是十全十美，也有些不足，但这种不足是微不足道的，而由它带来的好处却有不止百倍之多。

夫不能辩名，则不可与言理；不能定名，则不可与论实也。凡名生于形，未有形生于名者也。故有此名必有此形，有此形必有其分。仁不得谓之圣，智不得谓之仁，则各有其实矣。夫察见至微者，明之极也；探射隐伏者，虑之极也。能尽极明，匪唯圣乎？能尽极虑，匪唯智乎？校实定名以观绝圣，可无惑矣。夫敦朴之德不著，而名行之美显尚，则修其所尚而望其誉，修其所道而冀其利。望誉冀利以勤其行，名弥美而诚愈外，利弥重而心愈竞。父子兄弟，怀情失直，孝不任诚，慈不任实，盖显名行之所招也。患俗薄而名兴行、崇仁义,愈致斯伪,况术之贼此者乎?故绝仁弃义以复孝慈,未渠弘也。

名与实是必须相对应的,有名无实就是虚伪。但像儒家那样,提倡仁义名利,往往导致各种假仁假义、沽名钓誉的现象时有发生,这种方法是很卑劣、很低贱的。所以,老子提倡"绝仁弃义,民复孝慈"并不算过分夸大。

夫城高则冲生,利兴则求深。苟存无欲,则虽赏而不窃;私欲苟行,则巧利愈昏。故绝巧弃利,代以寡欲,盗贼无有,未足美也。夫圣智,才之杰也;仁义,行之大者也;巧利,用之善也。本苟不存,而兴此三美,害犹如之,况术之有利,斯以忽素朴乎!故古人有叹曰:甚矣,何物之难悟也!既知不圣为不圣,未知圣之不圣也;既知不仁为不仁,未知仁之为不仁也。故绝圣而后圣功全,弃仁而后仁德厚。夫恶强非欲不强也,为强则失强也;绝仁非欲不仁也,为仁则伪成也。有其治而乃乱,保其安而乃危。后其身而身先,身先非先身之所能也;外其身而身存,身存非存身之所为也。功不可取,美不可用,故必取其为功之母而已矣。篇云:"既知其子",而必"复守其母"。寻斯理也,何往而不畅哉!

老子提倡绝圣弃智、绝仁弃义、少私寡欲,虽只是权宜之计,不算十全十美,但其实这种办法才是保存圣智、崇尚仁义、善用巧利最好的办法。这是因为,倘若故意人为地去做这些事,提倡这些东西,往往反而会达不到目的。现实往往如此:把自身放在最后,自身反而占先;把自身置之度外,生命往往得以保全。要想得到圣智、仁义,就首先要绝弃它们才能真正得到。所以,自然无为而放弃对圣智、仁义、巧利的追求,最后反而能真正得到这些东西,达到终极目的。因为所有的仁义、圣智等都是"子",自然无为才是"母",只有"守其母"才能"存其子";只有绝仁弃义、绝圣弃智,最后才能最大限度地保全仁义与圣智。

经王弼的阐释，老子之道不仅是一种欲擒故纵的人生智慧和御人之术，而且是成就儒家社会人生理想（"圣智""仁义"）的唯一最佳途径。这样一来，在王弼这里，道统摄并成全了儒，儒的最高境界是道，有为最终目的是无为，名教最后归于自然；由于万物有生于无，因此名教出于自然。很显然，在王弼的融通调和下，道家与儒家最终殊途同归，只是道家比儒家技高一筹而已。

二

"道"是道家的核心理念，它虽然"玄之又玄"，不可言说，但老子还是说了五千言，王弼也说了这么多。

在老子那里，道基本有三种含义：第一，道有时是指形而上的实存体："道之为物，惟恍惟惚。惚兮恍兮，其中有象；恍兮惚兮，其中有物。窈兮冥兮，其中有精；其精甚真，其中有信。"（第二十一章）这里描述的是作为万物本源的道。第二，道有时是指一种规律，包括自然规律和社会历史规律："有无相生，难易相成，长短相形，高下相倾，音声相和，前后相随。"（第二章）"祸兮！福之所倚；福兮！祸之所伏。"（第五十八章）这里，道是规律性的"常"。第三，道有时是一种人生生活准则。道虽是形而上的，但落实到自然与社会，就成了自然准则和人类行为准则："道生之，德畜之，物形之，势成之，是以万物莫不尊道而贵德。道之尊，德之贵，夫莫之命而常自然。"（第五十一章）"上德无为而无以为，下德为之而有以为……故失德而后德，失德而后仁。"（第三十八章）德是道落实到社会人生之后的称谓。老子的道作为一种形而上的实存体，是抽象不可感觉到的，是无形、无名、无声、无味的，没有任何限定性。但是，它又是万物之宗，虽然没有限定性，但却具有多种潜在可能性，也就是说，正因为没有任何限定性，才能具有多种潜在性。

除了把"道"彻底地抽象为"无"外，王弼的《老子指略》基本是按老子的这种思路去阐发的。他对道体特性的描述，对规律性"常"的阐发，又对道作为"官天地""府万物"的最高存在及其对自然无为的本性的诠释，基本与老子一脉相承。但王弼的突出思想贡献就在于，他把"道"作为一个自圆自足的本体突出来，并首次用本、末这对哲学范畴，明确概括出"崇本息末"来阐述道与万物、无与有的关系。更重要的是，在老子那里，道因作为有物、有情、有信的混沌而带有本源论的成分；而在王弼这里，道作为自圆自足的本体无而派生万有，从而彻底地走向了本体论，这是中国哲学一次理论的大飞跃。

关于王弼的融通儒道问题，学术思想界历来的看法是：王弼在注释《老子》时采用了援儒入道的方法，最根本的表现在于老子排斥仁义圣智，要绝仁弃义、绝圣弃智，但王弼却不排斥仁义圣智，而是以道统摄仁义圣智，认为"仁义，母之所生"（《老子》第三十八章注）。但是，20世纪90年代郭店楚简（郭店楚墓竹简）的出土却告诉我们：老子并没有要"绝仁弃义""绝圣弃智（知）"，我们历来流传下来的读本（今本）以及长沙马王堆出土的帛书本（两汉时期）与老子春秋时期的正本不同。

郭店楚简《老子·甲》本为"绝智弃辩，民利百倍；绝巧弃利，盗贼无有；绝为弃作，民复孝慈"，今本则为"绝圣弃知，民利百倍；绝巧弃利，盗贼无有；绝仁弃义，民复孝慈"。

圣和仁、义都是儒家所推崇的德行，弃绝这些东西，意味着道家与儒学在价值观上彻底对立，这是我们一直认为的。但是郭店楚简却告诉我们，老子道家并非弃绝圣、仁、义，而是要弃绝辩、为、作，以及巧、利、伪。这样一来，老子道家与儒家在社会价值观上并非截然对立，只是实现的途径和方法不同而已，而且正如张立文先生所说，老子道家在一定程度上是"对儒家思想从负面的补充"[①]而已，我们与其说王弼"援儒入道"、融通道儒，不如说王弼对道的诠释更忠实于老子，是在忠实于老子的基础上发展了道家。

但问题还在于，王弼融通儒道意欲何为？学术界一直认为，王弼融通

[①] 陈鼓应主编：《道家文化研究第17辑：郭店楚简专号》，北京：生活·读书·新知三联书店，1999年，第136页。

儒道是为儒家的名教纲常的合理性作论证。汤用彤先生评王弼："然则其形上学，虽属道家，而其于立身行事，实仍赏儒家之风骨也。"①冯契先生说："崇本举末，用道家的自然无为原则来维护名分，这就是王弼为挽救名教危机而开的一个药方。"②

确实，从"绝圣而后圣功全，弃仁而后仁德厚"等来看，王弼的"绝圣弃仁"最后是为了保全"圣功"和"仁德"，"崇本息末"实则为最终的"崇本举末"，实现儒家提倡的仁义纲常名教。

冯达文先生则认为这种对王弼等魏晋玄学的价值评判"是不恰当的"，原因有三：一是儒学纲常强调普遍无限整体的理论架构与王弼"贵无论"强调个别有限个体的理论架构不可能具有同一的社会功能；二是在事实上王弼一直在通过名教与道的对立来贬斥名教；三是强调自然至上的王弼本体论不可能具有儒家名教的自觉规范意识和理性精神。③

依我之浅见，三位先生的观点虽然不同，但都很精辟独到。汤先生主要是从王弼个人的学问（"属道家"）及其社会角色担当（"立身行事"，王弼任尚书郎职）来整体考量；冯契先生则主要是从王弼所处"礼崩乐坏"时代背景、门阀士族身份及"崇本举末"的社会政治主张来评判；而冯达文先生则更多的是从王弼哲学本体论的义理分析来作出结论。

也许，冯契先生多少带有阶级分析的时代痕迹，但在我看来，三位先生看似相左的精辟见解恰好全面地诠释了王弼及其本体论哲学。因为，只有从汤先生的角度看，我们才能理解王弼的入仕任职及其对儒家核心理念的褒赏（他把"圣智""仁义""巧利"称为"三美"）；只有从冯契先生的视角看，我们才能理解王弼哲学的"崇本举末""绝圣而后圣功全，弃仁而后仁德厚"的融通儒道；而只有从冯达文先生的角度看，我们才能理解王弼之后，魏晋玄学向"越名教任自然"的发展，更能理解晋代范宁对王弼、何晏的愤慨指摘："王何蔑弃典文，不遵礼度；游辞浮说，波荡

---

① 汤用彤：《汤用彤学术论文集》，北京：中华书局，1983年，第279页。
② 冯契：《中国古代哲学的逻辑发展》（中册），上海：上海人民出版社，1984年，第488页。
③ 冯达文：《早期中国哲学略论》，广州：广东人民出版社，1998年，第270-272页。

后生……遂令人义幽沦,儒雅蒙尘;礼坏乐崩,中原倾覆。"(《晋书》卷七十《汪五范子宁传》)虽然历来有如朱彝尊、钱大昕等大家为之辩诬,容肇祖先生也说"归罪王何,真是冤枉"①,但正始名士对名教纲常的冲击却由此可见一斑。完全可以说,正是因为王弼"贵无论"对儒家名教崇高性的解构和剥落,才导致玄学在"竹林七贤"时期"任自然"的非理性化,彻底地打击颠覆了儒家纲常。

也许更确切地说,王弼主观上并无刻意破坏儒家的纲常名教,但他与何晏等开启的清谈"玄风"、放达自由的名士风度,特别是他的"贵无论"把最高哲学本体划拨为无,却客观上消解了名教的崇高性,涤荡了儒者肃穆、恭谨与端庄的精神气质,并使社会价值取向从强调普遍无限整体转向强调个别有限个体,这无疑贬落了士子们对仕途经济孜孜以求的价值("有"),从而对儒家的纲常秩序造成致命冲击。这也许是"仍赏儒家之风骨"的他始料未及的。所以从这个意义上说,何曾说他"浅而不识物情"(《三国志·魏志》卷二十八裴松之《注》引),并非全无道理。

(本文发表于《广东社会科学》2016年第1期)

---

① 容肇祖:《魏晋的自然主义》,北京:东方出版社,1996年,第3页。

庄子人生哲学内在矛盾性试探

哲学思想的内在矛盾性，这几乎是每一个哲学家所不可避免的，只不过程度或性质不同而已。但是，在众多的中国古代哲学与哲学家中，庄子的人生哲学，其内在矛盾性可算得上是表现最为明显也最为突出者之一。从人生观的角度来看，这种内在矛盾就表现为混世与超世的矛盾。①而究其因，虽由时代使然，但更重要的还在于其主观观念上。拟此，本文试做粗浅的探讨。

一

庄子所处的时代是战国中期，"这是中国古代社会大发展大变革的时代，也是大动荡、大战乱的时代"②。诸侯列国为了争夺土地攻下城池，动辄出兵斩首数十万，战争空前惨烈且旷日持久，正如孟子所描述的："争

---

① 关于庄子"混世主义"的说法，21世纪以来学界对此进行了辩诬。吾师冯达文先生认为，庄子是以"荒诞意识"支撑"游戏人间"的态度，并不是"混世主义"，因为"混世主义"的人生态度"表现为既可以这样，也可以那样，其背后隐含有利益计算，乃源于个人之利益才显示出这种无原则性。庄子背后没有任何功利目的，他是超越的。只是觉得人世间的种种是非善恶的分判都是毫无意义的"（冯达文：《道家哲学略述》，成都：巴蜀书社，2015年，第64—65页）。本文认为，庄子哲学是一种乱世中明哲保身的哲学，混世正是迫于保全自己的需要，保全自己就是庄子最大的功利目的。庄子的超越只是精神的超越，在实际行动现实生活中，庄子仍然必须以混世的姿态才能得以保全生存。因此，本文仍然采用庄子是"混世主义"的论断说法。

② 刘笑敢：《庄子哲学及其演变》，北京：中国人民大学出版社，2010年，第223页。

地以战，杀人盈野；争城以战，杀人盈城。"（《孟子·离娄上》）与此同时，新制度代替旧制度，新的东西不断产生，旧的东西不断被消灭，社会一切都在迅速变化中。随着赤裸裸的掠夺与战乱，社会生活的诸多阴暗面在人们眼前充分暴露出来。在这种相互倾轧、激烈纷争社会情态下，往日那淳朴美好、田园牧歌式的意境被丑恶的、人欲横流的景象所取代，温情脉脉的面纱被冷酷地撕开。

"物竞天择，适者生存。"社会达尔文主义这一理论主旨，在这一大动乱时期得到了充分的体现。哲学是时代精神的精华。历史必然地推出了具有鲜明时代特色的庄子及其具有内在矛盾性的哲学。

作为一个才华横溢、敏锐犀利的思想家，庄子以他深刻的洞察力与透视力，对当时社会黑暗进行了淋漓尽致的揭露："强以仁义绳墨之言衒暴人之前者，是以人恶育其美也，命之曰菑人。菑人者，人必反菑之，若殆为人菑夫！……若殆以不信厚言，必死于暴人之前矣！"（《庄子·人世间》）①如果强行在暴人面前宣讲仁义规范的言论，他就会以为你有意通过他的恶行来显扬自己的美德，从而认为你是在害人，害人的人，人家就会反过来害你，你最终恐怕就会被人所害！如果君王不相信你进谏的忠厚仁义之言，那你就一定会死在暴人面前了！这里，庄子所描绘的当时社会中人与人之间那微妙、残酷的关系，跃然纸上，令人触目惊心。

庄子认为，这些归根到底都是名利导致的结果："名也者，相轧也。"（《人间世》）"民之于利甚勤，子有杀父，臣有杀君，正昼为盗，日中穴阫。"（《庚桑楚》）对名利的贪婪，导致子杀父、臣杀君、光天化日挖墙入室盗窃抢劫等社会问题。对名利的追逐，甚至连圣人都不能克制："名实者，圣人之所不能胜也。"（《人世间》）在庄子看来，贤能聪智是一切动乱祸害的根源："知也者，争之器也。"（《人间世》）聪智是争斗的工具。"举贤则民相轧，任知则民相盗。"（《庚桑楚》）标举贤能就会引起民众相互倾轧，任用聪智则使民众相互争盗。很

---

① 本文所引《庄子》，皆见陈鼓应注译：《庄子今注今译》，北京：中华书局，2009年。以下只注篇名。

显然，要解决社会问题，使社会民众和平共处不相争斗，唯有绝圣弃智。

庄子进一步发出了人生价值意义的追问："与物相刃相靡，其行进如驰，而莫之能止，不亦悲乎！终身役役而不见其成功，苶然疲役而不知其所归，可不哀邪！人谓之不死，奚益！"（《齐物论》）人的一生追逐名利等身外之物，却不自觉这是为了什么目的，这不是很可悲吗？！这样的人生虽然不死，可又有什么意思呢？！这样的追问真是一针见血，让人警醒深思。

在身处乱世的庄子看来，社会、人生是残酷的、惨不忍睹的。"方今之时，仅免刑焉"，"福轻乎羽"，"祸重乎地"（《人间世》）。这是何等黑暗的世道啊！面对这样的社会现实，他感到厌恶、愤懑，不愿与之同流合污，甚至对周围现实充耳不闻，一无用心。"恶识其所以然？恶识其所以不然？"（《达生》）造成社会现实如此黑暗的原因究竟是什么，他不可知也不想知。

这里，我们不论庄子是否深刻地揭露了当时的社会现实，也不论他对当时社会的发展进步持何种态度，我们要说的只是，面对社会的黑暗和丑恶，庄子这种对社会的愤懑揭露以及消极躲避的不理睬，于现实的改变到底能起多大作用？结果显然不得而知。不过，身处乱世又不居政位的庄子也根本没有想到过要如何在行动上对社会采取什么积极的措施。究其实，"庄子哲学是在乱世中如何明哲保身的哲学"[①]。而面对激烈动荡的乱世，个体在社会大变局面前是渺小无力、作为有限的，只能寻求自我保全，强调个体的自由与自然，毕竟，人生一世，生命本应是美好而值得留恋和热爱的。所以，超然于世、自得其乐的生活方式便成为庄子人生哲学的必然选择。由此，庄子以唯美的文学笔触与开阔的想象力阐述描绘了个体自由的"逍遥游"，借此以美好纯净的精神心境抵御外界社会的污浊丑恶。

庄子所谓的"逍遥自由"，就是无己无待，没有任何限定和依待。"若夫乘天地之正，而御六气之辩，以游无穷者，彼且恶乎待哉！"

---

① 刘笑敢：《庄子哲学及其演变》，第225页。

(《逍遥游》)只要随顺把握天地自然规律的变化,就能与自然万物融为一体,翱翔于无限广阔的自由境域。有了这样的心境与精神境界,人就可以超脱于一切毁誉、荣辱、得失之上:"举世而誉之而不加劝,举世而非之而不加沮,定乎内外之分,辩乎荣辱之境。"(《人间世》)能这样"无己无待"地超然于世,就是"至人","至人无己"(《人间世》)。而"若能入游其樊而无感其名,入则鸣,不入则止"(《人间世》),悠游于一切束缚藩篱之外不为名位所动,听得进就说,听不进就不说,就是"圣人","圣人无名"。无己无待无名无实,世俗社会所有的一切一切,都能超然处之,这样便可以"乘物游心",心灵精神像"上者九万里,绝云气,负青天"(《逍遥游》)的鲲鹏一样展翅自由翱翔,像"不食五谷,吸风露,乘云气,御飞龙,而游乎四海之外"(《逍遥游》)的神人那样不食人间烟火,逍遥自由自在,真是快哉乐哉!

人一旦拥有这种至高至圣的精神心灵境界后,就可以自如随顺地应对人世间的一切了。"与之虚而委蛇,不知其谁何?因以为弟靡,因以为波流"(《应帝王》),随顺应变,随风披靡,随波逐流;"一以己为马,一以己为牛"(《应帝王》),安命处顺,任人把自己当什么都可以;"彼且为婴儿,亦之为婴儿;彼且为无町畦,亦与之为无町畦;彼且为无崖,亦与之为无崖,达之入于无疵"(《人间世》),人家像婴儿一样天真烂漫,你也一样天真烂漫;人家没有拘束,你也一样没有拘束;随便附和顺从别人都无不可,丝毫不用动心动情,应对自如。

在庄子看来,自然超然的"真人"还应该是超越于生死的,"不知悦生,不知恶死"(《大宗师》)。因为人与天地万物本来就是一体的,"天地与我并生,而万物与我为一"(《齐物论》)。人只不过是大自然的一分子,人的生死只是"物化"(《齐物论》)一种形态变化而已。"人生不过是一场梦。"[①]人的生死不过是无拘无束地来、无拘无束地去罢了,"翛然而往,翛然而来而已矣"(《大宗师》)。所以,"真人"

[①] 范寿康:《中国哲学史通论》,北京:生活·读书·新知三联书店,1983年,第98页。

应该与自然万物融为一体,超越生死、超然处事,而不去管人世间一切纷乱俗事,"旁礴万物以为一,世蕲乎乱,孰弊弊焉以天下为事"(《逍遥游》)。超生死,观万化,才能自由自在逍遥。

这里,无拘无束不受任何束缚,无名无实"乘物以游心",超生死、观万化是一种超然,而一无用心地随顺世俗,"虚而委蛇"地附和应对,则无疑是一种混世。令人觉得有趣的是,这两种截然不同充满内在矛盾的生活态度,在庄子这里,却可以顺理成章地结合在一起,这到底是怎么回事?归根结底,这与庄子的相对主义认识论密切相关。

二

面对迅速变化的社会历史,庄子发展了老子关于矛盾相对性的思想。他敏锐地认识到:"骐骥骅骝一日而千里,捕鼠不如狸狌,言殊技也,鸱鸺夜撮蚤,察毫末,昼出瞋目而不见丘山,言殊性也。"(《秋水》)名马一日千里的优良称誉,是相对于奔跑的技术而言的,但论捕鼠技术它就不如猫的好;猫头鹰的明察秋毫,是相对于漆黑的夜晚而存在的,但白天它却连大山在眼前都看不到。所以世界万物若失去了各自赖以存在的相对条件性,它们便丧失了独特存在的显现可能性。庄子由此进一步概括说:"彼因于是,是亦因彼。"(《齐物论》)万物是相对相伴而存在的,在相对相伴中才能突出各自的独特品性。无疑,庄子这一思想是正确且深刻的,一切事物都具有相对性,都是相互依存的。庄子还看到,事物不仅是相对存在的,而且是相互转化、变化发展的,"彼是,方生之说也。虽然,方生方死,方死方生。方可方不可,方不可方可"(《齐物论》)。如同生和死都不是永恒不变的一样,世界万物都是相互转化、不断发展的。

但是,庄子却仅仅看到事物的相对性这一面,却不能在相对之中把握到绝对,从变动不居中寻找稳定的因素,因而从事物的相对性滑向了相对主义。相对主义认识论,正是庄子人生哲学内在矛盾性的深刻根源。

庄子从"彼生于是,是亦因彼"推出"物无非彼,物无非此",从

"彼是，方生之说也"推出"是亦彼也，彼亦是也"。庄子认为世界万物彼此是没有什么区别的，矛盾的双方是没有什么界限和各自确定性的；万物彼此之间是完全等同的，矛盾双方的统一是不用什么条件的。所以，庄子最后的结论便是："果且有彼是乎哉？果且无彼是乎哉，彼是莫得其偶。"（《齐物论》）世上万物是不断变化发展的，它们的存在只是偶然性，是没有稳定性和确定性的。这样，事物矛盾双方各自的确定性与稳定性的一面被庄子一笔勾销。

马克思主义认为，承认不承认在相对存在的事物中包含有确定性和绝对性的东西，这是辩证法的相对观与形而上学相对主义的根本区别。显然，庄子在这一点上走向了相对主义。列宁曾经精辟地指出："把相对主义作为认识论的基础，就必然使自己不是陷入绝对怀疑论、不可知论和诡辩，就是陷入主观主义。"①庄子正是如此，由于相对主义的认识论，他在一系列问题上陷入了深深的矛盾：在对世间一切的探索上不想知也不可知，"吾恶乎知之"（《齐物论》），"恶识其所以然？恶识其所以不然？"（《达生》）；在对外在世界的看法上滑向主观主义，主张"天地与我并生，万物与我为一"（《齐物论》）；在人生处世态度上既"乘物游心"又"虚而委蛇"，把超世与混世结合在一起。这样带来的问题就是：由于他抹杀了事物各自的确定性与稳定性，否定了事物之间的差别性与界限性，因此，这就等于把社会的善美与丑恶相混淆，从而导致把丑恶合理化。由此出发导致的结果必然是，庄子一方面厌恶社会的黑暗丑恶，追求精神的高洁超然与自由逍遥；但另一方面他又在实际行动上向这些黑暗丑恶妥协，虽是被动消极无奈但却是毫无原则地随波逐流随俗，这就在实际上走向了混世主义。这样，在相对主义认识论的支配下，混世与超世这两种矛盾的人生态度便在庄子那里顺理成章地得到了主观的统一。

应该可以说，无论是混世还是超世，这样的人生注定是颇具悲剧色彩的，这样的人生道路只能越走越窄。庄子把混世与超世的内在矛盾主观

---

① 中共中央马恩列斯著作编译局编译：《列宁全集》第18卷，北京：人民出版社，1987年，第137页。

消除掉，这就注定他永远不可能找到一条真正畅快自由的康庄大道，而只能在这两种矛盾的人生姿态中来回挣扎，时而是混世，时而是超世。在这个问题上，庄子既没能像孔子那样"知其不可而为之"（《论语·宪问》），坚韧不拔地坚持自己的原则；也没能像后世革命者那样，积极勇敢地面对现实，加入改造社会黑暗的革命洪流。所有这些都被庄子认为是与螳螂一样"怒其臂以挡车辙"（《人间世》）的不自量力。但庄子哲学的矛盾问题还不仅仅如此。

三

庄子人生哲学的矛盾悲剧性问题还在于：虽然主张随顺入世，但在社会历史和人类文明发展面前，庄子实际上不是倡导顺应着它们，而是从根本上反对、否弃它们。庄子主张"绝圣弃智"，他的理想社会是回归远古淳朴自然，"夫至德之世，同与禽兽居，族与万物并。恶乎知君子小人哉"（《马蹄》）。

应该说，作为一个站在时代前列的思想家，庄子对社会、对人生有他自己独特的一套理论，有他个人的理想与追求，这是无可厚非也应该得到尊重的。但问题在于，他主张"绝圣弃智"、主张"同与禽兽居，族与万物并"，这就等于否定了人类文明进步，把人类拉回人兽混沌不分的境地，是开历史的倒车。这就注定，庄子的理想在现实面前必遭失败，无论他作多大的努力也徒劳无功。历史唯物主义告诉我们：真正符合历史潮流、符合客观规律的理想会给现实以指导、以启迪，反之，现实将会无情地宣告理想的破灭。理想与现实是一对矛盾，它们的关系是辩证的。理想只有建立在现实的基础上，才有实现的可能性与实在性。而庄子人生哲学的矛盾悲剧性就在于，他的一切是建立在完全否弃现实、否定社会进步的基础之上的。他主张"绝圣弃智"以及"同与禽兽居，族与万物并"，从而就把人类的文明进步、社会的向前发展以及人们对人性美的追求等人类引以为自豪、为之欢呼雀跃的东西全部加以唾弃。历史的车轮滚滚向前，任何阻碍它前进的事物都注定惨遭失败。这对于庄子哲学来说，当然也不例外。

　　与此相联系的，是自由与必然的关系问题。为了追求逍遥理想，庄子渴望自由，希望"游乎尘埃之外"（《齐物论》），不受任何束缚，但社会现实的诸多规矩规定等必然性又是这么无情地束缚、制约着他，让他的"逍遥游"只能成为梦，让其自由只能成为精神"心游"。"路漫漫其修远兮，吾将上下而求索。"在探求这求而不得的根源时，庄子不得不对社会必然性进行确认，这一确认便导致了"命"的存在，"不知吾所以然而然，命也"（《达生》）。而正是这对"命"的确认，使他更加陷入了矛盾而不能自拔的深渊，它标志着主观能动性在客观实在性面前已完全丧失了任何作用，而这就意味着混世与超世这对矛盾永远得不到客观的真正的统一。马克思主义认为，主观能动性是人与自然、主观与客观联系的桥梁与中介，没有了它，人与自然、主观与客观、理想与现实这一系列矛盾将永远处于对立割裂状态，永远不可能得到有机的统一。庄子对"命"的确认，完全否弃了主观能动性，这就无疑地把这联系的纽带拆断了，把这桥梁与中介抛弃了，这样，混世与超世、现实与理想、自由与必然，这一对对在庄子人生哲学中极其重要的矛盾关系，便注定了永远得不到正确的有机统一。最后，他只能走向宿命论而别无他途，"知其不可奈何而安之若命，德之至也"（《人间世》）。至此，庄子人生哲学的矛盾悲剧性色彩宣告定格了。

　　（本文发表于《中山大学研究生学刊》1987年第1期，收入本书时做了适当修改补充。）

佛玄之间：从《不真空论》析僧肇佛学玄学化问题

僧肇（384？—414）是我国著名佛经翻译家鸠摩罗什的四大弟子即"四圣"（道生、僧肇、僧融、僧睿）之一。[①]他以擅长般若空宗著称，有"秦人解空第一者，僧肇其人也"[②]之誉，是东晋后期极为重要的佛教哲学理论家。他的代表作《不真空论》《物不迁论》《般若无知论》被汤用彤先生评价为"实无上精品。……为中华哲学文字最有价值之著作也"[③]。

僧肇的突出贡献，是以"即体即用"的"体用不二"论，既解决了佛教般若学六家七宗空色分离难题，开启佛学中国化发展方向，又解决了魏晋玄学的体用二分问题，推进中国哲学本体论建构。由于这种即佛即玄、出入于佛玄之间的思想特色，学界历来对僧肇佛学与玄学的关系评判不一。本文试图通过对僧肇"解空"的重要篇章——《不真空论》的解读分析，进一步探讨和梳理僧肇佛学玄学化问题。

一

"空"是佛教的核心基本概念，不同的佛教宗派对"空"有不同的解读。般若中观学派对"空"的解读是"缘起性空"、空有相待而存。它

[①] 许抗生：《僧肇评传》，南京：南京大学出版社，1998年，第119页。
[②] 吕澂：《中国佛学源流略讲》，北京：中华书局，1979年，第100页。
[③] 汤用彤：《汉魏两晋南北朝佛教史》，武汉：武汉大学出版社，2008年，第224-225页。

认为：宇宙的一切存在都是由于各自的因和缘假合而成的，并没有实在自性，不能自己规定自己、自己成为实有本体。也就是说，一切事物的现象都只是因"缘"（外部条件）而"起"（虚假呈现），没有自性（"性空"），即只有相对性，没有实体性。① 既强调要看到"有"，又要看到"无"，是非有非无、亦有亦无，不落两边、合乎中道，这就是般若中观学派对"空"的解读。

作为"解空第一者"，僧肇的《不真空论》"从不真的角度来解说空……把不真和空统一起来，阐发了中观学说"②。在对"空"的阐发中，由于所处时代和所具学养，出入于佛玄之间成为其重要特色。

文章一开头便体现了这一即佛即玄特色：

夫至虚无生者，盖是般若玄鉴之妙趣，有物之宗极者也。③

这里，"玄鉴""有无"均是玄学名词，而把"无"作为万物的宗极、根本，则是魏晋玄学"贵无论"的基本思想。

自非圣明特达，何能契神于有无之间哉？是以至人通神心于无穷，穷所不能滞；极耳目于视听，声色所不能制者，岂不以其即万物之自虚，故物不能累其神明者也？

"有无"问题是玄学和般若"六家七宗"集中讨论的主题。这里，僧肇仍然讨论这一问题并提出自己的观点——"即万物之自虚"，为进一步论证"不真空"这个核心主题奠定了基础。

---

① 冯达文、郭齐勇主编：《新编中国哲学史》（上册），北京：人民出版社，2004年，第322页。
② 方立天：《佛教哲学》，北京：中国人民大学出版社，1986年，第179页。
③ 本文引用《不真空论》皆源自北京大学哲学系中国哲学史教研室选注：《中国哲学史教学资料选辑》（上册），北京：中华书局，1981年，第450-457页。

是以圣人乘真心而理顺，则无滞而不通；审一气以观化，故所遇而顺适。

《庄子·知北游》有"通天下一气"的说法，这里，"审一气以观化"显然是援用了《庄子》这一玄学经典的词句和思想，说明诸法没有差别。

无滞而不通，故能混杂致淳；所遇而顺适，故则触物而一。如此，则万象虽殊，而不能自异。不能自异，故知象非真象；象非真象，故则虽象而非象。然则物我同根，是非一气，潜微幽隐，殆非群情之所尽。

这里，"一"是指万物混沌的统一性，僧肇认为万物虽然有各种各样，但它们是有统一性的，由于它们是有统一性的，所以实际上它们是没有差别的。事物的差别，是人强加上去的，其实事物都没有独立的自性，这就是"不自异"。既然万物自身不具有差别，所以是不真实的，"象非真象"，所以，事物表面上虽然存在，但却不是真实的存在，"虽象而非象"。他认为这个道理由于非常深奥微妙，所以一般人不易理解。这里，"物我同根，是非一气"一句，与《庄子·秋水》中"万物一齐"和《庄子·齐物论》中"是非一气"密切相关，显然又援用了道家玄学的词语。

在阐明了自己的观点后，僧肇接着对当时般若学六家七宗进行了总结与批判，集中批判了以下三个代表"六家七宗"基本观点的宗派：一是以支愍度为代表的心无宗（无心于万物），二是以支道林为代表的即色宗（即色是空），三是竺法汰的本无宗（诸法本性自无）[①]。

这三宗在宇宙"色""心"之分并同判为"空"及以无解空这些问题上都是一致的，但在宇宙万物本性之"无"与现象之"有"的关系解释上，则各有不同。心无宗认为无心于万物即是空，也就是说，空就是心体绝对的无，至于万物之有则并不加以否定；即色宗认为以色为色之色是空，换言之，认识上的色是空，但色法本身还是存在的，只空心，不空

[①] 本来道安是本无宗的代表人物，但按吕澂先生的分析，僧肇在此批判的不应是道安，而是竺法汰。参见吕澂：《中国佛学源流略讲》，第47页。

色，这是相对地讲空，也是相对地讲有。显然，以上两宗都不能彻底否定万物之有。而本无宗则彻底地以无为本，主张绝对的空，不但心是绝对的空，色也是绝对的空，一句话，万物本无。

作为准确掌握了般若中观方法的"解空第一人"，僧肇显然不会满意这三宗对"空"的解释。他认为，万物是有，但它是假有，由于是假有，所以不真，由于不真，所以是空，是无。万物既是非有非无，也是亦有亦无，"有"中有"无"，"无"中有"有"。由于人们不了解万物的这种不真而空的本性，不理解有与无的辩证关系，所以在解空时就自然出现了各种彼此无法统一的观点。

故顷而谈论，至于虚宗，每有不同。夫以不同而适同，有何物而可同哉？故众论竞作，而性莫同焉。何则？心无者，无心于万物，万物未尝无。此得在于神静，失在于物虚。即色者，明色不自色，故虽色而非色也。夫言色者，但当色即色，岂待色色而后为色哉？此直语色不自色，未领色之非色也。本无者，情尚于无多，触言以宾无，故非有，有即无；非无，无即无。寻夫立文之本旨者，直以非有非真有，非无非真无耳，何必非有无此有，非无无彼无？此直好无之谈，岂谓顺通事实，即物之情哉？

在僧肇看来，心无宗不执着于万物，但不执着并不等于外物不存在；这种观点的得在于使心不受外物干扰，但失在于不懂得物性本空。而即色宗只明白万物是依靠各种条件而存在的，是没有自性的一种假象，但它却不明白，万物本性就是空的（"万物自虚"）。而本无宗则过于偏重"无"，在言论上抬高"无"的地位，认为既然要否定"有"，那就要把"有"判为"无"；既然要肯定"无"，那"无"就是绝对的"无"。他认为，寻思佛教圣者立言的本旨，无非是讲"非有"不是真有，"非无"不是真无罢了，何必说"非有"就没有这个"有"，说"非无"就是绝对的"无"呢？这种好"无"的言论，哪里能够真正说明事实、符合事物的实际情况呢？！因此在他看来，世界万物还是"有"，只不过是假象、是不真而已，怎么能说是绝对的"空"和"无"呢？！

　　夫以物物于物，则所物而可物；以物物非物，故虽物而非物。是以物不即名而就实，名不即物而履真。然则真谛独静于名教之外，岂曰文言之能辩哉？然不能杜默，聊复厝言以拟之。

　　用物的名称概念加之于物，则凡被指名的都可以称为物；用物的名称把不是物的叫作物，那么虽然称为物但却不是物，也就是说，物并不是有了一个名，就一定有其实。名实并不对应，名言概念表达事物是有限度的，更何况般若的真谛——"空"更是超然于名言概念之外，不是名言概念所能表达的。这里"真谛独静于名教之外"一句，又与玄学经典《老子》的"道常无名"（第三十七章）和"寂兮寥兮，独立不改"（第二十五章）密切相关。

　　试论之曰：《摩诃衍论》云："诸法亦非有相，亦非无相。"《中论》云："诸法不有不无者，第一真谛也。"

　　这里，僧肇引用般若中观典籍《摩诃衍论》和《中论》，进一步阐发自己的"不真空"思想。

　　寻夫不有不无者，岂谓涤除万物，杜塞视听，寂寥虚豁，然后为真谛者乎？诚以即物顺通，故物莫之逆；即伪即真，故性莫之易。性莫之易，故虽无而有；物莫之逆，故虽有而无。虽有而无，所谓非有；虽无而有，所谓非无。如此，则非无物也，物非真物；物非真物，故于何而可物？故经云："色之性空，非色败空。"以明夫圣人之于物也，即万物之自虚，岂待宰割以求通哉？

　　在他看来，不有不无、非有非无、合乎中道的"空"并不是摒弃万物、闭目塞听、绝对虚无，而是就万物的假有看出它的本性空无，万物空无的本性就直接体现在万物假有当中；万物虽然看起来是有，但实际从本性上看则是无，而反过来，虽然万物的本性是空无，但从假象上看则是有。因此，万物并不是没有物，只不过它们不是真物，不是真有，而既然万物不是真有，那么它们虽有万物的名称，实际上并没有其实，怎么能说是真有其物呢？所以，《维摩诘经》说，万物本性的空无，并不是万物毁灭了才叫空无。圣人对于万物的看法，就是就万物的假有直接看出万物的虚无性（"即万物之自虚"）。

在此，僧肇还对"宰割以求通"的观点进行了批判。佛教小乘有一个观点是"析色明空"，认为物质现象经过细致的分析、分割之后，就能明白物质现象是空无的；有些大乘派别则把世界分割为有、无两部分，然后去有存无，这在僧肇看来都是"宰割以求通"，都是不能明了"万物自虚"的本性，所以只能通过"宰割"分析才能看到万物的虚无。

是以寝疾有不真之谈，《超日》有即虚之称。然则三藏殊文，统之者一也。故《放光》云："第一真谛无成无得，世俗谛故，便有成有得。"

这里引用了佛教典籍说明宇宙万物的"不真""即虚"和空无。"三藏"指佛教典籍的经、律、论。僧肇指出，佛教典籍虽然有经、律、论之分，但讲的都是一个"空"字。《放光》是指佛教典籍《放光般若经》。这里说，就佛教所认为的真理（"第一真谛"）说，万物毕竟空，故无成无得；就人间世俗的道理（"俗谛"）说，万物缘生，故有成有得。

夫有得即是无得之伪号，无得即是有得之真名。真名故，虽真而非有；伪号故，虽伪而非无。是以言真未尝有，言伪未尝无。二言未始一，二理未始殊。故经云："真谛俗谛，谓有异邪？"答曰："无异也。"此经直辩真谛以明非有，俗谛以明非无。岂以谛二而二于物哉？

这是说，有得只是无得的伪号，无得才是有得的真名。由于无得才是真名，所以虽然是真但并非是有，而又由于有得毕竟还是无得的伪号，故虽然是假象，但并不是无。所以，讲到真未必就是有，讲到伪也不能说就是无。言真和言伪未尝是一样的，有之理和无之理也未尝不一样。虽然是两种说法，但都是一个道理；虽然是两种道理，但归根结底还是一个道理。所以佛经说，真谛和俗谛其实是一致的，只不过真谛使人明白了万物是非有、是空无，而俗谛则使人看到了万物的非无和假有。因此，岂能够因为有真谛和俗谛之二分而把万物的有与无两个方面割裂呢？

然则万物果有其所以不有，有其所以不无。有其所以不有，故虽有而非有；有其所以不无，故虽无而非无。虽无而非无，无者不绝虚；虽有而非有，有者非真有。若有不即真，无不夷迹，然则有无称异，其致一也。

故童子叹曰："说法不有亦不无，以因缘故，诸法生。"《璎珞经》云："转法轮者，亦非有转，亦非无转，是谓转无所转。"此乃众经之微言也。何者？谓物无邪，则邪见非惑；谓物有邪，则常见为得。以物非无，故邪见为惑；以物非有，故常见不得。然则非有非无者，信真谛之谈也。故《道行》云："心亦不有亦不无。"《中观》云："物从因缘故不有，缘起故不无。"寻理即其然矣。

所以，万物不是真有，也不是真无，而是有其理由和条件的。正因为有其理由和条件，所以它们虽是有但并不是真有，虽是无但不是了无踪迹；有与无虽然名称不同，但实质是一样的。所以众多佛典用"因缘""转法轮"等来说明万物存在的这种条件性及有无的相对性。这是为什么呢？通常我们说某物不存在，是"无"，世人心里是比较清楚的；说某物存在着，是"有"，大家也能见到，但说见不到的某物是有不是无，这就不是世人都能理解的。但是，万物在一定条件下是非有非无的，这却是佛学的真理所在。所以《道行般若经》和《中论》才有"因缘"和"缘起"之说，道理就在这。

由万物存在变化的条件性（"因缘""缘起"）而判其为假有，否定其实体性与实在性,从而把"无"直接寓于"有"之中,这里,僧肇不仅完全把握了般若中观"解空"的方法,而且准确地阐发了般若中观的中心论题——"缘起性空"。

所以然者,夫有若真有,有自常有,岂待缘而后有哉?譬彼真无,无自常无,岂待缘而后无也?若有不能自有,待缘而后有者,故知有非真有。有非真有,虽有不可谓之有矣。不无者,夫无则湛然不动,可谓之无。万物若无,则不应起,起则非无。以明缘起,故不无也。故《摩诃衍论》云:"一切诸法,一切因缘,故应有。一切诸法,一切因缘,故不应有。一切无法,一切因缘,故应有。一切有法,一切因缘,故不应有。"寻此有无之言,岂直反论而已哉?若应有,即是有,不应言无;若应无,即是无,不应言有。言有是为假有,以明非无,借无以辨非有。此事一称二,其文有似不同;苟领其所同,则无异而不同。

"有"如果是"真有",那就是不需要任何条件的绝对存在;"无"如果是"真无",那就是不需要任何条件的绝对虚无;但实际上"有"和"无"的存在却是有一定的条件性和相对性的,因此,"有"只是假有,"无"则是非无。就是说,各种现象尽管是由于各种条件和合而成的,但它毕竟存在过,故应该为有;但又由于它们是各种条件才生成的,故不能说它是真正意义上的有;各种还未成为真正出现的现象,由于它们在各种因缘条件下仍可生成,故也应该说它是有;而各种存在的现象由于它须借助各种因缘条件才能存在,故不应该说是真有,应判为无。如果领会了有无相通的道理,则一切的差别都是相同的,可以消除的。

般若中观学的奠基者龙树在《中论·观四谛品》中说:"众因缘生法,我说即是无,亦为是假名,亦是中道义。"即诸法是因缘假合而生,所以为空、为假名,认识到这个道理,便把握了中道。显然,僧肇以上对有与无、真与假等的阐发,是很精准地把握了中道空观的。

然则万法果有其所以不有，不可得而有；有其所以不无，不可得而无。何则？欲言其有，有非真生；欲言其无，事象既形。象形不即无，非真非实有。然则不真空义，显于兹矣。故《放光》云："诸法假号不真。"譬如幻化人，非无幻化人，幻化人非真人也。

万物因为有它不存在的条件和原因，故一旦条件不存在，它就不能判为有；因为有各种条件的存在使它不无，也就是有，故就不能判为无，它还是有，只不过它是假有、假号、不真实，犹如假人不是真人，但假人还是存在的一样。

夫以名求物，物无当名之实。以物求名，名无得物之功。物无当名之实，非物也；名无得物之功，非名也。是以名不当实，实不当名。名实无当，万物安在？故《中观》云："物无彼此。"而人以此为此，以彼为彼，彼亦以此为彼，以彼为此；此彼莫定乎一名，而惑者怀必然之志。然则彼此初非有，惑者初非无。既悟彼此之非有，有何物而可有哉？故知万物非真，假号久矣。

万物是没有任何质的规定性的，万物的名称是完全主观随意的，名与实并不相当、不相对应。所以，佛典《中观》说："物无彼此。"这就是说，一切事物从本质上说是没有彼此的分别，这种分别是人们强加给事物的。万物一开始是没有名称、没有分别的，对此人们并不感到奇怪，名称是后来人们加上去的。既然如此，怎么可以说有了某物的名称就一定有某物的存在呢？由此可知万物只是假号而已，并没有任何的客观真实性。

这里，"人以此为此，以彼为彼，彼亦以此为彼，以彼为此；此彼莫定乎一名"，是僧肇援用了《庄子·齐物论》中"物无非彼，物无非是。……故曰：彼出于是，是亦因彼。彼此方生之说"，来阐发佛典《中论观·如来品》的"诸法实相，无有彼此"说明事物本质的无分别，都是空无。

是以《成具》立强名之文，园林托指马之况。如此，则深远之言，于何而不在？是以圣人乘千化而不变，履万惑而常通者，以其即万物之自虚，不假虚而虚物也。故经云："甚奇世尊，不动真际，为诸法立处。"非离真而立处，立处即真也。然则道远乎哉？触事而真。圣远乎哉？体之即神。

明白了万物的虚假不真本性，纵是身处世间也能体会到出世的空无清静（"即万物之自虚"），这才是佛者修行的最高境界（"触事而真"）。这里，"园林托指马之况"一句，又明确援用了《庄子·齐物论》"天地一指也，万物一马也"，来佐证总结自己即体即用的不真空观，精妙地完成了他对般若中道空观的阐发。

二

从以上《不真空论》我们看到，僧肇在阐述自己的思想时，不仅运用了魏晋玄学的概念名词（有无等）、基本命题（有无之辩），还援用了道家玄学的思想作为论据（"审一气以观化""物我同根，是非一气""此彼莫定乎一名"等），因此，学界对僧肇之学到底是佛学还是玄学历来众说纷纭、莫衷一是。归纳起来主要有如下几种看法：

第一，玄学说。主要有汤用彤先生。汤先生在其《汉魏两晋南北朝佛教史》中说："肇公之学，融合《般若》《维摩》诸经，《中》《百》诸论，而用中国论学文体扼要写出。……盖用纯粹中国文体，则命意遣词，自然多袭《老》《庄》玄学之书。因此《肇论》仍属玄学系统。……其所作论，已谈至'有无''体用'问题之最高峰，后出诸公，已难乎为继也。"[①]这里，汤先生把僧肇之学归于玄学，是魏晋玄学发展的最高阶段和终结者。在《魏晋玄学论稿》中，他又说："当时佛学的专门术语，一派大都袭取《老》《庄》等书上的名辞，所以佛教也不过是玄学的'同调'

---

① 汤用彤：《汉魏两晋南北朝佛教史》，第228页。

罢了。……所以从一方面讲，魏晋时代的佛学也可说是玄学。"①汤先生认为不仅是僧肇之学，整个魏晋佛学都属玄学。

第二，佛学未能摆脱玄学影响说。主要有吕澂、方立天先生。吕澂先生说："《肇论》的思想以般若为中心，比较以前各家，理解深刻，而且能从认识论角度去阐述。这可以说，是得着罗什所传龙树学的精神的。他的说法也有局限之处，一方面他未能完全摆脱所受玄学的影响，不仅运用了玄学的词句，思想上也与玄学划不清界限。如在《不真空论》里有这样一些句子：'审一气以观化'，'物我同根，是非一气'。这就大同于玄学思想了。……一碰到关于宇宙论的问题，就会不知不觉地走进玄学的圈子。"②方立天先生认为："僧肇的《不真空论》等，不仅是对道安时代佛教般若学的批判性总结，也是对魏晋玄学的某种总结，是对魏晋玄学的丰富和发展。在僧肇的上述三论中，我们还可以看到一种企图摆脱玄学影响，而又没有能完全脱离玄学影响的矛盾现象。一方面，僧肇不仅对与玄学贵无派相一致的般若学本无派等做了明确的批判，而且回避了玄学家常用的'本''末'等范畴……另一方面，僧肇虽然本于印度龙树一派中观学说，但是实际上仍然受魏晋玄学体用观念的支配。……再是，僧肇有时还直接采用玄学的词句和思想，如《不真空论》说的'审一气以观化'，'物我同根，是非一气'，更是汉代以来道家乃至玄学影响的明显表现。这就表明，整个魏晋时代的般若学都没有完全摆脱魏晋玄学的思想影响。"③两位先生都认为僧肇佛学虽然继承弘扬了龙树中观学，但未能摆脱玄学的影响。

第三，亦佛亦玄说。主要有汤一介、许抗生先生。汤一介先生说："可以说僧肇的'不真空义'是接着王弼、郭象而发展了玄学。僧肇的思想虽然是从印度佛教般若学来的，但却成为中国哲学的重要组成部分，使魏晋玄学成为由王弼——郭象——僧肇，构成中国传统哲学的一个发展圆

---

① 汤用彤：《魏晋玄学论稿》，北京：生活·读书·新知三联书店，2009年，第132-133页。
② 吕澂：《中国佛学源流略讲》，第102页。
③ 方立天：《魏晋南北朝佛教论丛》，北京：中华书局，1982年，第232-233页。

圈。"①他又更明确地说：僧肇既是魏晋玄学的终结者，又是中国佛教哲学的开创者。②许抗生先生认为："僧肇佛学是对两晋大乘空宗般若学的总结……可称之为中土三论学的开创人。僧肇在中国佛学史上，是一位承上启下的人物，更是一位划时代的人物。……是在玄学的彩色（玄学的语言）下，宣扬的佛教中观哲学。"但又说，僧肇"同时又是魏晋玄学中的人物。……僧肇哲学是玄学哲学发展的最高峰，也是玄学发展的最后总结和终结"③。两位先生都认为僧肇之学既是佛学又是玄学，是佛学的开创者，又是玄学的终结者。

第四，佛学玄学化说。主要有冯契、任继愈先生。冯契先生认为：一方面，由于佛教是外来的，不易为中国人所接受，必须经历一个中国化过程，而"魏晋时玄学盛行，佛学的中国化首先表现为玄学化"；另一方面，"佛教作为一种外来的宗教，必须依附于中国封建统治才能得到发展"④。因此，"经过道安、慧远、僧肇、竺道生等人的努力，佛教大乘空宗的学说实现了玄学化，开始成为中国传统思想的有机组成部分"⑤。任继愈先生说："当时佛教既建立在玄学理论的基础上，因此，佛教中流行的有关'般若'的学说，实际上都是有意地发展玄学的观点。"⑥两位先生都认为，佛教必须经历一个中国化过程，所以包括僧肇之学在内的整个魏晋佛学，都在有意识地玄学化，以图融入中国文化。

第五，佛学说。主要有侯外庐、冯达文等先生。侯外庐、赵纪彬、杜国庠、邱汉生四位先生在所著《中国思想通史》中认为："从僧肇的现存著作看来，他撷取龙树中观学说，发挥了中土般若学的玄学命题，在形式上是魏晋玄学的遗绪，而在内容上则更多地渗透着印度的佛学思想。"⑦认

---

① 汤一介：《佛教与中国文化》，北京：宗教文化出版社，1999年，第28页。
② 汤一介：《佛教与中国文化》，第42页。
③ 许抗生：《僧肇评传》，第255-257页。
④ 冯契：《中国古代哲学的逻辑发展》（中册），上海：上海人民出版社，1984年，第580-581页。
⑤ 冯契：《中国古代哲学的逻辑发展》（中册），第595页。
⑥ 任继愈：《汉唐佛教思想论集》，北京：人民出版社，1998年，第43页。
⑦ 侯外庐、赵纪彬、杜国庠、邱汉生：《中国思想通史》（第三卷），北京：人民出版社，1957年，第457-458页。

为僧肇之学在内容实质上是佛学的。冯达文先生则更明确地说："在用语上，僧肇虽也沿习了玄学的一些提法，但在义理上却已甚为不同。"①他认为，"僧肇之学是契合佛理的"，它与魏晋玄学有着"不同的理路与不同的理论建构"，"开启着不同的境界追求"。②因此，僧肇之学是佛学而非玄学。在他主编的《新编中国哲学史》（上册）中更进一步地说："僧肇对空的这一阐释，无疑不是玄学化的，而正是反玄学化的。玄学'贵无论'始终在努力建构一根源性的实体论，而僧肇则反复消解一个'常我而主之'的实体存在。"③僧肇之学不仅不是玄学，还是反玄学的。

以上诸位大家从不同视角和理路，精辟地评判了僧肇之学，尽管有歧见，但在一定程度上都反映了僧肇思想与玄学之间千丝万缕的联系。依我之浅见，汤用彤先生的"玄学说"不免低估了僧肇思想的贡献与价值，不仅低估了僧肇对六家七宗玄学化的批判与超越价值，也低估了僧肇对龙树中道空观的准确把握意义。而吕澂、方立天先生的"未能摆脱玄学影响说"则略嫌不能体察僧肇的思想姿态，因为僧肇不仅没有"企图摆脱"玄学影响、与玄学"划清界限"，反倒是不时援用玄学词句和思想来佐证自己的观点、构建自己的理论。而汤一介、许抗生先生的"亦佛亦玄说"则不免有主观折中调和之意味，因为发展玄学不应是僧肇之学的主旨，所以将他归为玄学家无疑是颇勉为其难的。而冯契、任继愈先生的"佛学玄学化说"则更多地带着一种社会政治考量，从而忽略了佛学与玄学在认识事物上的一些相似性（如玄学最高本源——本体的神秘性及强调事物的条件相对性等），正是这种相似性使佛学无须刻意玄学化而与玄学具有天然亲近感；而对于僧肇来说，说他批判六家七宗阐发龙树中道空观等所做所为都是为了使佛学更加中国化、玄学化，显然更是不恰当的，因为六家七宗就是与玄学太一致了才遭到僧肇的批判，而由此也才使这种批判有了佛学和玄学双重意义。尽管事实上他"即体即用"的佛学观开启了此后佛教的

---

① 冯达文：《中国古典哲学略述》，广州：广东人民出版社，2009年，第251页。
② 冯达文：《理性与觉性——佛学与儒学论丛》，成都：巴蜀书社，2009年，第65页。
③ 冯达文、郭齐勇主编：《新编中国哲学史》（上册），北京：人民出版社，2004年，第325页。

中国化走向，但这已是后话。

　　本文窃以为，侯外庐、冯达文等先生的"佛学说"较为中肯客观贴切。僧肇在用语词句上确实沿袭运用了玄学的一些提法，但他作为一个佛者，这种拿来主义做法的目的是为了构建自己的佛学思想，阐发龙树的中道空观，而绝不可能是为了发展玄学。在理路和境界上，玄学"贵无论"是通过在万有之上构建一个"无"的最高本体，从而获得一种超越现实世界的精神自由境界；而僧肇佛学则始终在论证现实世界虚假不真和空无，以求获得在世而出世的精神解脱——涅槃境界。正因为这种不同的理路、不同的理论建构和不同的境界追求，使僧肇佛学与魏晋玄学有了内容实质上的区别。

　　其实，我们也许忽略了最重要的一点，即僧肇是准确掌握了中道空观、体悟了龙树"诸法实相，即是涅槃"的佛学家。因此，在对玄学的把握上，他既能运用了玄学提法又能保持着自己的佛学宗旨，如同他提倡"即万物之自虚"一样，玄学在他那里就是一种"触事而真""体之即神"的形式工具，只有佛学才是他要阐明的主旨。一句话，即体即用的中观方法使僧肇佛学虽运用了玄学但没有玄学化。至于他的佛学思想客观上也总结发展了魏晋玄学，一方面是因为中观学派的"体用不二""有无双遣"本来就较玄学"贵无"或"崇有"的单向高扬全面圆融高一个阶段，另一方面我们也应看到，僧肇佛学身处魏晋玄学时代，它与玄学相互影响相互推进，这在中外思想发展史上也并非孤例。

（本文发表于《现代哲学》2017年第2期）

从《坛经》析禅宗的内在性本质特征

——兼论禅宗与儒家心学之异同

"禅宗是一个中国化的佛教宗派。"①作为中国佛教史上的重要流派之一,禅宗渊源于北朝的禅学,到唐朝的时候真正形成宗派。安史之乱以后到北宋初年,是它的极盛时期,以后继续流传,深深影响了宋明理学等中国哲学思想。著名佛学家郭朋先生说:"禅宗,不但在中国佛教史上,而且在中国哲学史上,都具有着重要地位和深远影响。"而《坛经》,作为"禅宗的'宗经'——禅宗的基本理论阵地"②,它是禅宗的基本教义的凭证所在。任继愈先生指出:"中国僧人的语录,被后代学人(当然是禅宗一派)尊奉为'经'的,只此一家。"③由此可见《坛经》非同寻常的重要地位。

一、自悟自性

作为禅宗的"宗经",《坛经》的主旨就是阐明禅宗的基本教义。所以,迷与悟、自性与佛性诸类禅宗的基本范畴,我们在《坛经》里随处可

---

① 汤一介:《佛教与中国文化》,北京:宗教文化出版社,1999年,第206页。
② [唐]慧能著,郭朋校释:《坛经校释》,北京:中华书局,1983年,序言第10页。本文所引《坛经》资料,皆见该书,后仅注页码。
③ 任继愈:《禅宗哲学思想略论》,《汉唐佛教思想论集》,北京:人民出版社,1998年,第262页。

见。在禅宗看来，生活在尘世中的人有所处地理位置、民族等诸多差别，但作为佛性，却是人人平等、人人心中所共具的。

  人即有南北，佛性即无南北，獦獠身与和尚不同，佛性有何差别！（第8页）

  "獦獠"是古代对南方少数民族的侮称。人有南北的差别，但人所具有的佛性却是没有差别的。
  禅宗认为，虽然人人心中都具有佛性，但这佛性并非一切凡人天生就能自觉到，人们由于"心迷"，不能悟到佛性：

  善知识！菩提般若之知，世人本自有之，即缘心迷，不能自悟。（第24页）

  这样，既然自己不能自觉到，那么就"须求大善知识示道见性"（第24页），"先觉觉后觉"了。
  那么，究竟什么算"迷"？什么是"悟"？从"迷"如何过渡到"悟"？这正是禅宗的根本旨趣与重心所在，也是禅宗的本质特性所在。
  "《坛经》的中心思想是注重净性，强调自悟，提倡顿教。"①所以，在《坛经》中，禅宗的真正创始人慧能开门见山地说：

  我此法门，从上已来，顿渐皆立无念为宗，无相为体，无住为本。何名无相？无相者，于相而离相；无念者，于念而不念；无住者，为人本性，念念不住。（第31-32页）

  "相"，就是事相；"离"，远离，不计较、不执着；"于相而离

---

① 方立天：《佛教哲学》，北京：中国人民大学出版社，1986年，第40页。

相"，接触千万种事物而不执着它们，面对万花筒般光怪陆离的尘世而毫不动心、不在意，这就是"无相"。"但能离相，性体清净"（第32页），故以"无相为体"。"念"，心念，"于念而不念"，虽知觉体悟到各种杂念、邪念、妄念，但却不使它们留于心中，做到"于一切境上不染"（第32页），这就是"无念"。时时保持"无念"，就守住了人的本性，这便是"无住"。

即缘迷人于境上有念，念上便起邪见，一切尘劳妄念，从此而生。（第32页）

"有念"便会起"邪见"，只有"无念"，才能悟空。所以禅宗以"无念为宗"。"住"，静滞、执着；"为人本性，念念不住"，执守人的本有佛性，不使一切俗念滞留于心中。俗世的一切，都是迁流变异，生灭无常的，因此不能执着它们，这就是"无住"。只有"无住"才能"无缚"，出入自由，故以"无住为本"。

"无念""无相""无住"，阐明了禅宗以至所有佛教的基本宗旨，这便是"一切皆空"的思想。

"空"，就是佛教费尽心机智慧笔墨所要阐明的思想。所有佛教，包括禅宗，它们所要告诉人们的就是这一个"空"字。而"空"也就是佛性。在佛教看来，世界上所有的一切，日月星辰、花鸟草木、人事善恶，诸如此类，都是虚无，都是"空"。

虚空能含日月星辰、大地山河，一切草木、恶人善人、恶法善法、天堂地狱，尽在空中；世人性空，亦复如是。（第49页）

引申出来可以说，人生在世，贫富贵贱，如过眼烟云，转瞬即逝。因此对世上的这些东西，不能看成是真的、实的、有的，而应看成是假的、虚的、空的。懂得了这一切，便算是"悟"了，否则便是"迷"。显然，这里说明了一个问题：迷与悟的界限关键在于是否体认了"空"。

禅宗认为，只要"悟"到了"空"，便是觉悟到了"常清净"的佛性，这就是人真实的本性即自性。这里显然值得注意的是，禅宗主张自性就是佛性。人是"本来无一物"赤条条来赤条条去的，人世间的一切生不带来死不带去，所以"空"就是人以及人世间的真实本性。

这样，悟了空，便是悟了佛性，而悟到了佛性，凡人众生便立地成佛了。可见，凡人和佛的差别与迷和悟的差别是相一致的，更直接地可以说，人与佛的差别就是迷与悟的差别，都只在于是否体认了空。这样一来，我们可以看到，佛并不神秘，而是亲切而可及的，佛与众生的距离仅仅在于一念之差。这一点，《坛经》也很明白地告诉我们：

即烦恼是菩提，前念迷即凡，后念悟即佛。（第51页）
故知不悟，即是佛是众生；一念若悟，即众生是佛。（第58页）

凡人的烦恼都是在于执迷不悟，没有悟到人及人世间"空"的真实本性。凡人与佛的区别只在于一念之"悟"，悟到了"空"，众生便立地成佛。但如何才能悟？凡人众生如何从迷到悟且通过悟而成佛？这便是禅宗之所以区别于佛教其他宗派而成为"教外别传"的原因所在。

二、顿悟成佛

成佛，是所有佛教徒的根本目的与最终归宿。而要成佛，便必须修行。在佛教的其他宗派那里，修行的方法复杂烦琐，有所谓六度，即布施、持戒、忍辱、精进、禅定、智慧，归结起来主要的就是戒、定、慧"三学"。戒即持戒，这是佛教所规定的对信奉者的生活进行限制的律条、法规，有五戒、八戒、十戒、具足戒，等等；定即禅定，就是坐禅、入定；慧是指探究佛理，用智慧领会佛教思想。按传统佛教教义，一个凡夫俗子，只有通过出家、持戒、坐禅等烦琐阶段，才可能成佛。①

但禅宗则一改其他宗派修行的烦琐方法，而直截了当地以不著语言、不立文字、直指本心、见性成佛作为主要教义。"也可以说禅宗并不注重哲学上宇宙本体与现象的探讨，只在认识方法上，运用直觉、直观、内省等方法，以求悟宇宙之真理。"②

按传统说法，禅宗在北方有以神秀为首的北宗和在南方以慧能为首的南宗。前者在修行上主张"渐悟"，后者主张"顿悟"。《坛经》所记录的是慧能的思想，因而是讲"顿悟"的。

在慧能看来：

法无顿渐，人有利顿。迷即渐契，悟人顿修，自识本心，自见本性，悟即元无差别，不悟即长劫轮回。（第30-31页）

何以渐顿？法即一种，见有迟疾，见迟即渐，见疾即顿，法无顿渐，人有利钝，故名渐顿。（第76页）

"渐"与"顿"只在于不同素质的人们对自性的觉悟的快慢，而对自性的悟与迷仅一念之差，这一点对任何人都是相同的。这样，慧能便把渐悟成佛简单化为顿悟成佛③，显得干脆利索、简便明了。

在修行方法上，禅宗突出了中国佛教的特点，即重视慧。④虽然《坛经》一开始便说：

我此法门，以定惠为本。（第26页）

---

① 方立天：《佛教哲学》，第3页。
② 韩逋仙：《中国中古哲学史要》，台北：正中书局，1960年。
③ "顿悟成佛"说并非慧能首创，最早是由东晋南朝时期著名佛学家竺道生提出的。《宋书·天竺迦毗黎国传》记述："宗世名僧有道生……空顿悟义，时人推服之。"不过，明确与充分发展"顿悟"说的当推慧能。所以郭朋先生由此认为："中国佛教的禅宗，是由慧能创始的；慧能以前，只有禅学，并无禅宗。"见[唐]慧能著，郭朋校释：《坛经校释》，序言第1页。
④ 胡适：《胡适禅学案》，台北：正中书局，1975年。

但实际上慧能对"定"有他自己的解释。他所谓的"定"是"内不乱"（第37页），是完全排斥了具体宗教实践的内心活动。而本来意义的"定"是坐禅入定，慧能对此解释道：

此法门中，何名坐禅？此法门中，一切无碍，对于一切境界上念不起为坐，见本性不乱为禅。何名为禅定？外离相曰禅，内不乱曰定。外若著相，内心即乱，外若离相，内性不乱。……内不乱即定，外禅内定，故名禅定。（第37页）

"坐"是"一切境界上念不起"，"禅"是"见本性不乱"；"禅定"就是"外离相""内不乱"。可见，这种坐禅入定其实就只是"慧"，是一种努力保持摒弃外在事物干扰的内在心性修养、观念体悟功夫，以及平静安宁的心理状态。显然，这和佛教本来意义上注重修行外在形式是完全不同的。

对此，慧能还更明确地说：

道由心悟，岂在坐也……诸法空寂，是如来清净坐，究竟无证，岂况坐也。[①]

若内心不能体悟到"自性本空"的清净佛性，就是外在实行了坐禅这套佛教修行方法，也是完全无用的，是不能证得任何道果的。

又见有人教人坐，看心看净，不动不起，从此置功。迷人不悟，便执成颠，即有数百般以如此教道者，故知大错。（第28页）

[①] 陈秋平、尚荣译注：《金刚经·心经·坛经》，北京：中华书局，2007年。

只是教人注重外在形式上的静坐，而不注重内在的佛性体悟，就会使人堕入精神疯癫歧途。最重要的是用"自性本空"的佛理智慧去体悟人间世，而不是坐禅等外在形式，若主次不分，便铸成大错。

因此《坛经》明白指出：

故知本性自有般若之智，自用智惠观照，不假文字。（第54页）

故知一切万法，尽在自身中，何不从于自心顿现真如本性……识心见性，自成佛道。（第58页）

人天生就具有体悟"自性本空"佛性的"般若之智"，哪用等着外在文字来开悟！佛性就在每个人的心中，每个人用与生俱来的佛性大智慧领会佛性，识心见性，便可顿悟成佛。所以，在慧能禅宗这里，抛弃一切烦琐的清规戒律，而仅以智慧来领悟、直观佛性，成佛道路何其方便、简捷！

既然是这样，什么出家、入寺，皆可免去。

若欲修行，在家亦得，不由在寺。在寺不修，如西方心恶之人；在家若修，如东方人修善。（第71页）

只要"自悟"佛性，无论在家在寺，皆可成佛，否则，就是出家也枉然！

很显然，自悟自性（佛性），是成佛的关键。而这种自悟自性，说穿它，其实就是一种个人内心的直观，是一种内心的直觉体悟修养。也可以说，内在的心性修养是禅宗的本质特征所在。由此，禅宗既把外在信仰收摄为内心修养，也抛弃摆脱了繁难的名相分析，真正体现了"禅"的本意："禅宗的禅，原是止观的意思。"[①]

这样，禅宗千言万语所要说明的问题，只不过就是一个内在修养问题。这个问题，由于禅宗使用了宗教的语言，加上内在直觉修养的私密性

[①] 吕澂：《中国佛学源流略讲》，北京：中华书局，1998年，369页。

与个人性，而罩上了一层神秘的光环。①

禅宗"顿悟"的修行方式不禁让人想起儒家陆王心学"心即理"的心性修养功夫。陆王心学由于反对程朱理学"格物致知"、向外"求物理"的烦琐形式而提出了"心即理"的"易简功夫"。陆九渊认为"心即理"，"宇宙便是吾心，吾心便是宇宙"，为学方法是"发明本心"（陆九渊《语录下》）；王阳明继承发展陆九渊的心学之路，认为"夫万事万物之理不外于吾心"，"心明便是天理"，为学就是要"致良知"（王阳明《传习录》）。

应该说，儒家陆王心学这种"心即理"的"易简功夫"，与禅宗自悟佛性"顿悟成佛"非常类似，强调向内修养不假外求，同时追求简易便捷，反对向外的烦琐形式。也正因为如此，陆王心学被时人目之为禅。

但是，陆王心学与禅宗在本质上是不同的，具体表现在修养的内容与目的上。

在修养内容上，禅宗基于"自性＝佛性"的佛性论前提，其修养的宗旨是体悟心中的真如佛性，也即自性。在这一过程中，禅宗完全抛弃了佛教传统的出家入寺、参禅打坐诸类烦琐形式，把人佛之间的距离缩小到最小限度，仅一念之差。而对这一念的跨越，只是一个心理认识的问题。如上所提到，禅宗在此采取的是一种内心的直观，说穿它，是一种神秘的、非理性的直觉，它不用什么观察、分析、研究诸类层层深入的理性认识步骤，只要在冥想中一旦巧遇能机，便可顿悟成佛。

而在儒家陆王心学那里，虽然由于其"心即理"的本体论前提而主张悟道的"易简工夫"，但这并不等于取消认识过程的具体环节。恰恰相反，要体悟心中之理，必须通过"博学、审问、慎思、明辨、笃行"（陆九渊《语录下》）这些具体认识环节才能达到。正因为这样，陆王心学的

---

① 在这个问题上，汤一介先生由于这种"人成佛达到超越的境界完全在其内在本心的作用"而采用"内在超越"的说法（见汤一介：《佛教与中国文化》，北京：宗教文化出版社，1999年，第186页）；而吾师冯达文先生则指出：慧能"打掉了佛教信仰的外在性、彼岸性与被动性，而真正把它转化为人——主体之内在信念、主体内在精神境界的一种自觉追求。……信仰已被内在化了"（见冯达文：《理性与觉性——佛学与儒学论丛》，成都：巴蜀书社，2009年，第25—29页）。

心性修养是不同于禅宗的神秘直觉、非理性的直观,而属于理性的、实在的认识方法。

而在修养目的上,我们通过下文将可以看到,禅宗与儒家更是完全不同的。

三、佛在人世间

以上我们看到,禅宗主张不用出家、也不用上天,只用智慧自悟到了佛性(自性),凡人众生便可成佛。那么,佛在何处?

在佛教的其他宗派看来,人生是一片苦海,要脱离苦海,进入涅槃的极乐世界,首先就必须脱离一般人的日常生活,到寺院去过清教徒日子,避开尘世的一切,最后是以上天为归宿,到来世去做佛,才能得以完全解脱。因而这些宗派是主张离世与出世的,而成佛则在来世。与此截然相反,禅宗不要求出家,不要求脱离一般人的日常生活。对于这点,《坛经》也很明白地告诉我们:

此法门中,一切无碍。(第37页)

见一切法,不著一切法,遍一切处,不著一切处,常净自性……于六尘中不离不染,来去自由。(第60页)

用智惠观照,于一切法不取不舍,即见性成佛道。(第53页)

只要能拥有"看空一切"的佛性智慧,不执着俗世的一切,时时进行自我修养,保持清净的自性(佛性),对现实采取不即不离、不取不舍的明智清醒态度,就是"阅尽人间春色"也于佛无妨!

其次,禅宗明确反对到西方天国去寻求作佛:

迷人念佛生彼,悟者自净其心。……迷人愿生东方、西方者,所在处,并皆一种。心但无不净,西方去此不远;心起不净之心,念佛往生难

到。……佛是自性作，莫向身求。自性迷，佛即众生；自性悟，众生即是佛。（第66页）

只要能净心开悟，西方乐园就在眼下人世间；心性不净不悟，身处西方天国也难成佛。

般若之智，亦无大小，为一切众生，自有迷心，外修觅佛，未悟本性，即是小根人。闻其顿教，不假外修，但于自心，令自本性常起正见，烦恼尘劳众生，当时尽悟，犹如大海，纳于众流，小水大水，合为一体，即是见性。（第56页）

禅宗作为顿教，靠的是不假外修的自我开悟；要拥有佛性般若智慧，关键在于识心见性。

自归依佛，不言归依他佛；自性不归，无所依处。（第47页）
自悟自修，即名归依也。（第40页）

只有自悟自性，才是成佛的唯一归宿与途径。所以，《坛经》更明确地说：

法元在世间，于世出世间，勿离世间上，外求出世间。（第72页）

佛国就在现生现世，不要企求离世出世而到来世去成佛。
由上我们可以清楚地看到，撩开宗教的面纱，禅宗通过神秘的心悟最终所要证得的正果——佛，与其说是塑造出一尊神像，毋宁说是在追求着一种理想人格，因为它既不在来生来世，也不在他身他处，而在现生现世与自身自处。这种理想人格具有这样的理想境界：它能对凡间的一切采取不即不离、不取不舍的明智清醒态度，不因俗世的荣辱得失而喜怒哀乐，始终保持着平静、安宁的心境。

进一步地，与儒家相比，我们还可以看到，禅宗这种通过内在心性修养获得理想人格的顿悟方法，是一种与儒家"天人合一"淑世观很相仿的思想，它的从迷到悟、从凡人到佛的理想实际上是与儒家由凡入圣的人生境界相一致的。

儒家是主张积极入世的哲学，在那里，它遵循着"修身、齐家、治国、平天下"这种"内圣外王"的模式。因而，对个人自身的修养便被提到首要的位置。家、国、天下这一切的一切，关键都在于个人的自身修养，而个人修养的最后目的，是一种"万物皆备于我"的理想人格，有了这种理想人格，人便可以"物物"，支配整个宇宙了。很显然，这是一种"天人合一"的积极淑世观，它通过自身的自觉修养，完成由凡入圣的理想人格确立过程，然后用这种理想人格去为社会、为国家、为天下服务。

而禅宗，他主张佛国便在今生今世，佛就在自身，成佛关键在于自悟自觉，靠个人的心性修养，从而把天国拉回人间，回归到众人本身之中。因此这也是一种"天人合一"的积极淑世观。它并不因看到人生的烦恼与痛苦而遁入空门，到来生来世去寻求超脱，而是着眼于现生现世来进行自我修养。所以，从这个角度来看，禅宗与儒家是一致的、高度相似的。

但是，禅宗最后所修的心果——佛，与儒家的理想人格——圣人则又是截然相反、本质不同的。

在禅宗的佛那里，一切皆空，一切都是虚无、转瞬即逝的，由此它对现实可以说是采取了不闻不问的否弃态度，因而它不以为社会现实服务为宗旨目的。禅宗在人世间"担水劈柴，无非妙道"，它寻求的是个人的精神解脱而不是社会担当。所以更清楚地说，禅宗是只求获得一种平静清净的心境，而不管这世界现实如何，更不参与这现实世界的一切活动。但是，正如陆九渊由此转换成"事君事父，无非妙道"[①]所显示出来的社会担当那样，儒家的理想人格的最后目的，恰恰就在于为社会现实服务这一点上。所以儒家的

[①] 冯友兰：《三松堂全集》（第五卷），郑州：河南人民出版社，1986年，第142页。

修身，是为了"万物皆备于我"，而不是为了"一切皆空"；是为了积极的"齐家、治国、平天下"，而不是为了消极地得到精神上的解脱。也正因为这样，禅宗还是呈现出了一般佛教的本质原形而根本区别于儒家。但是，禅宗却因与成为中国传统文化主干的儒家思想有如此重大的契合之处而得以广远流传，"成为中国佛教史上流传最久、影响最深最大的宗派"[①]，并成为中国传统文化的重要组成部分（当然还有其他一些原因），而儒家又因为吸纳了禅宗的思想养分而使自己拥有了更为博大精深的强大生命力，从而绵延不绝地成为中国传统文化的主干，这又是我们所不能不加以重视的。

（本文发表于《中山大学研究生学刊》1988年第1期，收入本书时做了适当修改补充。）

[①] 方立天：《佛教哲学》，第227页。

试论陈白沙与湛甘泉哲学的师承关系

作为陈白沙的得意门生，湛甘泉是江门学派的重要人物。近世学者简又文先生认为："惟甘泉先生洞明白沙先生之绝学而毕生恪守之，发扬之，允推为正宗道统之传。"①那么，湛甘泉究竟怎样"恪守"了白沙学说，又怎样"发扬"了师说，他们哲学的师承关系到底怎样？本文拟对此加以梳理和阐述。

一

黄宗羲在《明儒学案》中对白沙学评述说："有明之学，至白沙始入精微，其吃紧工夫，全在涵养，喜怒未发而非空，万感交集而不动，至阳明而后大。"②这里，所谓"始入精微"并非指白沙学概念分析精密，而是指白沙学深入了内在精神生活体验。所以，黄宗羲又说："作圣之功，至先生而始明，至文成而始大。"（《白沙学案上》）

假如说，由于朱熹把《大学》八条目中的两条——"格物""致知"训为即物穷理，从而导致宋明学者在"尊德性"与"道问学"上偏于道问

---

① 简又文：《广东文化之研究》，广东文物展览会编：《广东文物》（下册），香港：中国文化协进会，1941年，第671页。
② 黄宗羲：《明儒学案》，卷五《白沙学案上》，《黄宗羲全集》第七册，杭州：浙江古籍出版社，1985年，第78页。本文所引《白沙学案》皆出自该书，以下仅注篇名。

学而轻于尊德性的话,那么陈白沙则可以说开启了明代哲学注重内心体验、强调身心德性修为的先河。

白沙学以静坐为功夫,主张"静坐养出端倪"①,以不动心,不累于物,勿忘勿助涵养天理。他说:"人心上容留一物不得,才著一物,则有碍。且如功业要做,固是美事,若心心念念只在功业上,此心便不广大,便是有累之心。是以圣贤之心,廓然若无,感而后应,不感则不应。又不特圣贤如此,人心本来体段皆一般,只要养之以静,便自开大。"(《白沙学案·论学书·与谢元吉》)心要以虚为本,不著一物,才能进入广大无边的自由境界,体应万物而不累。他又说:

终日乾乾,只是收拾此理而已。此理干涉至大,无内外,无终始,无一处不到,无一息不运会,此则天地我立,万化我出,而宇宙在我矣。得此把柄入手,更有何事?往古来今,四方上下,都一齐穿纽、一齐收拾,随时随处无不是这个充塞。色色信他本来,何用尔脚劳手攘?舞雩三三两两,正在勿忘勿助之间。(《白沙学案·论学书·与林缉熙》)

心即理,虚静其心,勿忘勿助涵养天理,便能出神入化地应对世间万事万物,做到"日用间种种应酬,随吾所欲,如马之御衔也;体认物理,稽诸圣训,各有头绪来历,如水之有源委也"(《白沙学案·论学书·复赵提学》)。主体的挺立与凸显,一下子解决了人与自然、主体与客体、动与静、内与外等的冷漠对立,使人进入了无拘无束、自由自在的心灵境界,这就是"自得"。白沙说:

忘我而我大,不求胜物而物莫能挠。……山林、朝市一也,死生、常变一也,富贵、贫贱、威武一也,而无以动其心,是名曰"自得"。自得者,不累于外物,不累于耳目,不累于造次颠沛,鸢飞鱼跃,其机在我。(《白

---

① 吕思勉:《理学纲要》,北京:东方出版社,1996年。

沙学案·题跋·赠彭惠安别言》）

通过静坐，挺立了主体，一反以往理学对外在客体的敬畏，显露了心学自由浪漫的洒落特色，心灵由此进入一种"自然"境地，并充分享受到由此产生的快乐。这种"自然"的快乐是一种"真乐"也，真正发自主体内心的快乐："自然之乐，乃真乐也，宇宙间复有何事！"（《白沙学案·论学书·与湛民泽》）他对弟子甘泉说："古之善学者，常令此心在无物处，便运用得转耳，学者以自然为宗，不可不着意理会。"（《白沙学案·论学书·与湛民泽》）

程朱理学的为学之道在于格物致知。程颐说："须是今日格一件，明日又格一件，积习即多，然后脱然自有贯通处。"①朱熹更说："即凡天下之物，莫不因其已知之理而益穷之，以求至乎其极，至于用力之久，而一旦豁然贯通焉，则众物之表里精粗无不到，而吾心之全体大用无不明矣。此谓物格，此谓知之至也。"②在格物穷理的漫长过程中，内在主体始终对外在客体保持着一种谨小慎微的敬畏。这在白沙看来不但不洒落，而且太烦琐、"劳攘"，而就是这样，也未能真正得道。他说："学劳攘则无由见道，故观书博识，不如静坐。"（《白沙学案·论学书·与林君》）

就静坐本身来讲，并没有儒道佛之分。有宋以来，儒家已把静坐作为一种重要的修养方法。连朱熹都说："始学工夫须是静坐，静坐则本原定。虽不免逐物，及收归来也有个安顿处。"③静坐是为学的初始工夫，心体澄明才能即物明理。但是，陈白沙则把静坐作为为学之道的唯一路径和工夫。他认为只有通过静坐凸显主体，才能统摄万物，得道明理，这就把为学之道归结为主体内心神秘的体验，难怪时人将其目之为禅。

---

① 北京大学哲学系中国哲学史教研室选注：《中国哲学史教学资料选辑》（下册），北京：中华书局，1982年，第82页。
② 北京大学哲学系中国哲学史教研室选注：《中国哲学史教学资料选辑》（下册），第90页。
③ 黎清德编，王星贤点校：《朱子语类》，北京：中华书局，1986年，第194页。

二

陈白沙的"自得说",以心为本体,凸显了主体的作用,并且以"自然"为宗,崇尚活泼、自由自在的心灵境界,追求一种精神上充实而平和的自得感觉,这都充分体现了与程朱理学截然不同的心学特色。作为陈白沙的得意门生,湛甘泉同样服膺其师说。他提出"随处体认天理",以自己的表述方式继承、修正和发扬了师说。

甘泉非常推崇其师白沙的学贵自然说。在他看来,为学之道就在于保持心性的勿忘勿助与自然。甘泉说:"忘助皆非心之本体也。此是圣贤心学最精密处。不容一毫人力,故先师石翁又发出自然之说。至矣!圣人之所以为圣,亦不过自然。"[1]又说:"学者下手须要理会自然工夫,不须疑其为圣人熟后而姑为他求。盖圣学只此一个路头,更无别个路头。"[2]

对于其师的"主静"说,甘泉以"随处体认天理"作了修正。他说:

道心事合一者也,随时随事何莫非心,心定则何动非静?随处体认则端倪随现,何必静坐?若见天理则随处洒落,即是全放下,更无他求。[3]

心性非二,动静、内外、物理合一,重要的是心定神静。没必要排斥外物的动,一味追求主体的静寂。只要随处体认,洒落自存,天理自现。

在他看来,他的"随处体认天理"说其实就已包括了静坐:

静坐久,隐然见吾心之体者,盖先生为初学言之。其实何为动静之问?心熟后,虽终日酬酢万变,朝廷百官万象,金革百万之众,造次颠沛,而吾心之本体澄然无一物,何往而不显露耶?盖不待静坐而后见

---

[1] 《甘泉文集》卷七,《答聂文蔚侍御》,同治丙寅茸刻本,资政堂藏版,第28页。
[2] 《甘泉文集》卷七,《答聂文蔚侍御》,第28页。
[3] 《甘泉文集》卷七,《答欧阳崇一》,第31页。

也！……随处体认之功连静坐亦在内矣！①

只要保持主体心的虚静，就可以静制动，随时随处应接万物而不动心，体认天理。

甘泉所谓的"心"是什么？他专门作了《心性图说》，对此作了说明。在他看来，心"包乎天地万物之外，而贯夫天地万物之中"（《甘泉学案·心性图说》）②。一句话，宇宙以心为本体，主体心统摄天地万物。很显然，这与其师的心学特色是一致的。而"性"则作为心的客体对象而存在，与心混而为一。他说："性者，天地万物一体者也。浑然宇宙，其气同也。心也而不遗者，体天地万物者也。性也者，心之生理也。心性非二也。"（《甘泉学案·心性图说》）主体的心与客体的性，能"体"的、动的心与被"体"的、物的、静的性由此得到了统一。这就是他所谓的"合内外之道"。

湛甘泉的"随处体认天理"所说的就是《大学》中的格物。朱熹曾把"格物""致知"训为即物穷理，而且"物"是指外在的客观事物，"理"是指后天的知识。王阳明则把格物训为正念头，而"物"则是内在主观的"意之所在"，致知则是致先天的良知。由此，朱熹认为"致知在格物"③，而王阳明则认为"格物"最后的宗旨在于"致良知"，由此阳明不信朱熹的《大学补传》读本，而信古本《大学》。④在否弃程朱理学析心与理为二、支离主客体，及信古本《大学》、以心统性等基本问题上，湛甘泉与王阳明站在了一起。但是，在对一些概念范畴的理解与所指上，他区别于阳明，特别是在对"格物"的解释上。

甘泉认为，"格物"就是"至理"，就是"造道"。

---

① 《甘泉文集》，卷八，《新泉问辨录》，第21页。
② 黄宗羲：《明儒学案》，卷三十七《甘泉学案一》，《黄宗羲全集》第八册。本文所引《甘泉学案》皆出自该书，以下仅注篇名。
③ 《大学补传》，转引自冯达文：《宋明新儒学略论》，广州：广东人民出版社，1997年，第143页。
④ 范寿康：《中国哲学史通论》，北京：读书·生活·新知三联书店，1983年，第69—73页。

> 格物者即造道也。知行并造，博学、审问、慎思、明辨、笃行皆所以造道也。读书、亲师友、酬应，随时随处皆随体认天理而涵养之，无非造道之功。意、身、心一齐俱造，皆一段工夫，更无二事。①

虽然甘泉一直强调"一以贯之""一段工夫"，但他的"心"所指所包都是主客观性质混杂的东西，既有别于朱熹的外在客观性质，也有别于阳明的完全主观性质，而他的"造"道功夫也因此被阳明谓为"支离"。确实，在这一点上，他没有阳明来得彻底，这就难怪黄宗羲说："若以天地万物之理即吾心之理，求之天地万物以为广大，则先生仍为旧说所拘也。"（《甘泉学案一》）

三

陈来先生曾根据黄宗羲对自白沙始至阳明哲学发展脉络的勾勒点评，以及阳明自言"支离羞作郑康成"与白沙的"真儒不是郑康成"的相似表述，认为"甘泉后来主'随处体认天理'，与师门固有一间矣"。并说，只有阳明才真正承接了白沙之学，并使之发扬光大，虽然阳明从不提起。②

陈来先生这一说法自有其道理。毕竟，在挺立主体、以心统摄万物、尊德性等方面，阳明确实遵循了白沙的心学路线，而且比甘泉走得更远。但问题就恰恰在于，阳明的这种彻底是否就符合了白沙的"自得"意境？是否就是白沙想说未说而又期望的东西？

白沙的"自得"境界，是一种不为外物所动、怡然自得而又充实平和的心境。由于他的身份地位，在事功与精神自由上，他明显地倾向于后者。也就是说，轻于事功而重于追求心灵的自由宁静，所以说白沙偏于洒落而失于敬畏并不为过。在白沙这里，虽然以心为本体，虽然"主静"给人以神秘飘忽之感，但他并没有带给人一种狂放甚至霸气、以自己的主观意志强加于

---

① 《甘泉文集》卷七，《答阳明》，第18页。
② 陈来：《有无之境——王阳明哲学的精神》，北京：人民出版社，1991年，第11页。

外界的压迫感。而阳明恰恰在这一点上表现出强烈的个性特征。他的狂者胸次，他的豪迈不羁，加上他强烈的事功愿望，如此种种，使他在个人精神气质和境界上迥异于白沙。也许，这正是阳明从不提起与白沙哲学关系的真正原因。由此我们也有理由认定，阳明不能算是白沙的真传。

相比之下，甘泉的"随处体认天理"说则显得随和平实得多，由此也可以说更接近白沙所追求的心灵意境。人们可以说他"拘于旧说"、保守调和、反叛理学不彻底，可以说他的心与理、知与行、动与静等依然"支离"，未能真正统一。但是，恰恰是他的这种调和包容特色，才真正指明了个人在面对社会时所应持有的正确心态和心境，而这正应是所谓的圣贤之道。比之阳明，虽然说人作为万物之灵，支配世界、主宰世界包括自己个人的内心世界，从道理上讲似无可厚非，但具体落实到操作层面，主客体、动与静、知与行等一系列的冲突，岂是凭主观的心意所能真正统一得了的？由此，我们似乎在某种程度上可以理解，阳明在官场为何屡屡失意，而甘泉在官场上则可以说如鱼得水，并且他还能罕有的高寿（95岁）。

总之，甘泉"随处体认天理"说的精神实质仍然同属于白沙，并且也应该说，只有甘泉才得白沙学之真传。尽管身份与社会抱负甘泉与白沙不同，随着时间的推移和社会的变化，其表述的方式与内容也有差异，但这并无关"自得"境界的宏旨，不能因此而认为其与师门"固有一间"。只有这样，我们才能理解白沙对甘泉这一提法的赞赏。他书予甘泉说："日用间随处体认天理，着此一鞭，何患不得到古人佳处也。"（《白沙学案·论学书·与湛民泽》）

还是简又文先生说得好："惟甘泉先生洞明白沙先生之绝学而毕生恪守之，发扬之。"因此，我们可以说，湛甘泉"随处体认天理"说的提出，真正师承和发扬光大了白沙学说，充分体现了宽容平和而又自得其乐的岭南文化特色，并真正奠定了江门学派在明代心学中的重要地位。

（本文发表于《广东社会科学》2004年第2期）

梁启超与章太炎佛学救世思想比较研究

——兼论近代应用佛学思潮

2019年是五四运动100周年，也是梁启超逝世90周年、章太炎诞辰150周年。从应用佛学思潮视角回眸救亡与启蒙双重变奏的近代中国，在今天实现中华民族伟大复兴的中国梦中，或许仍然能带给我们许多启迪。

一、导论：论题的提出

大量历史资料表明，佛学在中国近代思想界中占有相当重要的地位。[①]许多近代著名思想家如康有为、梁启超、谭嗣同、严复、章太炎等，都研习过佛学，并深受佛学思想的影响。正如梁启超在《清代学术概论》中所说："晚清所谓新学家者，无一不与佛学有关系。"佛学已成为近代思想界的一股"伏流"。他们或把佛学思想融纳进自己的思想体系，为自己的思想体系的建构服务（如康有为的"大同说"，谭嗣同的"仁学"等）；或把佛学思想作为理论工具，为自己的政治主张作论证（如梁启超的改良主义）。他们有的以自己对佛学的理解，从佛学立场来解释现实问题（如章太炎）；有的则以自己的现实需要应用发挥佛学（如梁启超）。梁启超

---

① 楼宇烈：《中国佛学与人文精神》，北京：宗教文化出版社，2012年，第2页。

曾说过，康有为对佛学是"以己意进退佛说"（《清代学术概论》），而谭嗣同的"仁学"是"应用佛学"（《论佛教与群治之关系》）。其实，从近代整个思想界来讲，许多著名思想家都是"以己意进退佛说"，都是"应用佛学"，这其中便包括梁启超。

中国近代的思想家是救国救世的思想家。佛学在近代之被"应用"的重要意义与主要特征，在于它被作为救世救国的思想工具。由于日渐严重的民族危机，近代的思想家力图利用一切可以利用的古今中外的思想理论，拯救危难的国家。他们对于本国的传统学术思想采取经世致用的态度，而对于外来的思想文化则可以说是拿来主义的实用态度。佛学之被利用成为救世学说，总的来说是佛学的某些思想与思想家们的现实需要相适合，具体有两方面：一方面，佛学的普度众生、勇猛无畏等思想与他们的英雄主义气概、主观心力的强调相适合（如道德救世）；另一方面，佛学复杂多样的派别主张、精致的抽象思辨与思想家们各自的理论兴趣、学术倾向等相吻合（如章太炎与法相唯识宗）。

本文选取梁启超、章太炎作为分析对象，试图通过对他们的比较分析，揭示在近代"应用佛学"思潮中，在佛学救世的主题下，不同的思想家如何从他们各自的思想背景出发，以不同的学术素养，选取与应用佛学。本文之所以选取梁启超、章太炎作为比较对象，基于如下考虑：其一，梁、章都是近代著名的思想家，都是政论活动家与学者双重身份，且年龄相近，所处时代相同，具有可比性。其二，活跃在近代政论舞台上的有改良派和革命派两大派别，就是他们，把佛学作为救世的思想工具。具体而言，虽然这两大派别由于不同的政治主张而进行过针锋相对的论战，而且尽管他们因不同的原因择取了佛教的不同方面，但他们都一致认为，佛教有益于时代、有益于社会，能够救世。在佛学救世这一主题中，两个政治派别得到统一。这种异与同，是本文分析的基础与意义所在。其三，梁、章是两个政论派别的代言人，选取他们来进行分析，无论是对于佛学救世本身还是两大派别对佛学的应用，都具有更深刻的意义。

本文在分析中，力图把思想家们的思想放到更广泛的时空范围里去考察，把他们的思想与弗兰西斯·培根（Francis Bacon）、康德（Immanuel Kant）、桑塔耶那（George Santayana）、马克斯·韦伯（Max Weber）等西方思想家有关思想相映照，希冀由此能够对梁、章的思想有更准确清晰的把握，对整个思潮也能够更客观地评价。

需要说明的是，由于本文着重的是佛学被"应用"入世救世方面，因此，对于佛学所着重的是它与现实需要的接合点，而对于思想家们则着重的是他们活跃于政治舞台积极入世、并独立地发表自己的救世主张的时候。具体来说，梁启超以《清议报》《新民丛报》时期为主，章太炎则以《民报》时期为主，至于他们其他时期的思想，本文根据情况会有所涉及。由于每个思想家的思想随着时空变化而有所不同，像梁启超便以"善变"著称，因此，本文这样做，希望能够给人以主次分明、条理清晰的印象。

二、佛学的择取

（一）业报轮回说

我们还是从梁启超谈起，因为无论是从开始接触佛经还是到崇尚佛学，梁启超都比章太炎来得早。梁启超略涉佛学是在1891年。那时他就学于万木草堂，与同学陈千秋等"相与治先秦诸子及佛典"（《清代学术概论》），其先生康有为"常与语佛学之精奥博大"，他虽然自觉"夙根浅薄，不能多所受"，但还是觉得"一生学问之得力皆在此年"（《三十自述》）。但他推崇佛教则是1902年的事。这年10月他写了《论宗教家与哲学家之长短得失》一文，他改变了原来"最不喜宗教"的态度，认为宗教的因果论是"无论据何学理而决不能破之者"，是"进民德之一最大法门"。梁启超接触佛典则是在1897年。这时，他受宋恕、夏曾佑的影响，"略涉《华严》《法严》《涅槃》诸经"，又读"三论"（即《中论》《十二门论》和《百论》），但自觉"不甚好"，"不能深"。[①]至于赞赏佛教则是在《苏报》案

---

① 《太炎先生自定年谱》，上海：上海书店，1986年，光绪二十三年（1897）条，第5–6页。

出狱东渡的时候，即1906年7月，发表《东京留学生欢迎会演说辞》。从此，他一改过去对"华妙"之病的抨击，提倡要以佛教"发起信心，增进人们的道德"。梁启超对佛学择取的是"业报轮回说"，对之特别赞赏，晚年曾把"业报轮回说"说成是他宗教观、人生观的"根本"。①他用"业报轮回说"阐述"新民说"，提倡改良反对革命。他认为其"切于人事，征于实用"，是"天地间最高尚完满博深切明之学说也"（《论佛教与群治之关系》），甚至说"这是宇宙间唯一真理"②。

"业报轮回说"是佛教的原始基本理论。它主张业力不灭，说业力是众生所受果报的前因，是生死轮回的动力。业力是什么？业是行动或作为之意，在佛教的五蕴中称行蕴；力是指支配行为的意志。因此，众生的行为和支配行为的意志，从本质上说就是业力。佛教认为，业力的影响是永远不会消除的，它总要引起相应的果报，由于这些报应的不同，来世就会在不同的境界中轮回。在这里，梁启超曾作过一个生动的比喻，很能说明业力不灭这一点。他把业力比喻为老宜兴茶壶，"茶之随泡随倒随洗，便是活动的起灭，渍下的茶精便是业。茶精是日渍日多，永远不会消失的，除非将壶打碎。这叫作业力不灭的公例"（《什么是文化》）。在因果报应这一点上，佛教强调"已作不失，未作不得"。就是说，已造的业因，在未得到果报之前，不会自行消失；而未造的业因，则不会无故得到果报。因此，它强调自作自受，强调因与果的对应关系。在这，梁启超也作了一个生动的比喻，他说："因果之感召，如发电报者然，在海东者动其电机，长短多寡若干度，则虽隔数千里外，而海西电机之发露，其长短多寡若干度与之相应，丝毫不容假借。"（《论佛教与群治之关系》）

"业报轮回说"是佛教的重要理论基石，我们只要援引东晋时王谧在其《答桓太尉》中的一段话，便可明了此点："夫神道设教，诚难以言辞，意以为大设灵奇，示以报应，此最影响之实理，佛教之根要。今若谓三世为虚诞，罪福为畏惧，则释迦之所明，殆将无寄矣。"可见，因果报

---

① 丁文江、赵丰田编：《梁启超年谱长编》，上海：上海人民出版社，1983年，第1046页。

② 丁文江、赵丰田编：《梁启超年谱长编》，第1046页。

应是佛教的实理和根要，佛教经典为阐明这一要义而花尽笔墨，乃在情理之中。梁启超晚年说过："七千卷大藏经，也只说明这点道理"①，可说抓住了这一根本。他早年说过："其通三乘摄三藏而一贯之者，惟因果之义，此义者，实佛教中小大精粗无往而不具者也"（《论佛教与群治之关系》），也理解得透彻。由此，梁启超非常赞赏这一学说并实用主义地运用到他的改良主义政治思想中去，他运用"业力不灭公例"诠释新民说，运用"因果感召丝毫不能假借"论证改良主义政治主张。可以说，佛教"业报轮回说"在梁启超的新民说和改良主义政治主张中发挥了非常重要的作用。

在梁启超看来，"凡一国之强弱兴废，全系乎国民之智识与能力；而智识能力之进退增减，全系乎国民之思想；思想之高下通塞，全系乎国民之所习惯与所信仰"（《论支那宗教改革》）。"国民之所习惯与所信仰"就是他所称的"国民性"，改造这种"国民性"正是梁氏新民说的中心主题与最终目的。他认为，"国民性"就是一种精神，一种"元气"；它的重要性，在于它是立国立民的根本："国所与立者何？曰气而已。"梁氏认为，国民的这种元气"非一朝一夕之所可致，非一人一家之所可成，非政府之力所能强迫，非宗门之教所能劝导"（《国民十大元气论》），它是由众生业识熏结而成。这种业识是一种"不死之物"，是一种灵魂，也就是佛教的"羯磨"。羯磨是变化无常、刹那生灭的一切万象中永不消灭的东西，它除了个体自作自受外，还相互影响，结成整体，在整体上因果连续，递演无穷。换言之，"今日我辈一举一动，一言一语，一感一想，而其影象，直刻入此羯磨总体之中，永不消灭，将来我身及我同类受其影响，而食其报"（《余之死生观》）。正因为羯磨这种因果相续、时空熏习关系，因此，要改造国民性，必须从现在做起，从每个人做起，以图在未来、在全社会形成一种好的社会习俗、一种新的国民性："学道者，一当急造切实之善。因以救吾所居之器世间之堕落。"如果我们能"递续不断"地"造善因"，那么"吾国遂可以进化而无穷"（《论

---

① 丁文江、赵丰田编：《梁启超年谱长编》，第1046页。

佛教与群治之关系》），国家将因此得到拯救且日益昌盛。

这里，梁启超用佛教的因果说来说明国民性的时空熏习性以及新民说的必要性。其实，所谓的"国民性"，就是一种文化传统，而文化传统确实存在着时间上（历史的遗留）、空间上（与周围不同文化的沟通习染）这种纵横影响问题，我们不断地探讨文化问题，探讨如何建构一种适合国情、时代的文化体系，究其实也就是弄清传统的优劣与时代的特性倾向，找出它们最佳的连接点。

梁启超还用近代科学进行比附，把"进化论之遗传性"比附于"佛说之羯磨"，认为"近世达尔文、斯宾塞诸贤言进化学者，其公理大例莫能出此二字之范围"（《论佛教与群治之关系》）。应该说，梁启超的这种比附，一方面可以说是中国近代"不中不西即中即西"（《清代学术概论》）时代的必然产物，另一方面也许更恰切地说，梁氏是采取了"佛学注我"的今文经学方法来对待佛教的因果论。他对有利于他发挥己见的东西，便凭着他那"不肯压抑"的情感尽情发挥。而在科学呼声日益高涨、西学传入日益频繁的时代，把己见附会科学，更易与科学一样富有说服力。

梁启超用"业报轮回说"论证"新民说"，并得出了改良主义结论。他说："有志世道者，其勿递责后此之果，而先改良今日之因而已。"（《新民说·论进步》）而提倡改良也就必然反对革命："种瓜得瓜，种豆得豆，革命只能产生革命，决不能产生改良政治。"（《革命相续之原理及其恶果》）"征因知果"，革命只能产生动荡不安的社会恶果，社会的混乱只会因革命而加剧，而不可能由于革命而平息。"业报轮回说"使梁启超顺理成章地阐明了改良主义政治主张。

（二）法相之理

梁启超没有具体对佛教的哪一宗派有偏爱。一生中除了"业力说"外，就推崇"三界唯心说"。他把"三界唯心说"说成是"真理"（《自由书·唯心》）。总的来说，他对佛学是采取了"六经注我"的今文经学方法，这种方法在他那里虽然实用、灵活，也体现了一种兼容并包、兼收并蓄的开放态度，但从学术态度上讲，也显得肤浅和不够严谨。他的思想出现前后不一致，归根结底也可以追溯于此。可贵的是，他颇有自知之明，并且"不惜以今日之我，难昔日之我"（《清代学术概论》）。由此应该说，这也不乏一种学术风格，这种风格与梁启超那"不肯压抑"情感的个性相一致、相吻合。

对比梁启超，章太炎则完全是另一种风格。受其古文经学学术素养影响，章太炎比梁启超理性严谨得多。虽然他与梁启超一样认识到宗教的现实功用，但并不像后者那样只因"吾师友多言佛学"，便自己也"且言佛学"（《论佛教与群治之关系》），而是一开始便进行了清醒理智的判教工作，最终摒弃了有神的、"与平等绝远"的基督教和"使人不脱富贵利禄"的孔教，选中了在他看来无神的、平等清净的佛教。他与梁启超以"模糊影响笼统"的态度来谈佛学截然不同，他不但对宗教的种类加以选择，而且对佛教各宗派也进行了择取。他厌弃崇拜鬼神的净土宗，选择了"自贵其心""依自不依他"的禅宗与唯识宗。最后，他从学术角度出发加以衡量，选中了注重名相分析的唯识宗。

章太炎"独尊"法相唯识宗出于两个方面的原因。一是由于个人的学术素养。他自述："及囚系上海，三岁不觌，专修慈氏、世亲之书。此一术也，以分析名相始，以排遣名相终。从入之途，与平生朴学相似，易于契机。解此以还，乃达大乘深趣。"（《菿汉微言》跋）所谓朴学，也称汉学或考据之学，它注重繁难的名物训诂考据，而唯识宗则注重繁难的名相分析，因此，素治朴学的章太炎确实较易从形式、方法上对唯识宗产生认同。二是时代分析的趋向使然。章太炎解释道："仆所以独尊法相者，则自有说。盖近世学术渐趋实事求是之途，自汉学诸公分条析理，远非明儒所能企及，逮科学萌芽，而用心益复缜密矣。是故法相之学，于明代则不宜，于近代则甚适，由学术所趋然也。"（《答铁铮》）

章太炎并不是一贯佞佛的，早年他曾是佛学的反对者。光绪二十三年（1897），他颇为痛切地指责"遁于佛者"，抨击士大夫们的"华妙"之病。"吾悲夫华妙之子耻功利为不足卲，而骛心于教之派别，必假贷于浮屠以为宠灵。""今志节远不及明人而循其谈禅之轨,则志气愈委靡,民志愈涣散,求再亡三亡而不可得,而暇变法乎哉?"(《变法箴言》)一直到光绪二十五年(1899),他对佛老仍予以批评:"佛必以空华相喻,庄亦间以死沌为词,斯其实之不如儒者也。"(《菌说》)但"中遭忧患,而好治心之言"①,三年的《苏报》案牢狱生活使他深研佛典,1906年出狱后,便180度转弯,不但崇尚佛学,而且要建立新宗教。

章太炎所要倡建的宗教就是唯识教,他把唯识教看成是近代社会的救星。唯识宗的要旨在于讲"万法唯识""心外无法",认为万法都是阿赖耶识种子的显现,万法由心造,离开心便无万法可言。而讲"心外无法"的目的乃在于破除人们的法我二执,人们由于对法我的执着,不仅产生了许多烦恼悲哀,带来了人世间的种种罪恶与不幸;而且由于追求富贵利禄而变得怯懦畏葸。因此,要提倡无私无畏的革命精神,拯救社会,普度众生,就必须破除人们的法我二执,讲法我性空。

因此,为了革命和救世,章太炎要提倡唯识教,破除由于法我二执产生的三重倒见:"此识是真,此我是幻,执此幻有以为本体,是第一倒见也。""此心是真,此质是幻,执此幻者以为本体,是第二倒见也。"章太炎是明确的无神论者,因此,他也以这种法我二空理论作为反对有神论的工具,"此心是真,此神是幻,执此幻者以为本体,是第三倒见也"(《建立宗教论》)。

章太炎借用唯识宗把一切有形的色相、无形的法尘,都判为是幻见幻想,并非实在真有,企图以此让革命党人破除法我二执,变得淡泊名利、勇猛无畏,这表面上看来似乎顺理成章。但深究下去,这其实蕴涵着不可克服的矛盾。因为,首先,既然一切事物都是虚幻,那么革命作为一种社会政治现象,也是虚幻;而这世界既然都是幻见幻想,那么救世也无从谈起;"我"的一切都是幻有,我的献身也就毫无意义。依此类推,最后除了鼓吹"五无"(无政府、无部落、无人类、无众生、无世界),走向彻

---

① 章太炎:《支那内学院缘起》,《中国哲学》第六辑,北京:生活·读书·新知三联书店,1981年。

底虚无主义，别的丝毫无可选择，但这无疑把救世变成了寂世。其次，他以"识有性空"否定一切外在人格神的存在，但其实他所持的理论——阿赖耶识"种子"说本身就是一种有神论，是一种灵魂说，以这种灵魂说去反对有神论，确立无神论，无异于缘木求鱼。

不过，章太炎始终认为，唯识教是一种无神教，这种教"最为清净"，"上不失真，下有益于生民之道德"（《建立宗教论》）。但是，既然没有鬼神，如何能称为宗教？对此，章太炎解释道："凡崇拜者，固人世交际所行之礼。"而佛教徒对于释迦牟尼的崇拜，只是"尊仰而崇拜之，尊其为师，非尊其为鬼神"。但是，"虽非鬼神，而有可以崇拜之道，故于事理皆无所碍"（《建立宗教论》）。

倡导无神教，这在哲学史上是一种独特的理论现象。19世纪上半叶，德国哲学家费尔巴哈（Ludwig Andreas Feuerbach）也提出过这种理论。他猛烈抨击了宗教神学，打出了无神论旗帜。但是，他却不想消灭宗教，而是要致力于建立所谓"新宗教"，这种宗教就是一种无神教，它是一种爱的宗教。他说："我们必须拿对人的爱当作唯一的真正的宗教，来代替对神的爱。"①这与章太炎"尊其为师"的说法极为相似。而且，正如恩格斯所指出，在费尔巴哈那里，归根到底男女之间的性爱乃是他的新宗教借以实现的最高形式。②

章太炎是明确反对有神论，提倡无神论的。他甚至不满于康德把神赶到超验的彼岸去的做法，认为这是"千虑一失"（《无神论》），应该彻底地把神摭拨为无。但是，与费尔巴哈一样，他也并不想彻底消灭宗教，而是致力于要建立新宗教，这种宗教就是一种无神教。恩格斯对费尔巴哈的无神教曾一针见血地指出："如果无神的宗教可以存在，那末没有哲人之石的炼金术也是可以存在的了。"③应该说对章太炎来说，这种评判无疑

---

① [德]路德维希·费尔巴哈著，荣震华、王太庆、刘磊译：《费尔巴哈哲学著作选集》（下卷），北京：商务印书馆，1984年，第310页。
② 《马克思恩格斯选集》，北京：人民出版社，1972年，第4卷，第229页。
③ 《马克思恩格斯选集》第4卷，第230页。

也是中肯的。

尽管如此，章太炎与费尔巴哈的无神教还是在本质与意义上有重大差别，这种差别体现在：费尔巴哈建立新宗教毋宁说是宗教的一种异化，这种异化，使费尔巴哈的新宗教在一定程度上具有启蒙的意义与价值；而章太炎建立宗教则是宗教的一种同化，这种同化使章太炎的无神教不但不具有启蒙的价值，而且是要把积贫积弱的近代中国带进一种宗教的蒙昧。我们不能忘掉这一现实背景：费尔巴哈所生活的是一个素有宗教传统的社会，而章太炎所生活的则是一个宗教不普及的国家。因此，前者对宗教神学的批判是敲开原有宗教外壳，破壳而出的是理性地审视原有的一切信仰，他提出新宗教是彻头彻尾的宗教改革，是传统宗教的革新与转化。而后者对宗教神学的批判是原有理智清醒态度的继续，是从外剥开宗教的外衣并审视呈现在面前的这一切。但他由此觉得宗教哲学就是哲学，佛法不是宗教，要"放大眼光，自由研究"，甚至最终要建立新宗教来作为救世之工具。

应该指出，章太炎所推崇的唯识教绝不是无神教，它的重要学说——阿赖耶识"种子"说，就是一种灵魂说。章太炎以不崇拜外在的人格神作为无神论的主要依据，他说："佛法中原说六亲不敬，鬼神不礼，何曾有崇拜鬼神的事实？明明说出'心、佛、众生三无差别'，就便礼佛念佛等事，总是礼自己的心，念自己的心，并不在心外求佛。"（《论佛法与宗教、哲学以及现实之关系》）其实，不在心外求佛，不崇拜外在的人格神，并不等于否定神的存在。佛法作为佛教的重要组成部分，它的产生是基于佛教的基本前提，是为佛教的确立服务。因此，它必然与佛教整体一起，把承认超自然神灵的存在作为自己不言而喻的前提。普列汉诺夫曾经指出："在佛教中关于人同神的关系的观念具有极为独特的形式，但是……并不等于排除了它的两个组成部分之一，关于神和一般精灵的观念"，"事实上，佛教承认无数神和精灵的存在"。[①]这对唯识宗来说当然也不例外。

---

① 曹葆华译：《普列汉诺夫哲学著作选集》（第五卷），北京：生活·读书·新知三联书店，1984年，第408页。

三、宗教信仰与哲学理性

(一)宗教与哲学

德国诗人海涅(Heinrich Heine)说:"自从宗教求助于哲学,德国学者们除了给宗教穿上一套新衣之外,他们对于宗教还做了无数的实验。他们为了想赋予宗教一个新青春……先给宗教放血,慢慢地把迷信的血放出来。说得明白一些,就是试图从基督教中去掉它所有的历史内容,只保留它的伦理的部分。"①梁启超与章太炎也是这样做。

梁启超把佛教说成不是迷信而是"智信"。在他看来,"佛教之最大纲领曰'悲智双修',自初发心以迄成佛,恒以转迷成悟为一大事业。其所谓悟者,又非往知有佛焉而盲信之之谓也"。又说:"世尊说法四十九年,其讲义关于哲学学说者十而八九……凡以使人积真智求真信而已。"他还把佛学与西方哲学相比附,认为:"斯氏(指斯宾塞。——引者注)之言,学界之过渡义也,佛说则学界之究竟义也。"认为斯宾塞(Herbert Spencer)的学说不及佛说高明。因此,"彼哲学家论理之圆满犹不及佛说十之一,今欧美学者方且竞采所以资研究矣"(《论佛教与群治之关系》)。

梁启超还认为,佛教是入世而不是出世,佛在人本心,佛国在人间、在世间,因而是入世而非出世。不但不是出世,而且是救世。佛教的普度众生,"我不入地狱,谁入地狱"的思想,"小之可以救一国,大之可以渡世界矣"(《论佛教与群治之关系》)。对于佛教的灵魂不死说,梁启超解释道:"知灵魂,则其希望长,而无或易召失望以事堕落……夫人生也有涯,而知也无涯,故为信仰者苟不扩其量于此数十寒暑以外,则其所信者终有所挠。""宗教之所以异于哲学者,以其言灵魂也。"(《论佛教与群治之关系》)宗教信仰的存在有其合理性。

如果说,为了现实功用,梁启超是把哲学与宗教、信仰与科学折中

---

① [德]H.海涅著,海安译:《论德国宗教和哲学的历史》,北京:商务印书馆,1972年,第83页。

调和在一起，那么，章氏则完全求助于哲学。他明确提倡无神论，并把佛教归入无神论。认为佛学只是求智，不是让人去信仰，宗教的名号用在佛法身上不恰当。"假如说崇拜鬼神……用宗教的名号，恰算正当"，但佛法不崇拜鬼神，是无神论，怎么可以用宗教称呼它呢？"一切大乘的目的，无非是'断而知障'，'成就一切智者'，分明是求智的意思，断不是要立一个宗教，劝人信仰。细想释迦牟尼的本意，只是求智，所以发明一种最高的哲理出来。"因此，"佛法只与哲学家同聚，不与宗教家为同聚"（《论佛法与宗教、哲学以及现实之关系》）。这就明确地把佛学从宗教中拉出来，加入哲学的行列。在章太炎看来，佛法的高妙处，在于它可以使唯心论"不必破唯物论，反可以包容得唯物论"，这主要是在于它讲"三性"（即依他起自性、遍计所执自性和圆成实自性），只要讲"三性"，"尽容他的唯物论讲到穷尽，不能不归入唯心"（《论佛法与宗教、哲学以及现实之关系》）。确实，"三性"说主张"万法唯识"，"追寻原始，唯一真心"（《论佛法与宗教、哲学以及现实之关系》），从而把唯物与唯心、主观与客观的对立归于主观心识之中。

应该说，尽管佛法与哲学有密切联系，但我们只能说它是一种宗教哲学，而宗教哲学是"神学的婢女"，它所有的哲学思辨性，都服务于宗教神学的总目的，它是宗教神学的论证工具与理论支柱。而在大乘佛教中，无论是空宗还是有宗，它们都否认客观世界的实在性，都把世界看成空。佛教一切理论的目的，都在于论证世界本质的虚幻，如过眼烟云、海市蜃楼。无论是禅宗神秘的"顿悟"、非理性的直觉，还是唯识宗"三性"烦琐的论证，它们的目的都在于此。正是由于这种理论背景与目的不同，决定了宗教与哲学有不可泯灭的界限，不能混为一谈。

（二）从无神到有神

弗兰西斯·培根曾说："一点点哲学使人倾向于无神论……但深究哲理，使人心又转回到宗教去。"这是因为"当一个人的精神专注意许多不相贯的次因的时候，那精神也许有时会停留在这些次因之中而不再前进；但是当它看见那一串的次因相连相系的时候，它就不能不飞向天与神了"①。培根在这所说的主要是自然方面。16、17世纪的欧洲，自然科学刚刚从宗教领域里争得一点地盘，它的发展成就还不足以解释宇宙一切，因此最后都得像牛顿一样把上帝作为世界的第一推动力与第一因，这就是培根所说的"飞向天与神了"。这应该说是时代的局限，随着时代的前进，科学的高度发展，培根的话便只会具有历史而非现实的价值。但事情却远非如此。在科学昌盛发达的20世纪，美国哲学家桑塔耶那却把培根的话奉为"至理名言"②，这到底是怎么回事？

在桑塔耶那看来，"宗教不是对任何东西的如实叙述，而是伦理性真理之寓言、隐喻式的表现。它差不多变成了一种诗，因而我们不应以科学的方法去衡量它，而应以美学的和道德的尺度去衡量它"③。他批评"板着面孔"不信宗教的"乖张"态度，指出必须认识到："宗教已经成了最有普遍意义的道德准则，成了艺术和哲学的主要根源，而且，也许成了人类最大幸福的泉源，在这样的一种势力里面，必定含有一些合乎人之常情而且必不可少的东西。"④宗教已成为一种具有普遍社会意义的势力，对它不应熟视无睹，而应理智地加以研究，探索它的奥秘。其实，这种态度是一种理性态度，是一种欣赏、一种衡量、一种审视，而不是一种信仰。但培根所指的从无神到宗教，最重要的却在于一种信仰，虽然这种信仰是出于一种迷茫、一种不可理解。这样一来，桑塔耶那的新注解只能说是一种借题发挥，是得之于培根的一种启示，而非对培根"名言"本身的解释。

应该说，培根的"至理名言"的真正意义与价值，在于它揭示了这样一种认识上的真理：当人们的认识从有限上升到无限，从绝对上升到相对之时，往往会因把握不到无限中的有限、相对中的绝对、变化中的稳定而走向主观主义、相对主义，从而飞向天与神，"转回到宗教去"。

---

① 培根著，水同天译：《培根论说文集》，北京：商务印书馆，1986年，第57页。
② [美]M·怀特著，杜任之译：《分析的时代——二十世纪的哲学家》，北京：商务印书馆，1987年，第50页。
③ [美]M·怀特著，杜任之译：《分析的时代——二十世纪的哲学家》，第50页。
④ [美]M·怀特著，杜任之译：《分析的时代——二十世纪的哲学家》，第50页。

之所以花笔墨于二位西方哲人，是因为我们不无惊异地看到，本文所谈论的两位中国近代思想家，都经历了从无神到宗教的转变。他们早年都对宗教不感兴趣，梁启超因为觉得宗教讲迷信"而为真理碍也"（《论宗教家与哲学家之长短得失》），"宗教者非使人进步之具也"（《保教非所以尊孔论》）。而章太炎则是因为"时余所操儒术，以孙卿为宗，不熹持空论言捷径者"①。随着社会人生的体验加深，以及由于社会危机日益加重而高涨的佛学潮流的盛行，他们逐渐地接触佛学，最后都由于神道设教的目的而崇尚起佛学来。梁启超认为宗教"宜于治事"，它能使"英雄豪杰成大业轰之一世"（《论宗教家与哲学家之长短得失》），"故舍己救人之大业，惟佛教足以当之矣"（《论佛教与群治之关系》）。对于章氏来说，首先由于"中遭忧患，而好治心之言"；其次，三年的牢狱生涯也无意中给他以深研佛学的机会，他由此觉得"释迦之意，出过晚周诸子不可计数，程朱以下，尤不足论"（《莉汉微言》跋）。所以，出狱之后，他便推崇起佛教来。

应该指出，也许梁启超"转回到宗教"还带有信仰主义的色彩并日益加深，但章太炎对于佛学则完全是一种非信仰主义的理智态度，这种态度与桑塔耶那极为相似。桑塔耶那是一个无神论者，但同时他又是一个天主教徒。"他抛弃天主教的神学，但是对于它的宗教仪式的诗意和礼节却深感喜悦。"②而章太炎也是无神论者，同时又对佛法"深感喜悦"，并由此想建立无神教。他也是以一种道德的尺度来对待宗教，认为"世间道德，皆由宗教引生"（《建立宗教论》），"若没有宗教，这道德必不得增进"（《东京留学生欢迎会演说辞》）。他还觉得，"欧美各国的宗教，只奉耶稣基督。虽是极其下劣，若没有这基督教，也断不到今日的地位"（《东京留学生欢迎会演说辞》）。在章太炎看来，宗教对于社会具有关键作用。因此章太炎认为，佛教是与中国的习俗"相宜"的宗教，对于"民德衰颓"的近代中国，佛教能"以勇猛无畏治怯懦心，以头陀净行治

---

① 《太炎先生自定年谱》，光绪二十三年（1897）条，第6页。
② [美]M·怀特著，杜任之译：《分析的时代——二十世纪的哲学家》，第48页。

浮华心,以唯我独尊治猥贱心,以力戒诳语治作伪心"(《答梦庵》)。在他看来,"欲兴民德,舍佛法其谁归?""作民德者,舍此无他术也"(《答梦庵》)。

应该说,桑塔耶那与章太炎还是有重大区别。桑塔耶那是一个自然主义者。他认为,真善美是人的最高理想,而真善美都起源于自然,自然是一切理想的源泉。①他主张以美学和道德的尺度去衡量宗教,认为由此必然发现,宗教里面有合乎人们所追求的真善美的理想的东西。追求真善美是人类永恒的最高理想,也是人类的自然本性。因此,桑塔耶那讲宗教的作用主要是从自然人性的角度。但是,章太炎提出宗教的作用则完全是一种实用政治目的,是出于一种神道设教的需要。他讲的道德,不是一种抽象普遍的、善的道德,而是一种具体的、特定的社会道德,是一种"革命的"道德。他说:"道德者,不必甚深言之,但使确固坚厉,重然诺,轻死生,则可矣。"(《革命之道德》)他看中"华严之行"与"法相之理",主要也是出于这种道德上的考虑。他认为:"这华严宗所说,要在普度众生,头目脑髓,都可施舍与人,在道德上最为有益。这法相宗所说,也就是万法唯心。一切有形的色相,无形的法尘,总是幻见幻想,并非实在真有……要有这种信仰,才得勇猛无畏,众志成城,方可干得事来。"(《东京留学生欢迎会演说辞》)正因如此,章太炎并没有像桑塔耶那那样使宗教获得一种普遍的意义,具有一种永恒的价值,而是随着这一具体特定的社会背景和现实需要的消失与转变,宗教便完成了它的历史与时代的使命,失去了存在的价值意义与必要性:"道德普及之世,即宗教消镕之世也。"(《建立宗教论》)

对于梁启超来说,信仰主义的成分不能完全排除,折中调和科学与宗教、理智与信仰是他的突出特征。他如康德般对科学的作用范围加以限制,而为信仰保留了地盘。他说:"人生问题,有大部分是可以——而且必要用科学方法来解决的,却有一小部分——或者还是最重要的部分是非

---

① 刘放桐等编著:《现代西方哲学》,北京:人民出版社,1981年,第338页。

科学。"(《人生观与科学》)只有理性,才"不能逃科学的支配"。但人类生活固然离不了理智,却不能说理智包括人类生活的所有内容。人类生活还有极重要的另一部分,这就是情感。而情感可以说是"生活的原动力",它"含有神秘性",是理性所"解剖"不了的。理性与情感是不同的两码事,"理性只能叫人知道某件事该做,某件事该怎么做法,却不能叫人去做事,能叫人去做事的,只有情感"。更重要的是,"若是发心着手做一件顶天立地的大事业,那时候,情感便是威德巍巍的一位皇帝,理性完全立在臣仆的地位"(《评非宗教同盟》)。假如说,当梁启超开始觉得宗教"宜于治事",认为"摧坏宗教之迷信可也,摧坏宗教之道德不可也"(《论宗教家与哲学家之长短得失》)之时,是一种科学理性的话,那么,后期的他则走向了非理性主义与信仰主义。他认为:"信仰是神圣,信仰在一个人为一个人的元气,在一个社会为一个社会的元气……我们一种防腐剂,最要紧是确立信仰。"(《评非宗教同盟》)宗教的存在是为信仰,由此宗教之迷信也"不必摧坏"了。

可以说,梁启超的经历恰好成为培根"名言"的新注脚。在他的晚年,他不仅"笃信佛教"[①],"每日谈极深奥的成唯识论,用尽心思"[②],把佛教当成一种信仰、一个安身立命之所,而且他还相信神灵的存在。当他孩子生病时,他请人扶乩,把亡妻的灵魂请来,卜问吉凶。[③]至此,梁启超真正地"转回到宗教"去了。

造成梁启超后期非理性主义与信仰主义的,是梁启超在西方非理性主义思潮影响下对科学与理性信念的动摇。1918年底,梁启超到西欧诸国游历,1920年春回国。本来"向西方学习"是中国近代士人的一贯想法,梁启超此次游历的目的也在于向欧洲"求一点学问"(《欧游心影录》),但第一次世界大战后西方对科学与理性信念的动摇,非理性主义的兴起,使他深受震动。回来时他便高喊"科学破产",否定科学理性,崇尚非理

---

① 丁文江、赵丰田编:《梁启超年谱长编》,第1046页。
② 丁文江、赵丰田编:《梁启超年谱长编》,第982页。
③ 丁文江、赵丰田编:《梁启超年谱长编》,第1054页。

性，走向信仰主义。

应该说，与培根的有神论不同，梁启超的信仰主义表现的不是对自然的无知与认识不足，它表现的是积贫积弱的近代中国人对社会人生的迷茫，以及对人生社会价值标准的迷失。而在科学理性信念尚未被动摇之前，人们在科学理性中找到了价值标准与精神支柱。但是，随着资本主义的发展，人们发现片面追求物质繁荣的科学事业并不能使人真正幸福，因而返诸自身，试图从内部心理体验中寻找生活意义。这样，科学与理性信念岌岌可危，而反映出来的则是一种社会危机与精神危机。其实，"由理性至上一变而为贬低理性，崇尚非理性，这本身是病态社会所造成的病态发展"①。

桑塔耶那是与梁启超同时代的人。在科学理性与宗教信仰这个问题上，他虽认为不应以科学方法去看宗教，但他并不是以此否定科学与理性的作用，限制科学与理性的作用范围。他对于宗教意义的肯定，也丝毫不意味着对科学的真理性与意义的怀疑与动摇。他只是认为，宗教并不造成对科学的威胁，它不但不会妨碍科学，而且对社会人生有助益："宗教并不潜窃其他任何较好的事物的地位，毋宁说它使现状有所缓和或减轻，因为离开了宗教，情形就要更加不堪设想。"因此他提出："我们一定不要责备宗教阻碍了伦理科学和自然科学的发展……我们对于宗教所带给世人的明敏、虔敬、冥想的彻悟等等宁应表示感谢。"②他以"极大的同情心深入到种种宗教观念与情绪中去"，但所有这一切都是基于对"把宗教与真正的真理相混淆"的做法"丝毫不稍宽假掩饰"③的前提下。很显然，桑塔耶那在这个问题上比梁启超冷静理智得多，所反映的社会心态也健康得多。

---

① 周国平：《尼采——在世纪的转折点上》，上海：上海人民出版社，1986年，第134页。
② [美]M·怀特著，杜任之译：《分析的时代——二十世纪的哲学家》，第57页。
③ [美]M·怀特著，杜任之译：《分析的时代——二十世纪的哲学家》，第58页。

四、道德救世和佛学救世

（一）"道德革命"与"革命之道德"

近代的道德救世与佛学救世有密切联系，前者是后者的基础与前提。近代的思想家们十分注重道德的社会功用，他们对宗教的利用也主要是出于宗教的道德伦理上的考虑。因此，考察他们的道德救世思想以及如何从道德救世走向佛学救世，无疑是十分必要的。

由于时代局限，近代许多爱国志士都把社会国家腐败衰弱的原因归结为精神方面的因素，特别是道德，因而，"道德救世"一时成为思潮。无论是"现代中国第一流之政论家"①梁启超的"新民说"，还是革命极力提倡者章太炎的建立无神论宗教，都是以此为出发点与中心主题。

在梁启超看来，中国之所以腐败，之所以不能独立于世界，根本的原因在于"国民乏独立之德"。他认为："民德、民智、民力，实为政治、学术、技艺之大原。"（《新民说·释新民主义》）他所说的道德从本身来说有两个方面：一方面是"人人独善其身"的私德，另一方面则是"人人相善其群"的公德。他认为，私德与公德"皆人生所不可缺之具也，无私德则不能立，合无量数卑污虚伪残忍愚懦之人，无以为国也；无公德则不能团，虽有无量数束身自好廉谨良愿之人，仍无以为国也"（《新民说·论公德》）。讲新民，图救国，私德与公德不可或缺。从时空上看，他所说的道德也有两个方面，一方面是原有传统精华的发扬光大，另一方面则是输入全新血液加以补充。前一方面可以说是"淬厉其所本有而新之"，后一方面则可以说是"采补其所本无而新之"，前者是"保守"，后者是"进取"。对这二者，他也认为二者必备，"二者缺一，时乃无功"（《新民说·释新民主义》）。梁启超是折中调和主义者，在这一问题上，他不愿偏废任何一方，也想要给它们一个调和。他还认为："善调和者，斯为伟大国民。"（《新民说·释新民主义》）

---

① 王森然：《近代二十家评传》，上海：上海书店，1934年，第191页。

其实，梁启超真正的用意，在于说明他提倡"新民"，倡导"道德革命"，并非为了要人们不顾本国实际走向另一极端，他极其痛切地看到，本来思想家、学者们引进新学说，并非"尽蔑旧学"，而只是认为"旧学之简单已不适应于时势也，而思所以补助之；且广陈众义，促思想自由之发达，以求学者之自择"，但万万没有想到，这"久经腐败之社会，遂非文明学说所遽能移植"，新的学说到本国便产生了桔逾淮为枳的结果，更甚者连本国固有的精华也荡然无存："自由之说入，不以之增幸福，而以之破秩序；平等之说入，不以之荷义务，而以之蔑制裁；竞争之说入，不以之敌外界，而以之散内团；权利之说入，不以之图公益，而以之文私见；破坏之说入，不以之箴膏肓，而以之灭国粹。"（《新民说·论私德》）应该说，梁启超这一批评十分精辟，可谓穿越时空，时至今日仍具有强烈现实意义。

梁启超是开明且立志变革的，但他也是受传统儒家文化熏陶出身之人。他欣赏西方文化的自由平等、权利竞争、自强自主，但他绝不能容忍由此而走向极端的个人主义、狭隘的功利主义。传统儒家文化重群、求稳、道中庸的本能习惯使他自觉地奋起抵抗西方文化的弊端。他自然而然地回顾起传统文化，并力图从中寻找解决的良方。他提出"绌身就群"，重群治群德，在提倡新道德时特别突出了不可或缺的中庸。他倡独立，是倡"合群之独立"，使"独立而轧轹"；倡自由，是倡"制裁之自由"，使"自由而不乱暴"；倡自信，是倡"虚心之自信"，使"自信而不骄盈"；倡利己，是倡"爱他之利己"，使"利己而不偏私"；倡破坏，是倡"成立之破坏"，使"破坏而不危险"（《十种德性相反相成义》）。总之，这种"发明"的新道德总的目的，就是为群，是"求所以固吾群、善吾群、进吾群之道"（《新民说·论公德》）。为此，必须既反对顽固复古派，也反对全盘西化派，"必非如心醉西风者流，蔑弃吾数千年之道德、学术、风俗，以求伍于他人；亦非如墨守故纸者流，倡仅抱此数千年之道德、学术、风俗，遂是以立乎大地也"（《新民说·释新民主义》），而采取一种"斟酌古今中外"、博采众家之长的态度。在梁启超这里，值得一提的是，他并不认为利己是一种恶德，而是肯定了利己的合理性，是人类生存所必需，并且认为这是"国民之所以进步繁荣者"的原因所在。在他看来，"人无利己之思想者，则必放弃其权利，驰掷其责任，而终至于无以自立。彼芸芸万类，平等竞存于天演界中，其能利己者必优而胜，其不能利己者必劣而败，此实有先之公例矣"。由此他特别赞赏杨朱学派的"人人不利一毫，人人不利天下，天下治矣"（《新民说·释新民主义》）的利己主义。肯定个人的权利、自由，肯定利己的合理性、必要性，既充分体现了近代资产阶级道德的鲜明特征，也体现了梁启超作为一个政治家的务实入世。

假如说，由于今文经学的"六经注我"方法使梁启超糅合中西、具有更多的资产阶级色彩的话，那么，对于章太炎来说，古文经学的门户之见则使他更多地固守传统。对于道德的功用，章太炎比梁启超更直截了当、更明确地说："道德堕废者，革命不成之原"，"道德衰亡，诚亡国灭种之根极也"（《革命之道德》）。因此，为了革命，为了救亡，必须树立一种新的道德。在章太炎看来，这种道德是"确固坚厉，重然诺，轻死生"。具体说来应做到四点："一曰知耻、二曰重厚、三曰耿介、四曰必信。"（《革命之道德》）显然，这种"革命之道德"是吸取了传统道德特别是儒家思想而来的，带有浓厚的传统儒家色彩。由此道德价值立场出发，章太炎对近代社会的诸多现象进行了评判。在他看来，一切功利、竞争都是恶，都是不道德的。他激烈抨击新党与旧党"热衷利禄""竞名死利"、廉耻丧尽、怯懦畏葸，等等，认为戊戌之变、庚子之变，都是人们不道德所造成的。他们"没于利禄"，"耽于妻子"，终于使这二次比革命"易数倍"的运动归于失败。由此，他认为，对于"难于此者"的革命，更得讲道德，"无道德者不能革命"（《革命之道德》）。

章太炎思想的传统性质可以说是儒道佛的糅合。对于儒道佛，他各有褒有贬，有吸取有摒弃。对于儒家，虽然他肯定了儒家积极进取、讲信义等道德价值（他的"革命之道德"四要点主要来自儒家），但他并不由此对儒家予以全盘接受。在他看来。"儒家之病，在以富贵利禄为心"，因此，"用儒家之道德，故艰苦卓厉者绝无，而冒没奔走者皆是"（《诸子学略说》）。在这里，他显然是站在佛老的立场上来看儒家。道家一贯把功名利禄看成是身外之物，认为世人对它们的追逐，是"终身役役而不见其功，苶然疲役而不知其所归，可不哀邪"（《庄子·齐物论》）。而佛学则以"一切皆空"彻底地把世间一切判为虚无。按照佛老这种观点，儒家的富贵利禄之被摒弃自然首当其冲。章太炎也出于同样之观点立场，把作为资本主义社会根本特征之一的功利竞争加以否定，把它判为恶德。他认为这是"由于执我而起，名我慢心，则纯是恶性矣"（《俱分进化论》）。很显然，老庄的绝圣弃智、返璞归真与佛家的破法我二执成了他反对功利竞争的得力工具。章太炎还把社会职业分为16种，并由此区分出相应的16种人的道德高低，其中以农人为最高，层次越高越不道德（《革命之道德》）。这又充分体现了章太炎道家特别是庄子平民主义的观点立场。

（二）从道德到宗教

康德曾经断言，"道德不可避免地走向宗教"①。而西方许多思想家也持同一观点，如斯宾诺莎（Baruch de Spinoza）主张把宗教作为"教育平民"的工具，费尔巴哈想建立爱的宗教，休谟也主张建立"真正的宗教"，并且休谟认为，宗教是"道德最可靠的根基，社会最坚固的支柱"，需要通过"宗教的动机"把人们"约束"在道德范围之内。②尽管这些思想家们把视线投向宗教的主客观原因不尽相同，但在认为宗教对道德具有大的约束力这一点上，他们都是一致的。梁启超、章太炎显然都遵循了这一路线并以具体实际的主张表现出来。

梁启超认为，宗教思想"宜于治事"，其原因有五点："一曰无宗教思想则无统一"，"二曰无宗教思想则无希望"，"三曰无宗教思想则无解脱"，"四曰无宗教思想则无忌惮"，"五曰无宗教思想则无魄力"（《论宗教家与哲学家之长短得失》）。中国历来有神道设教的传统，原

---

① [德]康德：《单纯理性限度内的宗教》，第一版序。
② [英]休谟著，陈修斋、曹棉之译，郑之骧校：《自然宗教对话录》，北京：商务印书馆，1989年，第2页。

因应该就是在这。因而可以说，梁启超是反思了神道设教传统并为它作出了新论证，而这种新论证无疑暗示着梁启超此后的思想轨迹，他的救亡救国必定循着这一思路走下去。梁启超显然是这样做了。他选择了佛教，认为佛教之信仰"乃智信而非迷信""乃兼善而非独善""乃入世而非厌世""乃平等而非差别""乃自力而非他力"。因此，"舍己救人之大业，惟佛教足以当之矣"（《论佛教与群治之关系》）。

神道设教最重要的一点，是唤起人们狂热的宗教情感，为现实目的去献身，梁启超看到："宗教贵信……苟既信矣，则必至诚，至诚则能任重，能致远，能感人，能动物"，由此，"大人物所以能为惊天动地之事业者，每常赖宗教"（《论宗教家与哲学家之长短得失》）。梁启超与近代的思想家们正是希望通过这种虔诚的宗教情感，让宗教去为现实服务。章太炎对此更明确地说："近日办事的方法……第一要在感情，没有感情，凭你有百千万亿的拿破仑、华盛顿，总是人各一心，不能团结"，而"要成就这感情，有两件事是最要的：第一，是要用宗教发起信心，增进国民的道德……"（《东京留学生欢迎会演说辞》）。马克思在《路易·波拿巴的雾月十八日》中说过："不管资产阶级社会怎样缺少英雄气概，它的诞生都是需要英雄行为、自我牺牲、恐怖、内战和民族战斗的。"①梁启超和章太炎推崇佛教正是为此需要与目的。

梁启超和章太炎之推崇佛教，总的来说是因为佛教的"普度众生""勇猛无畏""头目脑髓都可施舍与人"等大无畏英雄气概，这种英雄气概不仅使他们感动不已，更与他们的现实愿望一拍即合。他们在现实斗争中所迫切需要的正是具备了这种大无畏的英雄气概与自我献身精神的人。这一方面固然可由狂热的宗教情感而达到，但更重要的一方面则必须由理论的论证来解决。由此，他们把目光投向"唯识"说，利用"万法唯识""心外无法"来宣传"无我""无所""无生"等。章太炎专门作了《人无我论》，用唯识宗的"三性""阿赖耶识"论证"我"之为幻为虚为

---

① 《马克思恩格斯选集》第1卷，第604页。

无。他把"我"分为两种:"一者,常人所指为我……此为俱生我执,属于依他起自性者。二者,邪见所指为我,即与常人有异,恒常之谓我,坚信之谓我,不可变坏之谓我,质而言之,则我者即自性之别名。此为分别我执,属于遍计所执自性者。"在"三性"说中,前二性是不真实的认识,唯有后一性的才是真实的圆满的认识。章太炎利用佛教把"我"说成是依他起自性、遍计所执自性,"我"的存在是不真实的:"譬如长虹,虽非实物,每必依于日光水气而后见形。此日光水气是真,此虹是幻。所谓我者,每象如是。"把"我"说成是虚幻不实,其目的在于破除我执,让人们变得勇猛无畏起来,它要人们明白:"我"的富贵利禄、妻儿父母,连"我"的形体,都是空幻的。"我"的生,只是形相的存在;"我"的死,也只是形相的消灭,所以,"我"的肉体献身,并没有什么可以畏怕。

应该说,章太炎的"齐生死""人无我",固然与其思想上的"转俗成真"密切相关,但与现实社会风气也有关系。他自己觉得,是现实社会迫使他非这样做不可。"今之世,非周、秦、汉、魏之世也。彼时纯朴未分,则虽以孔老常言,每是以化民成俗。今则不然,六道轮回、地狱变相之说,犹不足以取济。非说无生,则不能去畏死心;非破我所,则不能去拜金心;非谈平等,则不能去奴隶心;非示众生皆佛,则不能去退屈心;非举三轮清净,则不能去德色心。"(《建立宗教论》)一句话,为了"兴民德",他只好这样推崇佛教来救世了。管子曰:仓廪实而知礼节,民不足而可治者,自古及今,未之有也。章太炎、梁启超以及近代思想家们不顾积贫积弱的近代中国物质力量的薄弱而夸大文化精神力量,这除了显示他们的革命英雄主义气概与拳拳爱国之心之外,也同时表明,他们还没有找到正确的救国救世道路。

五、结论:佛学救世与历史回声

马克斯·韦伯曾提出历史的多因论。他认为,历史的发展不只经济基础一个因素,而是除它之外,还有政治组织和当时占主要地位的宗教思想两个因素。这三种力量之间互相独立、不可取代，共同推动着历史的发展。他还认为，同样的经济基础可以有不同的上层建筑，而上层建筑不仅仅对经济基础具有反作用，而且能促使经济形态发生改变。《新教伦理与资本主义精神》一书所阐明的正是宗教文化思想的作用问题。"韦伯《新教伦理》一书的特殊贡献在于指出……加尔文派的'人世苦行'，特别有助于资本主义的兴起。"①

按照韦伯的这一理论，近代中国思想家们把救国救世之术导向宗教——佛教有其合理之处，也有其意义与价值。从近代历史上看，洋务运动注重的是经济因素，戊戌变法与辛亥革命注重的是政治组织方面的作用，而近代思想界的道德救世与佛学救世则注重的是宗教文化方面的力量。近代的有志之士是救国救世真理的探索者，他们从经济、政治、宗教文化等方面，一次次、一层层地探索着救国之路。由此来看，佛学救世思想在近代的出现不但是自然、合逻辑的，而且是有其深刻的历史意义与价值的，而若按韦伯的理论，这种意义与价值可以与洋务运动和戊戌变法、辛亥革命等量齐观。

不过，必须指出，近代佛学救世思想不能与韦伯的理论相提并论。首先，我们必须看到的是，佛教在中国近代的倡兴并不是为了直接发展资本主义经济，而是为了政治变革——改良或革命。虽然说政治是经济的集中表现，而戊戌变法与辛亥革命可以说是为中国民族资本主义经济的发展提供必要的政治前提。但是，服务于政治目的毕竟与服务于经济是不同的，而这种不同应该正是韦伯的理论前提与梁启超、章太炎应用佛学出发点的不同。因为韦伯所探讨的是宗教文化对资本主义经济发展的作用问题。②

其次，韦伯是在对经济、科学技术问题倍加注重的氛围中进行这种探讨的。他注重宗教力量的影响并不意味着对科学力量、经济基础决定作用的否定。相比之下，梁启超、章太炎之倡导佛教就不是在对科学力量的

---

① 余英时：《士与中国文化》，上海：上海人民出版社，2013年，第443页。
② [德]马克斯·韦伯著，黄晓京、彭强译：《新教伦理与资本主义精神》，成都：四川人民出版社，1986年。

肯定前提下而进行的，科学与西方学说一样，在他们那里是待考与待证实的。随着后来"科学破产"的呼声，他们便与伺机而动的复古派一起，走向非理性主义。虽然当梁启超、章太炎在提出佛学救世之时，他们尚不是复古守旧派，但是，处于这样的思想氛围里倡言佛学，这与韦伯在对科学力量不言而喻的肯定之下来谈宗教，其意义是截然不同的。更重要的是，梁启超、章太炎把道德作为国家兴亡的根极，而道德"皆由宗教引生"。因此，他们之倡言佛教，意味着把宗教作为决定社会国家兴衰的最根本的原因。而基于他们的理论氛围与前提，这无疑导致对科学力量、经济基础在社会发展中的决定作用的否定。显然，这个结论与韦伯的理论不但毫无相通之处，而且正与后者相反。章太炎曾认为，欧美各国强盛发达的根本原因在于有了基督教，"若没有这基督教，也断不到今日的地位"（《东京留学生欢迎会演说辞》）。这种观点不仅与韦伯的观点相违背，而且也不符合历史事实。章太炎没有看到，欧美国家正是通过文艺复兴运动把科学与人从基督教神学的笼罩之下摆脱出来才得以发展其资本主义，科学始终是资本主义发展和社会进步的决定性因素。

　　总的来说，从一般的角度来看，梁启超、章太炎佛学救世论的意义与价值，在于它启示着我们：一方面，宗教—佛教中含有诱人的东西，如佛法的哲学思辨性，以及普度众生、勇猛无畏的宗教伦理等；另一方面，在注重科学、注重物质基础的同时，应注重文化思想道德的力量与建设。前一方面也正是桑塔耶那所说的，这就是，宗教含有人类社会所必需的东西，对它不应"板着脸孔"，韦伯所提出的观点也无疑包含了这一层意思。而后一方面，历史已让五四新文化运动明确地承担起这个责任，梁启超的"道德革命"在新文化运动中成为中心问题之一。在今天的中国特色社会主义建设中，文化建设问题也已成为一个重要问题。

　　但是，从具体的时代角度来看，我们应该明白，中国的近代是启蒙的时代。在这一时代里，在一个本非宗教传统之国倡导宗教，这无疑是把人们引向新的蒙昧。其次，他们所谓的"民德衰颓"与"兴民德"，其出发的基点与所持标准是需要探讨的。特别是章太炎，完全持着传统社会的标准来衡量近代的道德现象，把主张竞争和注重功利等近代资本主义社会的重要特征，全说成是恶德恶俗。他解释道："至所以提倡佛学者，则自有说。民德衰颓，于今为甚，姬、孔遗言，无复挽回之力，而理学亦不足以持世。且学说日新，智慧增长，而主张竞争者，流入害为正法论；主张功利者，流入顺世外道论。恶慧既深，道德日败。矫弊者，乃憬然于宗教之不可泯绝。而崇拜天神，既近卑鄙；归依净土，亦非丈夫幹志之事。欲趋东土，使比丘纳妇食肉，戒行既亡。尚何足为轨范乎？自非法相之理，华严之行，必不能制恶见而清污俗。"（《人无我论》）出发点的错误无疑把章太炎带上反时代发展潮流之路，而佛学理论的应用则显然使他走得更远。最后，至他鼓吹起"五无"的彻底虚无主义，他的理论便完全走向了反面，救世说变成了寂世说。

对于章太炎的佛学救世说，当时革命队伍中便有人表示异议。铁铮讥讽他这样做"何异待西江之水以救枯鱼"（《答铁铮》），梦庵指责他将《民报》作"佛报"，变民声为"佛声"（《答梦庵》），而更多的人则认为"佛书梵语，暗昧难解，不甚适于众生"（《建立宗教论》）。这些当时人们的回音，可以说不仅是对章太炎本人的，而且是对近代整个佛学救世思潮现实效用的客观评价。

历史车轮滚滚向前。对于梁启超、章太炎个人来说，特别是章太炎，由于他沿着佛学救世走到"五无"，最后，他又"回真向俗"（《菿汉微言》跋），回到了儒家；梁启超也以儒家作为其人生观的来源之一（《东南大学课毕告别辞》）。不幸的是，当他们回到儒家之时，五四新文化运动"打倒孔家店"的呼声已响彻云霄。因此，他们除了"粹然为儒宗"[①]外，留下的是给后人的串串思索。

（本文发表于《深圳社会科学》2020年第2期）

---

① 鲁迅：《关于太炎先生二三事》，《鲁迅全集》第6卷，上海：人民文学出版社，2005年，第546页。

章太炎生平与学术思想略述

章太炎（1869—1936），名炳麟，字枚叔（一作梅叔），初名学乘，后因仰慕明末清初顾炎武（本名绛）的为人而改名绛，别号太炎。另还有菿汉阁主等许多笔名与别号。

一、生平

1869年1月12日，章太炎出身于浙江余杭县仓前镇一个旧式书香之家。9岁在家接受外祖父朱有虔的严格启蒙教育，孕育了太炎的民族主义思想。

1883年，太炎奉父命参加县试，由于癫痫病发作，没能考成，只好放弃科举。他由此得以"涉猎史传，浏览《老》《庄》"（《太炎先生自定年谱》），从而专心走上了治学之路。1888年，21岁的太炎"始有著述之志"（《太炎先生自定年谱》）。

1890年，父去世。为了在汉学方面得到深造，太炎赴杭州，进了著名的诂经精舍，师从清代汉学大师俞樾。深造7年，撰《膏兰室札记》《春秋左传读》等。

甲午战后，章太炎走出了平静的书斋，报名参加康有为创办的上海强学会。1897年至1898年间，他先后担任《时务报》《经世报》《实学报》《译书公会报》《昌言报》的总撰述或主笔，撰写了一系列维新变法文章，同时还倡导组织了兴浙会和译书公会。戊戌政变后，他遭到通缉，走避台湾，担任《台湾日日新报》特约撰述，还时常为梁启超在日本出版的《清议报》撰稿。1899年6月，他转往日本，首晤孙中山。不久，他回国担任上海《亚洲时报》主笔。1900年初，他编定刊刻了自己第一部政治学术文集《訄书》。

义和团运动爆发后，1900年7月，唐才常等在上海组织以"保皇"和"勤王"为宗旨的"中国议会"，章太炎毅然反对，"宣言脱社，割辫与绝"（朱希祖《本师章太炎先生口授少年事迹笔记》）。自立军失败后，他又被通缉，遂避于苏州，执教于美国传教士创办的东吴大学。由于他依然"言论恣肆"（《太炎先生自定年谱》），1902年初，又遭到清政府指名缉拿，只好第二次东渡扶桑。在日本，他与孙中山重逢，畅谈革命，还发起召集"支那亡国二百四十二年纪念会"。3个月后，他潜行回国，"旋返乡里"（《太炎先生自定年谱》），对《訄书》进行全面修订，并送日本铅印出版。

1903年春，他应蔡元培之邀，到上海爱国书社当教员，时常在张园演说革命，并变《苏报》为江南革命喉舌，于春夏之交发表《驳康有为论革命书》，驳斥保皇论，又为邹容《革命军》作序，遂震动清廷，导致《苏报》案发生，被判入狱3年。苦役之余，他深研佛学法相唯识宗典籍，由此思想学术发生重大转变，甚至倡言建立新宗教。

1906年6月29日，太炎出狱，孙中山派专使迎往日本。他加入中国同盟会，并任同盟会机关刊物《民报》主编。他以此为阵地，发表了一系列革命战斗性文章，抨击改良主义和无政府主义，反抗帝国主义和封建主义，"所向披靡，令人神往"。

1907年，他为促进亚洲民族解放事业，与日本、印度、缅甸、越南等亚洲国家革命者联合组织了亚洲和亲会。此外，他还主持了国学讲习会和国学振起社，为留日中国学生讲授中国语言文字学、经学、史学、诸子学和文学。鲁迅、周作人、许寿裳、钱玄同等都是他当时的学生。

1908年，由于清政府与日本当局的交易，《民报》被封禁。章太炎继续留日讲学,其间撰写《国故论衡》《齐物论释》等专著。随后,由于与孙中山三民主义思想等的分歧,太炎与同盟会公开分裂。1910年2月,太炎与陶成章重组光复会,被推为会长。

武昌起义后,太炎离日返沪。《民立报》致欢迎辞,称他为"新中国之卢骚"。这时,他提出"革命军起,革命党消,天下为公,乃克有济"的口号,并于1912年初组织成立中华民国联合会并被推为会长。南京临时政府成立后,他被孙中山委任为枢密顾问。但由于陶成章被暗杀,太炎与孙中山的隔阂加深。

南北议和后,为支持袁世凯,他把中华民国联合会改为统一党。袁世凯当上民国大总统后,他被邀往北京担任高等顾问。不久,被派往长春任东三省筹边使。1913年春,宋教仁被暗杀,太炎对袁世凯的幻想破灭,遂递上辞呈,返回上海。不久,他发表讨袁宣言,支持孙中山的"二次革命",并只身到京,临总统府之门,大诟袁世凯包藏祸心,结果遭到袁世凯3年的软禁。其间,他再次增订《訄书》,改名《检论》;并口述《菿汉微言》,回顾自己学术思想之变迁,由弟子吴承仕笔录,还手写《章氏丛编》,刊刻问世。

1916年,袁世凯死后,章太炎获释南归。次年,张勋复辟,北洋军阀纷争,太炎与孙中山携手发动了护法运动,他任护法军政府秘书长。护法战争失败后,他寓住上海。"既离民众,渐入颓唐",他创办《华国月刊》,提倡"国故"反对新文化运动;组织国民党右派成立辛亥同志俱乐部;提倡"联省自治"支持南方军阀,被吴佩孚聘为十四省讨奉联军总司令部总参议,被孙传芳聘为修订礼制会会长。但五卅惨案发生后,他通电全国,并谴责"国内军阀,勇于内争,怯于公战",爱国之心如故。

蒋介石独裁政权建立后,章太炎因指责他们"攫夺国民政权"为"叛国",应"起而讨伐之",被称作"章逆太炎"而遭明令通缉。之后,章太炎自称"中华民国遗民",退居书斋,专心于《尚书》的研究。但"九一八"事变后,他拍案而起,奔走于京沪之间,呼吁抗日,并与马相伯发表《二老宣言》,谴责蒋介石"勇于私斗,怯于公战"。

1934年春，章氏举家迁往苏州锦帆路50号。次年，为"阐扬国故，复兴国学"，他在苏州创立章氏国学讲习会，并创办《制言》杂志。

　　1936年6月14日，章太炎病逝于苏州寓所，享年69岁。

　　作为国学大师，章太炎在近代学术史上，是"自成宗派的巨人"①。在哲学上，他从早期的机械唯物主义发展为后来的主观唯心主义，并建立起以佛教唯识宗为主干的哲学体系。此外，他在语言文字学、经学、史学等研究领域也取得丰硕成果。他的主要著作有：《訄书》（苏州，1901年）、《章氏丛书》（上海右文社，1915年）、《太炎最近文录》（浙江省立图书馆，1916年）、《章氏丛书续编》（北平，1933年）、《章氏丛书三编》（上海，1939年）、《章太炎先生尺牍》（上海，1962年）、《章太炎先生家书》（上海，1962年）、《章太炎全集》（四卷，上海，1982年）。②

二、哲学思想

　　章太炎是中国近代建立了自己哲学体系的思想家，他的哲学思想大致可以1906年为界分为前后两期。"章太炎作为中国近代史上的思想家、宣传家，确定他的这种历史地位和意义的，主要是第二时期。"③

　　早期的章太炎在自然观与认识论上均表现了机械唯物主义思想，《訄书》《儒术真论》与《菌说》是他这时期的代表作。在他看来，宇宙间根本没有"天"和"帝"，只有永恒的、客观存在的共同物质基础—气，肯定了物质派生精神，批驳了"灵魂不灭论"。这表明，章太炎继承和发展了中国古代朴素唯物主义自然观和神灭论，并吸收了近代西方科学知识，形成自己的机械唯物主义观点。在认识论上，此时的章太炎认为，事物是

---

① 侯外庐：《近代中国思想学说史》（下册），转引自章念驰编：《章太炎生平与思想研究文选》，杭州：浙江人民出版社，1986年，前言第2页。
② 详见汤志钧：《章太炎著作系年》，章念驰编：《章太炎生平与思想研究文选》，第369-432页。
③ 李泽厚：《中国近代思想史论》，北京：人民出版社，1979年，385页。

客观存在的，认识的源泉在于客观世界，人们对相同的事物可以得到相同的感觉，"是以人类为公者也"。他还认为，单凭感觉所获得的认识有很大的局限性，"目之察色，不过墨丈寻常之间；耳之察清浊，不过一人之所胜"（《訄书·公言》）。因此，他虽然赞成颜元的唯物主义经验论，但却反对颜元的狭隘经验论。在他看来，人们要得到一般概念（"大共名"），必须通过比较推理"譬称"的方法才能得到："夫物各缘天官所合以为言，则又譬称之以期至于不合，然后为大共名也。"认为只有将感知到的事物用推理的方法，才能抽象出一种不合于某种具体感觉的普遍概念。他还以为，认识必须经过三个阶段："名之成，始于受，中于想，终于思。"（《国故论衡·原知》）可见，早期的章太炎坚持了唯物主义的经验论，并具有唯物主义唯理论倾向。

1903年，"及囚系上海，三岁不觌，专修慈氏、世亲之书……解此以还，乃达大乘深趣"。3年的囚狱生活使他的思想发生重大转变，在狱中他专修大乘佛教法相唯识宗诸书，由此他"私谓释迦玄言，出过晚周诸子不可计数，程朱以下，尤不足论"（《菿汉微言》）。1906年出狱后，他转而崇尚法相唯识宗，并建立起"一切唯识"的主观唯心主义哲学体系。这一时期的哲学思想，以在《民报》发表的《俱分进化论》《无神论》《革命之道德》《建立宗教论》《人无我论》《五无论》《四惑论》等为代表。

此时的章太炎吸取了唯识宗关于"识"的思想，认为人的认识来自"阿赖耶识"，这一认识潜藏着精神性的总管一切的"种子"，人的主观认识能力，外界的客观认识对象，都是阿赖耶识的结果，阿赖耶识是世界的本原。他还认为，康德的"十二范畴"和叔本华的唯意识论，也无不包含在阿赖耶识中，总之，"此识是真，此我是幻"，"此心是真，此质是幻"，"此心是真，此神是幻"，"芸芸众生，本一心耳"。宇宙一切除了心识之外，其余存在都是虚幻不真实的。这样，章太炎走向了"一切唯识"的主观唯心主义和唯我主义。

在进化论上，章太炎此时也发生了变化。他提出"俱分进化论"，"进化之所以为进化者，非由一方直进，而必由双方并进。……若以道德言,则善亦进化,恶亦进化;若以生计言,则乐亦进化,苦亦进化,双方并进,如影之随形,如罔两之逐影"(《俱分进化论》)。社会的善与恶、苦与乐是同时进化的。而且,"知识愈进,权位愈伸,则离道德愈远"。因此,他认为"进化之实不可非,而进化之用无所取",进化是一种客观的自然规则,但其实际效用是不足取的。这显然是一种反对社会进步和文明发展的悲观主义和虚无主义。从此出发,最后他鼓吹起"五无"(无政府、无聚散、无人类、无众生、无世界),从而走向无政府主义和寂世主义。

三、语言文字学

章太炎是近代著名的国学大师,他对中国语言文字学作出了重大贡献。

他摒弃了圣人造字的说法,考察了语言文字的来源与演变。在审定古音和研究现代方言方面,他确定了阴阳声的定义,定出较前人更为严密的古韵23部;提出"古音娘日二纽归泥说",定古声为21纽;并首次用汉字描绘和确定了中国古音的音质。他撰写的《新方言》,搜集了各地方言,根据古今音的变迁,分析方言的异同,把中国语言文字学的研究带进了一个新领域。他还探索了汉语统一问题,主张使方言逐步统一,并定出切音,被1913年教育部召集的读音统一会定为汉语注音符号。

四、学术史观

章太炎在学术上的另一贡献,是他在批判今文经学中破除了对儒家儒经的迷信,并以其广博的学识形成自己崭新的学术史观。

在他看来,一直被崇奉为至圣至上的儒家经典,其实是由孔子所整理出的一批历史文献,"六经皆史",而不是什么神圣不可研究、不可变易的东西。他猛烈抨击封建专制的学术风气,认为"定一尊于孔子,虽欲放言高论,犹必以无碍孔氏为宗",结果导致"强相援引,妄为皮傅,愈调和者愈失其本质，愈附会者愈违其解故"（《诸子学略说》）。因此，只有解放思想，倡导学术自由，才能高瞻远瞩，形成新时代崭新学术论断。他无不自负地以新时代总结者自居，撰写《齐物论释》，"操齐物以解纷，明天倪以为量，割制大理，莫不孙顺"，试图以"齐物"的方法，把各种思想融会贯通。

　　章太炎提倡民族主义，极为重视史学的作用，认为"国之有史久远，则亡灭之难"（《国故论衡·原经》）。因此，他特别重视中国社会史、制度史、文明史的研究，并做出了开拓性贡献。此外，他还对中国学术、思想、文化发展史进行了系统研究，并取得了"最为卓著"[①]的巨大成就。"到章太炎方才于校勘训诂的诸子学外，别有一种有条理系统的诸子学。太炎的《原道》《原名》《明见》《齐物论释》更为空前的著作。"[②]特别是他首次把孔子当作诸子之一并作出批判性研究。

　　总之，章太炎的学术贡献是多方面的，影响是广泛而深远的。但同时他的学术思想也是复杂多样且充满内在矛盾的，"五四以来，新人与旧人的若干尖端的代表者，同时出现在章氏门下"[③]，虽然与时代相关，但也正是他这种多样性矛盾性的现实映照。

　　（本文原载于方克立、王其水主编：《二十世纪中国哲学·人物志》，华夏出版社，1995年，收入本书时做了适当修改补充。）

---

① 姜义华：《章太炎传略》，转引自章念驰编：《章太炎生平与思想研究文选》，第10页。
② 胡适：《中国哲学史大纲》导言，转引自章念驰编：《章太炎生平与思想研究文选》，第10页。
③ 侯外庐：《近代中国思想学说史》（下册），转引自章念驰编：《章太炎生平与思想研究文选》，第16页。

孙中山伦理思想新探

2021年是中国共产党百年华诞，也是辛亥革命110周年。从1901年辛亥革命到1949年中华人民共和国成立，历经38年的民主革命终于取得成功。作为"伟大的民族英雄、伟大的爱国主义者、中国民主革命的伟大先驱"[①]的孙中山先生，为"导致持续二千年之久的王朝体制崩溃的革命"[②]创下了丰功伟绩，并以"三民主义"等卓越理论建树，为中华文明作出了宝贵贡献。2021年10月9日，习近平总书记在纪念辛亥革命110周年大会上讲话，对孙中山及其领导的辛亥革命作出了高度评价。在实现中华民族伟大复兴中国梦、"在新的时代条件下推动中华优秀传统文化创造性转化、创新性发展"[③]的今天，从传统与现代的视角，对孙中山的伦理思想进行新的探讨，具有重大价值和意义。

一、道德救世与"天下为公"

孙中山所处的是一个风雨飘摇的时代。1840年鸦片战争后，西方列强入侵，中国逐渐沦为半殖民地半封建社会，面临着帝国主义、封建主义、

---

① 习近平：《在辛亥革命110周年大会上的讲话》，新华网，2021年10月9日。
② 沟口雄三：《辛亥革命新论》，《开放时代》2008年第4期。
③ 2021年5月9日习近平给《文史哲》编辑部全体编辑人员的回信。

官僚资本主义的三重压迫。中华民族被动融入世界发展，艰难开启探寻民族独立、国家富强的现代化奋斗道路，从洋务运动"师夷长技以制夷"，到戊戌变法的"变法自强"，再到孙中山领导的辛亥革命，及至中国共产党领导的新民主主义革命，从器物层面到政治体制层面，近代的爱国志士一次次、一层层前赴后继地探索着救国救世之路。

"道德救世"是中国近代的重要思潮。①近代许多爱国志士都把社会国家腐败衰弱的原因归结为文化精神因素，特别是道德。"现代中国第一流之政论家"梁启超提出"新民说"，认为中国之所以腐败，之所以不能独立于世界，根本的原因在于"国民乏独立之德"，认为"民德、民智、民力，实为政治、学术、技艺之大原"②。由此他反对政治革命，提倡改良主义。而革命极力倡导者章太炎则主张建立无神论宗教，以此增进革命道德，他明确地说："道德衰亡，诚亡国灭种之根极也。"③"道德堕废者，革命不成之原。"④章太炎认为道德是革命成败的根本根源。

受时代"道德救世"思潮的影响，孙中山虽然作为近代革命党领袖，深知政治革命"军事的奋斗"的重要性并为之不屈不挠地践行奔走，但他还是认为用道德"感化人群的奋斗更是重要"："革命的方法，有军事的奋斗，有宣传的奋斗。军事的奋斗，是推翻不良的政府，赶走一般的军阀官僚；宣传的奋斗，是改变不良的社会，感化人群。要消灭那一般军阀，军事的奋斗固然是很重要；但是改造国家，还要根本上自人民的心理改造起，所以感化人群的奋斗更是重要。"⑤"感化人群"的"宣传的奋斗"，比政治、经济上用革命的手段推翻旧政权的"军事的奋斗"，更为重要和根本。他还说："方今国事颠跻，根本之图，自以鼓吹民气、唤醒社会最

---

① 参见方映灵：《论近代应用佛学思潮——从梁启超与章太炎佛学救世思想之比较视角》，《深圳社会科学》2020年第2期。
② 梁启超：《新民说·释新民主义》，《梁启超全集》第3卷，北京：北京出版社，1999年，第658页。
③ 章太炎：《革命道德说》，《章太炎全集》，上海：上海人民出版社，1985年，第277页。
④ 章太炎：《革命道德说》，《章太炎全集》，第284页。
⑤ 《在广州中国国民党恳亲大会的演说》，中山大学历史系孙中山研究室、广东省社会科学院历史研究所、中国社会科学院近代史研究所中华民国史研究室合编：《孙中山全集》，北京：中华书局，1986年，第8卷，第286页。

为切要。"①并赞赏五四运动是"人皆激发天良,誓死为爱国之运动"②。孙中山把"感化人群"的"宣传的奋斗""鼓吹民气、唤醒社会""激发天良"等作为救国救世的根本,无疑是深受时代"道德救世"思潮的影响。当然,作为革命领袖,孙中山对社会革命还是有全面的清醒认识,除了认为"中国近代物质文明不进步,因之心性文明之进步亦为之稽迟"③,还更明确地说:"其实经济问题,不是道德心和感情作用可以解决得了的。"④这无疑充分显示了孙中山作为身体力行的革命实践家和领袖高于梁启超、章太炎等同时代思想家之处。

对于如何增进道德、用道德"感化人群",孙中山的认识也与梁启超提倡"新民说"、章太炎建立新宗教等不同。一方面,孙中山受近代西学达尔文进化论影响,认为人是从动物进化来的,动物兽性仍然残留于人当中,兽性与人性在每个人身上是并存的。所以,人类要进步,就要"减少兽性,增多人性"。"我们要人类进步,是在造就高尚人格。要人类有高尚人格,就在减少兽性,增多人性。"⑤所以"造就高尚人格"、增进道德人性,是人类进步的关键。在孙中山看来,人人都有两种思想:"一种就是利己,一种就是利人。"⑥但社会要进步、革命要成功,就必须培养"公共心",从而"造就高尚人格"。

如何"造就高尚人格"?与梁启超、章太炎等诉诸提倡虚空的佛教不同,孙中山承继传统儒家"修身、齐家、治国、平天下"的修身进路。在他看来,"只要先能够修身,便可来讲齐家、治国。……何以中国要退步呢?就是因为受外国政治经济的压迫,推究根本原因,还是由于中国人不修身。……我们现在要能够齐家、治国,不受外国的压迫,根本便要从修

---

① 《复李梦庚函》,《孙中山全集》第5卷,第91页。
② 《致海外国民党同志函》,《孙中山全集》第5卷,第210页。
③ 《建国方略·建国方略之一:孙文学说——行易知难(心理建设)》,《孙中山全集》第6卷,第180页。
④ 《三民主义·民生主义·第一讲》,《孙中山全集》第9卷,第362页。
⑤ 《在广州全国青年联合会的演说》,《孙中山全集》第8卷,第316页。
⑥ 《三民主义·民权主义·第三讲》,《孙中山全集》第9卷,第298页。

身起"①。他号召革命党人通过"彼此身体力行,造成顶好的人格",把提高革命党人道德修养作为治党、治国、推进革命、实现中华民族复兴的重要大事。

也许正由于孙中山承继了传统儒家的修身进路等做法,戴季陶于20世纪20年代在《孙文主义之哲学的基础》一书中,便认为孙中山"完全是中国的正统思想,就是继承尧舜以及孔孟而中绝的仁义道德的思想"②。但事实并非如此。无论是修身的内容还是目标,孙中山的伦理思想都不可能"完全是中国的正统思想",这个问题下面将会继续分析到。

孙中山所设想的革命途径和理想境界,是通过"修身"从而"造就高尚人格",继而齐家、治国、平天下,最终实现"大同世界"。他由此提出"天下为公"的思想。孙中山认为,世界已进入了"民权"时代,何谓"民权"?他说:"这种民权主义,是以人民为主人的、以官吏为奴隶的……这就叫做以民为主,这就是实行民权。"③他说:在他看来,处于"民权"时代,世界上有一种道德新潮流,这就是要"为大家谋幸福","替众人服务"。他还特别阐述了官与民的新型关系,他说:"今经革命之后,专制已覆,人民为一国之主,官吏不过为人民之仆,当受人民之监督制裁也。"④做官不是为了"发达个人,为个人谋幸福",而是人民的仆人,是为人民服务的。接着他提出了他的幸福观。在他看来,人生的真正意义和目的是为革命、为众人谋幸福。"我们无论做什么事,只要问心无愧,凭真理去做,就牺牲了,还是很荣耀"⑤,"若因革命而死,因改造新世界而死,则为死重于泰山,其价值乃无量之价值,其光荣乃无上之光荣"⑥。为主义为真理而牺牲就是人生的最大幸福。他指出,"为主义奋

---

① 《三民主义·民族主义·第六讲》,《孙中山全集》第9卷,第250页。
② 戴季陶:《孙文主义之哲学的基础》,《民国丛书》第三编之六,上海:上海书店,1991年,第43页。
③ 《在广州农民联欢会的演讲》,《孙中山全集》第10卷,第461页。
④ 《建国方略·建国方略之一:孙文学说——行易知难(心理建设)》,《孙中山全集》第6卷,第223-224页。
⑤ 《在广州中国国民党恳亲大会的演说》,《孙中山全集》第8卷,第285页。
⑥ 《在桂林对滇赣粤军的演说》,《孙中山全集》第6卷,第35页。

斗"才是人生价值之所在，因为社会已经进化到了"民权"时代，民权革命"潮流之猛烈，非人力可以当之者"①。这种"世界潮流是不可以复压"的。要顺乎世界之潮流，适乎人群之需要，就必须投身到这个民权革命中来，以三民主义为生活的信仰，以救国救民为一生的志愿，努力奋斗，推动历史的进化。他又说："为三民主义去奋斗，就是死了，也是成仁取义。"②"为主义去革命，成仁取义，留名千古，至今谁人不敬仰他们呢？"③为革命、为真理、为主义、为人民的幸福而奋斗牺牲，就是孙中山所提倡的人生价值观，而奋斗的结果就是最终实现"大同世界"的理想。孙中山特别描绘了"大同世界"美好图景："民幼有所教，老有所养，分业操作，各得其所"，是"一真自由、平等、博爱之境域也"。④"大同世界"也是一个"天下为公"的社会，人人互助互爱，是一个普遍幸福的社会。

孙中山身体力行"为主义奋斗"的一生与"天下为公"的高尚人格追求可谓举世皆知。列宁于1912年专门针对孙中山写过《中国的民主主义和民粹主义》一文，认为"孙中山的纲领的字里行间都充满了战斗的、真诚的民主主义。……是真正伟大的人民的真正伟大的思想"⑤，他高度评价孙中山是"充满着崇高精神和英雄气概的革命的民主主义者"⑥。毛泽东于1956年在纪念孙中山诞辰90周年时也说："他全心全意地为了改造中国而耗费了毕生的精力，真是鞠躬尽瘁，死而后已。"孙中山高尚的人格情操还表现在为了追求革命真理虚怀若谷、择善而从，他关注列宁领导的十月革命，称赞列宁是"一个革命之大成功者，是一个革命中之圣人，是一个革命中最好的模范"⑦。又改组国民党，把旧三民主义发展为新三民主义，

---

① 《在桂林对滇赣粤军的演说》，《孙中山全集》第6卷，第10页。
② 《在广州对东路讨贼军的演说》，《孙中山全集》第9卷，第572页。
③ 《在广州中国国民党恳亲大会的演说》，《孙中山全集》第8卷，第286页。
④ 《在上海中国社会党的演说》，《孙中山全集》第8卷，第523页。
⑤ 中共中央马克思恩格斯列宁斯大林著作编译局编译：《列宁选集》第2卷，北京：人民出版社出版，2012年，第291页。
⑥ 中共中央马克思恩格斯列宁斯大林著作编译局编译：《列宁选集》第2卷，第291-292页。
⑦ 《关于列宁逝世的演说》，《孙中山全集》第9卷，第136页。

等等，真正身体力行地为革命党人作出了道德表率。

但正如列宁所指出的"少女般的天真"①，孙中山"天下为公"的道德理想，"为主义奋斗"的人生观以及"大同世界"的社会理想，虽然客观上反映了中国"人民不仅会为自己历来的奴隶地位而痛心，不仅会向往自由和平等，而且会同中国历来的压迫者作斗争"②。但是，孙中山企图通过宣传造成"天下为公"的高尚人格，并通过"平均地权、节制资本"的民生主义，在"互助"、保护私有制的基础上实现"大同世界"理想，实践证明终究是一种不切实际的空想。

从矢志革命推翻帝制建立中华民国到1925年逝世，孙中山所处时期，正是革命高潮时期。因此，孙中山人生观的理论和实践，应该说是中国近代民主革命高潮的产物。它除了反映出孙中山个人的"崇高精神和英雄气概"外，折射出的是近代民主革命"是一个向上发展而不是衰弱下去的阶级所固有的：这个阶级不惧怕未来，而是相信未来，奋不顾身地为未来而斗争"③的一种时代精神风貌。

二、传统与现代：新八德与国际主义

孙中山所处的时代是一个风云变幻、救亡图存的时代，也是一个中西方文化激烈冲突碰撞的时代，更是一个传统与现代思想融合交汇的时代。在这样的时代背景下，孙中山的伦理思想必然带上时代的烙印，并回答时代带来的问题，在传统与现代的中西方思想中作出抉择。

对于中国传统伦理，孙中山非常重视传统道德的继承。在他看来，我们中华民族曾有着高尚的道德，可是近百年来，这些"固有的道德"都丢掉了，这是中国由强而衰的一个重要原因。因此我们要"恢复"它们，"有了很好的道德，国家才能长治久安。……从前中国民族的道德……比

---

① 中共中央马克思恩格斯列宁斯大林著作编译局编译：《列宁选集》第2卷，第294页。
② 中共中央马克思恩格斯列宁斯大林著作编译局编译：《列宁选集》第2卷，第291页。
③ 中共中央马克思恩格斯列宁斯大林著作编译局编译：《列宁选集》第2卷，第292页。

外国民族的道德高尚得多……我们现在要恢复民族的地位,除了大家联合起来做成一个国族团体以外,就要把固有的旧道德先恢复起来。有了固有的道德,然后固有的民族地位才可以图恢复"①。这里不仅体现了孙中山为中华民族争独立谋复兴的奋斗宗旨,而且还难能可贵地体现了他对中华民族和传统文化的一种自信,这种民族自信与文化自信在今天实现中华民族伟大复兴中国梦征途中,仍然具有十分重要的现实启迪意义。

什么是"固有的旧道德"?孙中山说:"讲到中国固有的道德,中国人至今不能忘记的,首是忠孝,次是仁爱,其次是信义,其次是和平。"②此外,还有"智仁勇"精神。③这里,孙中山创造性地提出了"忠孝、仁爱、信义、和平"新"八德"。这既是对传统"八德""孝悌、忠信、礼义、廉耻"的继承,更是在吸收西方近代"自由、平等、博爱"道德精华后,重构出来的近代中国新道德。在孙中山这个新"八德"中,"忠"取代了"孝"成为新"八德"之首,既突出体现了孙中山"国家至上"的爱国主义博大胸襟与现代价值观,也体现了近代中国从"国破"必然"家亡"的血泪领悟后,由传统"以家为本"向"以国为本"的根本转变。而"仁爱""和平"更可说是中西道德精华相融合后的思想结晶,它们既体现了"仁者爱人""和为贵""为万世开太平"等中国传统思想精华,又融合了西方"自由、平等、博爱"及国际主义、和平主义等现代思想与价值观。

孙中山所说恢复"中国固有的道德",并不是全盘接受传统旧道德,而是在新的时代背景和现实需要下,扬弃发展了传统旧道德。虽然用的是旧道德名称,但实际上是进行了"中体西用"式的融合新诠释,在内容上则可说是"旧瓶装新酒"。

例如对于新"八德"中"忠"的解释,孙中山说:"忠字的好道德还

---

① 《三民主义·民族主义·第六讲》,《孙中山全集》第9卷,第243页。
② 《三民主义·民族主义·第六讲》,《孙中山全集》第9卷,第243页。
③ 《在桂林对滇赣粤军的演说》,《孙中山全集》第6卷,第9—40页。

是要保存。"①但他明确指出,过去讲的"忠",是"忠君",忠于一人;现在讲"忠",是要忠于国家,忠于人民。他说:"古时所讲的忠,是忠于皇帝……我们在民国之内,照道理上说,还是要尽忠,不忠于君,要忠于国,要忠于民,要为四万万人去效忠。为四万万人效忠,比较为一人效忠,自然是高尚得多。"②显然,孙中山所讲的"忠",不但不是传统旧道德,而且恰恰是传统"忠君"旧道德的对立物,其中贯注着"自由、平等、博爱"的时代新内容,体现着深厚的爱国主义精神。

对于"仁爱",孙中山的解说与传统儒家也有区别。他赞赏墨子的"兼爱"说。他说,中国"古时最讲爱字的莫过于墨子。墨子所讲的'兼爱',与耶稣所讲的'博爱'是一样的"③。这样,他就把"仁爱",解释为墨子的"兼爱"以及西方"博爱"。他反对儒家的"爱有等差",认为"博爱云者,为公爱而非私爱"④。早期,他还批评中国古代"尧、舜之博施济众,孔丘之尚仁……皆狭义之博爱,其爱不能普及于人人"⑤,只有基于平等之上的"博爱"才能"普及于人人",才是真正的博爱。可见,他对"仁爱"的解释不仅与传统定义不同,还融合了西方"自由、平等、博爱"的新思想。不仅如此,孙中山还针对当时的革命需要,认为革命党人、革命军人的"仁",应表现为爱国、救国,而三民主义即"为军人之仁所由表现"⑥。这里把爱国、救国、实行三民主义作为"仁爱"的内容,既突出地体现了孙中山"以国为本"的爱国主义情怀,也充分体现了孙中山伦理思想的实践性与时代性。

对于"信义"与"和平",孙中山更是直接地把它们改造成为反对帝国主义背信弃义、欺诈和掠夺弱小民族,维护民族独立的道德规范。针对当时帝国主义对中国的侵略,他着重强调了"信义""和平"是中国优

---

① 《三民主义·民族主义·第六讲》,《孙中山全集》第9卷,第244页。
② 《三民主义·民族主义·第六讲》,《孙中山全集》第9卷,第244页。
③ 《三民主义·民族主义·第六讲》,《孙中山全集》第9卷,第244页。
④ 《在桂林对滇赣粤军的演说》,《孙中山全集》第6卷,第22页。
⑤ 《在上海中国社会党的演说》,《孙中山全集》第2卷,第510页。
⑥ 《在桂林对滇赣粤军的演说》,《孙中山全集》第6卷,第29页。

于西方的美德，认为"中国人几千年酷爱和平，都是出于天性。……说到和平的美德，更是驾乎外国人。这种特别的好道德，便是我们民族的精神"①。在这里，孙中山不仅充分体现了一种民族自信与文化自信，而且从国际视野以民族主义的角度谴责帝国主义，对近代帝国主义不讲信义、侵略成性却声称"博爱"不啻是一种有力的驳斥。

从以上可以看到，孙中山所谓的"恢复中国固有的道德"，绝不是对中国传统道德伦理的简单恢复，而是继承其中优秀的道德传统，并吸取近代西方伦理思想的精华，从而赋予传统道德范畴以崭新的内容，把孙中山的伦理思想说成像一个复古派人物那样"完全是中国的正统思想"，无疑是不恰当、不合适的，而且在当时五四新文化运动风起云涌的时代背景下还显得别有用心。在戊戌变法时期，确实有封建顽固派出于维护旧制度的需要，竭力维护传统伦理纲常，仇视新道德。如张之洞就说："三纲为中国神圣相传之至教，礼政之原本、人禽之大防，以保教也。"②又说："使民权之说一倡，愚民必喜，乱民必作，纪纲不行，大乱四起。"③而康有为、严复等维新派人物，虽然开始也提倡新道德，但不久，随着政治上日趋保守，他们的思想也逐渐变为复古派，宣扬国粹，继而力图建立孔教，等等。孙中山伦理思想的重大意义，正在于反对了封建顽固派与复古派，从国际视野和时代高度，对传统旧伦理纲常进行了开创性地改造与新诠释，从而构建了近代资产阶级新道德。更难能可贵的是，孙中山对待传统旧道德，也不同于五四新文化运动的全盘否定，而是采取了一种"取其精华、去其糟粕、古为今用"的扬弃态度。虽然他赞扬五四新文化运动反对旧道德提倡新道德是"实为最有价值之事"④，但他也明确地说，对中华民

---

① 《三民主义·民族主义·第六讲》，《孙中山全集》第9卷，第246-247页。
② 张之洞：《〈劝学篇〉序》，苑书义、孙华峰、李秉新主编：《张之洞全集》第12册，石家庄：河北人民出版社，1998年，第9704页。
③ 张之洞：《〈劝学篇〉内篇·正权第六》，苑书义、孙华峰、李秉新主编：《张之洞全集》第12册，第9722页。
④ 《致海外国民党同志函》，《孙中山全集》第5卷，第210页。

族"固有的东西,如果是好的,当然要保存,不好的才可以放弃"①。完全可以说,这种对待民族传统的理性态度和方式,时至今日仍然是我们对待传统唯一正确可取的态度。

对于西方伦理思想,孙中山也反对"全盘西化"。这最突出地表现在对"自由、平等、博爱"及"互助论"的态度上。

孙中山是"自由、平等、博爱"口号的拥护者、提倡者。早在20世纪初,他就明确宣布:"我等今日与前代殊,于驱除鞑虏、恢复中华之外,国体民生尚当与民变革,虽经纬万端,要其一贯之精神则为自由、平等、博爱。"②尽管如此,他并没有简单孤立地照搬"自由、平等、博爱"的内容,也没有全盘接受西方对此的论述,而是选择改造后将其融于三民主义思想之中,以适应当时中国革命的需要。

比如对于"自由",孙中山接受了西方关于"自由是国民在民主制度下所享有的各项自由"的思想,以此反对传统封建专制制度,但与此同时,他也反对西方那种极端个人自由化和无政府主义的观点。在他看来,自由最重要的还应指民族和国家的自由、独立和自主:"个人不可太过自由,国家要得完全自由。到了国家能够行动自由,中国便是强盛国家。要这样做去,便要大家牺牲自由。"③"政治团体中的分子有平等、自由,便打破政治力量,分散了政治团体。……大家要希望革命成功,便先要牺牲个人的自由,个人的平等。把各人的自由、平等,都贡献到革命党内来。"④总之,在个人自由与团体自由、国家自由的关系问题上,孙中山所强调的是国家、团体自由,要求大家牺牲个人自由以求得团体、国家自由。显然,孙中山在肯定个人自由的前提下反对西方的极端个人自由化和无政府主义,希望以此改变当时革命队伍一盘散沙的状态,从而增强革命党的团结及战斗力,这种对"自由"的理解已与西方原本的"自由"大相

---

① 《三民主义·民族主义·第六讲》,《孙中山全集》第9卷,第243页。
② 《中国同盟会革命方略》,《孙中山全集》第1卷,第296页。
③ 《三民主义·民权主义·第二讲》,《孙中山全集》第9卷,第282页。
④ 《在黄埔军官学校的告别演讲》,《孙中山全集》第11卷,第268、271页。

径庭。但应该说，个人自由同国家、团体自由不是对立的，自由与纪律、服从、集中也不是对立的，因为人是社会性的，脱离社会一切规定的无政府主义、极端自由化的绝对自由，不是真正的自由，只有遵循遵守现实社会的规定规则后，个人才有可能获得真正的自由。孙中山在这把个人自由同团体、国家自由对立起来，把自由与纪律、服从、集中对立起来，对当时的无政府主义、极端自由化也未能找到理论根源与解决途径，从而使他领导下的革命党未能像中国共产党那样，用铁的纪律形成革命队伍真正的战斗力，最后取得革命的成功。由此也可见他所代表的近代中国资产阶级以及所领导的民主革命的软弱性。

对于"平等"，孙中山也与西方传统的平等观不同。孙中山主要讲政治平等，他一再提倡民众权力地位的平等。他说："我们讲民权平等，又要世界有进步，是要人民在政治上的地位平等。"①"我们主张民权革命，便铲平那些阶级，要政治上人人都平等，就是男女也要平等。"②但孙中山不同意西方资产阶级的"天赋人权论"，认为这种理论对于"打破君主的专制"，虽有其意义与作用，但它是不合科学、不合历史事实的。他区别了"天生的"不平等与"人为的"不平等，认为"天生人类本来是不平等的"，也就是说，人天生有聪明才力的差异，但是他坚决反对"人为的"不平等，这种不平等是人类社会发展到一定阶段上，由于"特殊阶级的人过于暴虐无道"所造成的。对于这种不平等，"要打破君权、使人人都是平等的"③。由此他还提出"真平等"与"假平等"的观念，"真平等"是指"始初起点的地位的平等"，也即"政治上的地位的平等"，而假如不顾"天生的"不平等，"不管人的天赋聪明才力"的不同，"把他们压下去"，那就是"假平等"。④总之，人只有先天聪明才力的差异而不能有后天权力地位的不平等，后天的人为不平等要通过民权革命来打破。可以说，

---

① 《三民主义·民权主义·第三讲》，《孙中山全集》第9卷，第286页。
② 《在广东第一女子师范学校校庆纪念会的演说》，《孙中山全集》第10卷，第31页。
③ 《三民主义·民权主义·第二讲》，《孙中山全集》第9卷，第285、283页。
④ 《三民主义·民权主义·第二讲》，《孙中山全集》第9卷，第285-288页。

孙中山这种论证比西方的"天赋人权论"深刻合理得多，对封建专制等级制度的批判也有力得多，而他以此提出民权革命是获得政治平等的唯一途径，也更能唤起人们的革命热情，从而对革命起到激励推动作用。

对于"博爱"，孙中山也同样予以新的诠释。他赞赏西方人道主义的博爱，还专门阐明了人道主义博爱与传统"仁爱"以及三民主义的关系。在他看来，"我国古代，若尧舜之博施济众，孔丘尚仁，墨翟兼爱，有近似博爱也者，然皆狭义之博爱，其爱不能普及于人人"。而社会主义人道主义的博爱则是"广义之博爱"，它"普遍普及，地尽五洲，时历万世，蒸蒸芸芸，莫不被其泽惠"①。尽管赞赏人道主义的博爱，但在内涵上他还是结合具体革命实践，融进三民主义的内容。他说："我们的民生主义，是图四万万人幸福的，为四万万人谋幸福就是博爱。"②而三民主义"为军人之仁所由表现"③。就是说，爱国、救国的革命党人、革命军人为实现三民主义而奋斗，体现出来的"仁"就是博爱。可见，他的"博爱"内容与西方也已不同。

以拿来主义吸收西方思想精华同时反对"全盘西化"，这种扬弃态度同样体现在他对于"互助"思想的运用中。

"互助论"是19世纪末俄国无政府主义者克鲁泡特金所提出的理论。它不同意生存竞争，更不同意社会达尔文主义把生存竞争看作是社会进化的规律，而认为"互助"才是生物界乃至人类社会进化的基本原则。孙中山毕生致力于推动人类社会进步，始终是达尔文进化论的拥护者，但他也同时融会贯通了"互助论"的思想。在他看来："人类初出之时，亦与禽兽无异；再经几许万年之进化，而始长成人性。而人类之进化，于是乎起源。此期之进化原则，则与物种之进化原则不同：物种以竞争为原则，人类则以互助为原则。社会国家者，互助之体也；道德仁义者，互助之用也……人类自入文明之后，则天性所趋，已莫之为而为，莫之致而致，向

---

① 《在上海中国社会党的演说》，《孙中山全集》第2卷，第510页。
② 《三民主义·民权主义·第二讲》，《孙中山全集》第9卷，第283页。
③ 《在桂林对滇赣粤军的演说》，《孙中山全集》第6卷，第29页。

于互助之原则，以求达到人类进化之目的矣。"①这里，孙中山首先吸取了达尔文的进化论，把生存竞争作为生物进化的原则，但他并没有把人混同于一般动物，而是科学理性地把人与动物做了区分，接着引入"互助论"作为人类进化的原则，并继而阐明社会国家、道德文明之功用。可见，孙中山的"互助"观点既与克鲁泡特金"互助论"不同，也与社会达尔文主义不同。还应该指出，孙中山吸收引入"互助"思想作为社会国家进步原则，从而在理论上有力地谴责以社会达尔文主义为理论基础的帝国主义弱肉强食侵略弱小民族国家的政策，充分体现了孙中山作为一个政治家、思想家的博学睿智以及国际主义、和平主义的博大胸襟。

从上可以看到，孙中山的伦理思想力图融合扬弃、继承发展中西方伦理思想精华，面对时代作出了超越传统、构筑现代又融合传统与现代的新诠释。他既体现了中国由传统"以家为本"向现代"以国为本"的伦理转变，并发展提出"国家至上"的爱国主义现代价值观；又反对"全盘西化"，反对西方传统的自由主义、无政府主义、天赋人权论以及社会达尔文主义，并对西方传统的"自由、平等、博爱"及"互助论"进行了新诠释。

三、爱国主义与民族主义

爱国主义是孙中山伦理思想的核心并贯穿始终。为了民族独立、国家富强而矢志革命，孙中山是伟大的爱国主义者。他创立"三民主义"，以民族主义"对外打不平"，反对帝国主义的侵略和奴役；以民权主义"对内打不平"，反对封建专制主义压迫，实现社会民主进步；以民生主义求得民生幸福、实现"大同世界"理想。"三民主义"以及"为主义奋斗"的人生价值观，高度集中体现了孙中山忠于国家和民族、热爱国家和人民的爱国主义思想与实践。

而爱国主义与民族主义是密切联系的。孙中山爱自己的国家和民族，

---

① 《建国方略·建国方略之一：孙文学说——行易知难（心理建设）》，《孙中山全集》第6卷，第195-196页。

主张民族主义。那么，孙中山的民族主义指的是什么？对此，戴季陶曾经中肯地解读过："总理所主张的民族主义，是以民族之平等的存在发展为基础。……以一民族为主体而压迫他民族所组成的国族，是国家主义、帝国主义，而不是民族主义。"①可见，孙中山的民族主义不同于国家主义和帝国主义，而且针对的就是反对帝国主义对中国的侵略和压迫，体现的是真正的"自由、平等、博爱"。而另一方面，孙中山也反对狭隘民族主义。他说："我们今日要把中国失去了的民族主义恢复起来，用此四万万人的力量为世界上的人打不平，这才算是我们四万万人的天职。……我们受屈民族，必先要把我们民族自由平等的地位恢复起来之后，才配得来讲世界主义。"②既反对帝国主义，也反对狭隘民族主义，孙中山主张的是从爱国主义、民族主义最终走向国际主义。由此他批判了帝国主义所谓的"世界主义"理论，这种理论反对民族独立解放斗争和爱国主义，主张取消国界，组成"世界国家""世界政府"，统一世界经济和文化，实际上是企图把世界上一切民族和国家仍然置于帝国主义的统治之下。在孙中山看来，这种世界主义"其实就是有强权无公理的主义"③。他认为："把从前失去了的民族主义重新恢复起来，更要从而发扬光大之，然后再去谈世界主义，乃有实际。"④在积贫积弱又一盘散沙的近代中国，孙中山这种思路无疑是非常明智和切中肯綮的，对世界主义的反驳回应也是坚实有力的。

孙中山关于民族主义与世界主义这一思想，充分体现了他作为一个政治家、思想家的高瞻远瞩。时至20世纪末，美国著名政治学家塞缪尔·亨廷顿（Samuel Philips Huntington）也看到了这个问题并做出论断："如果民族国家是分裂的，而且又被日益扩散的国内冲突搞得无所适从，它也不可能是国际事务的坚实基石。"⑤可以说，这一看法与孙中山不仅是高度一致

---

① 戴季陶：《日本论》，北京：光明日报出版社，2013年，第73页。
② 《三民主义·民族主义·第四讲》，《孙中山全集》第9卷，第226页。
③ 《三民主义·民族主义·第四讲》，《孙中山全集》第9卷，第231页。
④ 《三民主义·民族主义·第四讲》，《孙中山全集》第9卷，第231页。
⑤ [美]塞缪尔·亨廷顿著，周琪等译：《文明的冲突与世界秩序的重建》，北京：新华出版社，2010年，第14页。

的，而且是超越时空相互呼应的，孙中山基于爱国主义、反对帝国主义所倡导的民族主义，才真正是国际主义的"坚实基石"。

孙中山所处的近代中国，正如美国著名国际问题专家、前国务卿亨利·基辛格（Henry Alfred Kissinger）所客观简要总结的："中国因其国土广袤而免于完全沦为殖民地，但它失去了对关键国内事务的控制权。"① "1912年孙中山领导成立了中华民国，但中央政府力量薄弱，致使中国陷入长达10年的军阀混战。"②正是面对这样风雨飘摇、内忧外患的国内外形势，孙中山为了民族独立、国家富强而切中时弊地提出"反映和概括了当时整个时代的要求和历史的动向"③的三民主义学说，在国际上以民族主义反抗帝国主义，在国内以民权主义反对封建专制主义，并以民生主义、民生幸福作为落脚点，提出"大同世界"理想。毫无疑问，只有民族统一独立、国家团结富强，才能"乃有实际"谈得上承担国际事务，成为"国际事务的坚实基石"。

完全可以说，孙中山关于民族主义与国际主义的这一思想具有划时代的意义，时至今日，我们仍然强调建设富强中国对于世界和平稳定发展的"压舱石"作用。

民族主义作为孙中山三民主义这个"当时中国最先进最完善的思想体系"中的"首要组成部分"和"全体革命派的旗帜"④体现的是孙中山基于反对帝国主义欺凌压迫的爱国主义，与世界上的国家主义和帝国主义有着本质区别。"帝国主义对我们意味着什么？当然是殖民主义。……杀戮是帝国的一部分。"⑤出之"和平学之父"、挪威政治学家约翰·加尔通（Johan Galtung）的这一论断可谓一针见血。在世界历史进程中，"由民族主义一变而为国家主义，再变而为帝国主义"⑥。这种进路并不鲜见。所以

---

① [美]亨利·基辛格：《世界秩序》，北京：中信出版社，2019年，第225页。
② [美]亨利·基辛格：《世界秩序》，第286页。
③ 李泽厚：《中国古代思想史论》，北京：人民出版社，1986年，第313页。
④ 李泽厚：《中国古代思想史论》，第313页。
⑤ [挪威]约翰·加尔通：《美帝国的崩溃》，北京：人民出版社，2013年，第13页。
⑥ 戴季陶：《日本论》，第85页。

戴季陶在分析日本帝国主义这种进路时指出了孙中山"三民主义"的独特价值："主张民族主义而不同时主张民权主义、民生主义，以民族平等为基础，以民权为骨干，以世界大同为目标，则其结果必定会重蹈过去一切帝国主义的覆辙。三民主义所以是解决现代人类生存问题的最完美的原则，价值即在于此。"[1]

孙中山为挽救民族国家危亡而提出的民族主义，也与当今世界的民族主义截然不同。在21世纪的今天，"'民族'一词已声名狼藉，'民族主义'变成了一个粗俗的字眼……民族主义被用来分裂人们、将灭绝人性的行为合法化，紧接着直接暴力和结构暴力（剥削、压制、隔离）迅速泛滥。"[2]这样的民族主义不仅是一种狭隘的民族主义，也是一种民粹主义和暴力主义。这与孙中山顺乎历史潮流、立足中国面对世界、为维护世界和平而提出的民族主义，不仅不可同日而语，而且完全背道而驰。

在国际风云变幻、全球化发展的今天，如何处理好爱国主义、民族主义与世界主义、国际主义的关系仍然是中国现代化发展过程中必须面临的重要课题。无疑，孙中山的伦理思想所具有的划时代宝贵价值和重大现实意义，值得我们珍视继承和继续探讨。

---

[1] 戴季陶：《日本论》，第85页。
[2] ［挪威］约翰·加尔通：《美帝国的崩溃》，第114页。

社会发展与妇女问题

——以冯友兰《新事论》为中心

冯友兰是现代新儒家的"重镇"之一。《新事论》作为他抗战时期学术代表作"贞元六书"之一,以强烈的现实关怀论及中国社会发展各方面问题,其中还专门论及妇女问题,这些论述在今天看来仍有其超越时空的真理性价值。本着继承弘扬优秀传统文化的精神,本文拟予以介绍,并就当前的妇女问题略加探讨。

一、妇女问题与社会制度

所谓妇女问题,在冯友兰这里指的是,由于结婚和生儿育女使女子不能与男子一样,家庭与事业兼而有之,而如鱼与熊掌般不可得兼。而之所以产生妇女问题,归根结底与社会制度密切相关。由此出发,冯友兰把传统旧时的社会称为"以家为本位底社会",而现代的社会则为"以社会为本位底社会",妇女在这两种社会中的角色定位与价值标准迥异。

(一)以家为本位底社会

冯友兰所指"以家为本位底社会"是一切以家为中心、生产自给自足的社会,"所有一切人与人底关系,都须套在家底关系中"①。在这种社会制度里,妇女的社会人生价值均在家中:"女人出嫁则为妇,男人出仕则为臣。……在以家为本位底社会中,一般底女人在夫家应负义务大概是上则事亲、中则相夫、下则教子。……一女人既为妇,即无暇自事其亲,而只可事夫的亲。……善事其夫的亲者是孝妇,善事其夫者是良妻,善教其子者是贤母。孝妇、良妻、贤母,是每一个女人所应取底立身的标准。"(第66-67页)这里界定了传统妇女的职责义务与作用标准。

在"以家为本位底社会"里,"女人完全是家里人。……女人活动的范围,未嫁时不出其母家,既嫁时不出其夫家,'在家从父、既嫁从夫、夫死从子',所谓三从是也"(第67页)。在这样的社会里,"就社会地位说,女人是低于男人一等的。……'面条不算饭,女人不算人。'女人之所以不算人者,因其完全是家里人也。……所以父母看她是'别人家的人',是'赔钱货'。女儿是'家里人',不能到社会上活动,所以父母看她是'不中用底'。《韩非子》说:'父母之于子也,产男则相贺,产女则杀之。'"(第68页)通过冯友兰的阐述,传统旧时社会的妇女命运之低下悲催跃然纸上,令人触目惊心。

在"以家为本位底社会"里,一方面,"家是经济单位……是人的一切"(第69页),所以婚姻的离合不是男女两个人的事,而是"一大家人的事"。"他结婚不是他自己结婚,而是他的父母娶儿媳。"(第70页)而另一方面,由于男主外女主内,女人完全是家里人,除了做孝妇、良妻、贤母外不能到社会做事,所以,妇女体现社会人生价值只能"随夫贵、随子贵。……'五花诰封',即社会承认之表示也。……如其夫或其子做了'光禄大夫',她亦自然是'一品夫人'。"(第75页)国家社会对作为家里人的妇女有相应的封赏,从而体现她的角色价值。

由此,在"以家为本位底社会"里,女人以辅助夫君、生儿育女为己任,她的社会人生价值在她的丈夫、儿女身上得以体现,而国家社会则最

---

① 冯友兰:《新事论》,北京:东方出版中心,2017年,第40页。下文引自本书者仅注页码。

高以"五花封诰"对她的工作努力予以承认与肯定。在这样的社会里，女人的天性与社会对她的价值评判相一致。她在家"雌伏"不但天经地义，而且丝毫没有痛苦可言。因此，在"以家为本位底社会"里，"没有儿童问题，亦没有妇女问题"（第78页）。

(二) 以社会为本位底社会

由于产业革命，"这个革命使人舍弃了以家为本位底生产方法，脱离了以家为本位底生产制度。经过这个革命以后，人用了以社会为本位底生产方法，行了以社会为本位底生产制度"（第39页）。进入工业社会，产业革命使社会制度从"以家为本位"进化转变为"以社会为本位"。

在"以社会为本位底社会"里，"人的生活由家庭化而社会化。人离开了他的父母，而独立生产、独立生活。因此他的为子的责任减轻了许多，他的妻为妇的责任亦减轻了许多。……因此他可以'自由结婚'，他的父母也让他'自由结婚'。……在这种情形下，妻已不是夫的'内助'，因为在这种情形下，妻对于他在许多方面已不能助、不必助了。在这种社会制度里，女人的为妻的责任亦减轻了许多"（第71页）。总之，在"以社会为本位底社会"里，妇女事亲助夫的角色定位发生了改变，家庭责任得到了减轻。

生活的社会化也使女人走出了家庭。在"以社会为本位底社会"里，女人"由'家里人'变而为社会底人，可以同他一样地有独立底技能，有独立底财产……但两人所做底事，可以各不相同，两人的财产可以各不相干。假使女人都能完全到这个地步，社会上即无所谓妇女问题"（第71-72页）。冯友兰看到，妇女走出家庭进入社会工作并实现经济独立，是解决妇女问题的根本途径。

但事实上，由于女人生儿育女的天然特性，妇女不可能完全离开家庭，所以有了儿童问题，也有了妇女问题："以社会为本位底生产方法，冲破了家的壁垒，把男人完全放出来，但未把女人完全放出来……此所以有所谓妇女问题。女人所以不能完全从家里放出来者，因其为母的责任，尚不能减轻,因为对于她的儿女,除了她自己养育外,没有办法。……因此有所谓儿童问题。所谓儿童问题与妇女问题,是有密切底联系底。儿童问题如解决了,妇女问题亦即跟着解决了。"(第72页)这里,冯友兰深刻看到,儿童问题是妇女问题的症结所在。女人之所以不能与男人一样在社会上做事,是因为她还负有养育儿女的责任。所以妇女问题的存在关键在于儿童问题,解决妇女问题关键在于儿童问题。

在"以社会为本位底社会"里,根据支配方式还分为两类:"一是生产社会化而支配家庭化者,一是生产社会化支配亦社会化者。"(第72页)"在生产社会化而支配家庭化底社会里,有儿童问题,亦有妇女问题。在生产社会化支配亦社会化底社会里,儿童问题解决了,妇女问题亦自然解决了。"(第78页)这是因为,在生产社会化但支配仍家庭化的社会里,"养育儿童,仍须在家里"(第73页),养育儿童仍是家庭的职责,由此女人还必须在家里当良母,而良母的职责则直接妨碍了她在社会的工作。由于社会化已走出家庭的妇女已受了"蛇的诱惑"(第77页),社会工作带来的经济独立与个人自由等已深深吸引了她,在这种情况下,还让她死心塌地在家"雌伏",已是不可能的事。但结婚生子是她人生的必经之路,是她的"天性"所在。由于社会还未发展到支配社会化的程度,因此,儿童养育问题便成了她在外"雄飞"的绊脚石。致力于事业,与致力于家庭,已成为相冲突的两码事。前者能体现她的社会价值,后者只是顺应她的天性。这二者的"分道扬镳",使她痛苦徘徊,社会由此有了妇女问题。但在"生产社会化支配社会化"社会里,不仅"有养育儿童底机关,不以得利赚钱为目的",并且"女人生小孩子之前后,皆可予以特别优待"(第78页)。所以,儿童养育问题已由社会去解决,妇女的生儿育女不但不会影响她在社会上"雄飞",而且她由此还可得到社会的特别优待。在这个一切皆以公益"不以得利赚钱为目的"的社会里,妇女不但可以结婚生子,还可以在事业上与男子一比高低,由此妇女问题遂而解决。因此,为使妇女走上社会,参加工作,就必须解决儿童养育问题,儿童养育问题的社会化是解决妇女问题的重要前提。

由上我们看到，冯友兰从妇女问题视角精辟地阐述了由"以家为本位底社会"到"以社会为本位底社会"的社会情态变化，一方面是生产力提高、社会进步发展以及妇女从家庭中的解放，另一方面则是儿童问题、妇女问题的产生，而问题的最终解决只能有待于社会进化到一切皆以公益"不以得利赚钱为目的"的社会制度形态，也就是共产主义的高级阶段了。

二、妇女问题与妇女解放

冯友兰对妇女问题与社会制度发展关系的论述，与马克思主义有关妇女解放的思想可谓异曲同工，高度一致。恩格斯在《家庭、私有制和国家的起源》中，通过对家庭起源发展问题的系统阐述，精辟地阐明了妇女解放、妇女地位与社会结构、经济制度的密切联系。马克思主义认为，人是一切社会关系的总和，女性也然。从历史来看，女性的地位是随着社会关系的变化而变迁的，在这其中，最主要的是社会的经济关系，正如经济基础决定上层建筑、社会存在决定社会意识一样，经济关系决定妇女的地位的升降。

恩格斯在《家庭、私有制和国家的起源》中阐述道，在生产力处于原始落后的原始时代，原始氏族家庭的生存几乎全依赖于妇女从事的采集活动得来的食物，男子由打猎得来的猎物只是偶尔补充一下。这样，妇女对家庭的存亡起着举足轻重的作用，这种经济上的关系，使妇女获得了很高的地位，"在一切蒙昧人中，在一切处于野蛮时代低级阶段、中级阶段、部分地也处于高级阶段的野蛮人中，妇女不仅居于自由的地位，而且居于受到高度尊敬的地位"[①]。随着生产力发展，社会分工使女性在生产中处于比男性较次要的地位，而且日益如是。家庭的经济、生活越来越依赖于男子，由是，也决定了妇女的地位越来越显得无足轻重，到最后，母权制被推翻，父权制确立。"母权制的被推翻，乃是女性的具有世界历史意义的

---

① 《马克思恩格斯选集》第四卷，北京：人民出版社，1995年，第45页。

失败。丈夫在家中也掌握了权柄，而妻子则被贬低，被奴役，变成丈夫淫欲的奴隶，变成单纯的生孩子的简单工具了。"①

因此，妇女的地位与角色，与社会生产力状况密切相关，由经济原因所决定。所以，要解决妇女问题，首先就必须在经济上使女性获得独立。而为了达到这一点，其最根本的做法就是让她们参加社会劳动和公共事务，获得报酬，从而改变其在家庭的经济依赖状况，提高其在家庭的地位，继而提高其在社会的地位。其次，由于妇女参加公共事务，并获得了社会的承认，从而提高了她们在社会上的地位，与此同时，在从事劳动和公共事务过程中，她们能够充分发挥自己的聪明才智，从而为社会的进步做出贡献，而这反过来也提高了她们的社会地位。

由此，恩格斯明确提出："妇女解放的第一个先决条件就是让一切女性重新回到公共的事业中去；而要达到这一点，又要求消除个体家庭作为社会的经济单位的属性。"②无疑，恩格斯这一经典性论断与冯友兰所提出的在"生产社会化支配也社会化的社会"解决妇女问题的思路是高度一致的。

解决妇女问题，使妇女取得与男人一样平等的地位，根本在于解决经济问题，由此妇女必须走上社会，参与公共事务，获得经济独立能力。这既是马克思主义的观点，也是冯友兰的观点。冯友兰明确地说："人只有经济上有权，才是真正地有权。"（第77页）他深刻地看到，男女不平等根源于经济上的不平等。虽然法律上规定了男女平等，但由于经济上的不平等，女人在经济上没有力量，因而决定了她不可能真正地取得与男人一样平等的地位。因此，解决男女平等问题，必须使女人获得经济上的独立能力；为此，女人必须与男子一样在社会上做事。"我们现在底法律，规定男女平等，而男女仍然不平等者，即因在经济方面，男女的力量不平等。女人在经济上没有力量，叫她与男人平等，她亦不能平等。……女人如要在经济上有力量，非能与男人一样在社会上做事不可。"（第77页）

---

① 《马克思恩格斯选集》第四卷，第54页。
② 《马克思恩格斯选集》第四卷，第72页。

在此，与恩格斯一样，冯友兰也同样认为，妇女走上社会，是解决妇女问题、男女平等问题乃至妇女解放问题的根本途径。

让女性走向社会，回到社会公共劳动中去，这既是历史发展的必然结果，也是解决妇女问题和妇女解放的必由之路，更是社会文明进步的明显标志。正是在这个基础上，马克思主义妇女观有一个至今仍然闪烁着理论光芒的代表性经典思想："妇女解放是衡量社会解放的天然尺度。"

由上，妇女问题和妇女解放，与社会经济制度密切相关，与家庭儿童问题密切相关，再进一步地，是否与妇女自身的主观努力也相关？对此，冯友兰给出了否定的答案。在他看来，"不从经济制度、社会制度上注意，而只枝枝节节地，要以主观底努力，解决妇女问题，是不能成功底"（第78页）。他认为妇女问题完全是社会经济制度问题，想要以主观的部分的努力来解决妇女问题，是"枝枝节节""没有用处""不能成功"的。"女人的社会地位，是一种社会制度所规定。要改变当时底女人的社会地位，须先改变当时底社会制度。不求改变社会制度，而只教一个女人或一部分女人枝枝节节地求自由底、幸福底生活，无论她们如何'努力''奋斗''反抗'，俱是没有用处的。"（第78页）

重客观轻主观，重全体轻个人，这是冯友兰哲学思想的主要特色。在妇女问题上，冯友兰显然也有这一偏颇。在马克思主义看来，虽然客观决定主观，经济基础决定上层建筑，但是主观对客观、经济基础对上层建筑还是具有巨大的反作用；同样，部分虽然从属于整体，量虽然决定于质，但是，部分也可以影响全体，量变可以导致质变。因此，只强调客观与整体而忽视主观与部分的力量，无疑是有失偏颇的。虽然历史事实也正如冯友兰所说："我们真见许多民初的娜拉，与脱离了家庭以后，不但不能得到自由底、幸福底生活，而且有许多简直不能生活。她们有底重回到家庭，有底作了时代的牺牲品。"（第76页）但是，也不能因此说"因为在这些方面，一个女人或一部分女人的主观'努力''奋斗'，是不能有什么效果底"（第76页）。很难想象，没有一个个娜拉的觉醒，并呼唤着千百万妇女谋求着自身的解放，到社会制度变更之时，社会会主动拱手把"解放"送给妇女。妇女个人自身的主观努力无论对于推动社会制度、文明进步还是妇女解放,都始终是重要的内在力量。对此,冯友兰显然忽视了。

三、结语:妇女问题的现实与前瞻

从20世纪三四十年代抗战时期至今,时间已过去了近一个世纪,随着社会、政治、经济及思想文化的发展变化,冯友兰《新事论》关于妇女问题所论及的以上几个方面观点都已为人们所共识。一方面,妇女走上社会与男人同工同酬已成为社会生活的日常与正常,妇女业已成为社会建设发展一支强而有力的力量,在推动社会进步上起着重要作用;另一方面,儿童问题也随着社会经济发展水平的提高得到了部分的解决。

但是,由于社会仍然处于而且将长期处于恩格斯所说"个体家庭作为社会的经济单位"的阶段,还不可能发展进步到冯友兰所说的"生产社会化支配也社会化的社会",因此,个体家庭家务劳动问题特别是儿童问题对于妇女来说仍然是一个问题,不少妇女由此只能或被动或主动地选择回到家庭当全职太太,这毋宁可说是妇女"以家为本位"在社会化时代下的再现回归。

毋庸置疑,当下社会仍然处于"生产社会化而支配家庭化"的阶段,因此妇女问题将仍然是个问题。对此,冯友兰也曾提出两个解决方案:"在现在底世界中,要想解决妇女问题,有两种办法。一种方法,是重新确定女人之家里人的地位。……德国人所提倡底女人回厨房去的运动,即是重新确定女人是家里人的地位。但……她是不是还可以死心塌地在家里呢?……另外一种办法,是根本解决儿童问题,既没有儿童问题,则自然亦没有妇女问题了。"(第77-78页)这里所说"德国人所提倡底女人回厨房去的运动"的结果,亦就是时下的"全职太太"回归现象。显然,妇女问题作为人类社会具有世界性、普遍性、恒久性的问题,并不是某一阶段的中国所独有的。冯友兰在这很明确,解决妇女问题,想通过"重新确定女人之家里人的地位"、让妇女回归家庭这样的方案解决问题,是不现实的，也不是最佳途径。而若从马克思主义妇女观来看，则可说是对社会历史进步的反动。因此，唯一正确的方法就是"根本解决儿童问题"。

解决儿童问题首先与家庭密切相关。家庭是社会的有机组成部分，也是儿童的成长摇篮。作为一种初级社会群体和人最基本的生活环境，家庭是儿童社会化的立足点和重要基地，在儿童成长过程中发挥着重要作用，对人的一生具有巨大的影响。在"个体家庭作为社会的经济单位""生产社会化而支配家庭化"的社会阶段里，一方面应该通过不断提高社会经济发展水平、大力推进家务劳动社会化、完善托幼教育体系解决儿童问题等制度政策建设，最大限度地缓解个体家庭压力，解决家庭问题和儿童问题，而不是倒退地呼吁提倡和采用"重新确定女人之家里人的地位"、让"女人回厨房去"的解决方式。而另一方面，大量事实表明，把女人定位为家里人，回归传统"男主外女主内"的家本位模式，也容易导致父亲在儿童教育过程中缺位的丧偶式育儿模式，从而对儿童健康成长带来不利影响，这无疑是更深层次的儿童问题和家庭问题。

展望未来，社会发展将使人的生活方式和生活状态更加自由多元，妇女在家庭与社会之间出出进进、游走切换角色也将获得更大空间和自由度。但无论如何，解决妇女问题的途径仍然是，妇女必须与男人一样积极投身于社会建设发展事业，让女性的智慧之花尽情绽放，在促进社会繁荣发展、经济制度进步的同时，也获得自身的全面解放，形成社会进步事业与妇女解放事业相辅相成的良好关系与良性循环，在切实提高妇女社会政治地位的同时，为推动社会进步及家庭幸福作出女性应有的贡献。

Part 2

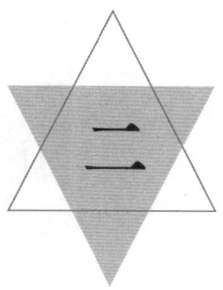

中华优秀传统文化传承发展研究

——以深圳文化为例

一、导论：论题的提出

中国传统文化是中华民族的"根"和"魂"，是革命文化和社会主义先进文化的根基。中华优秀传统文化是我们国家和民族的正气之源、力量之本，是中国特色社会主义文化自信之基，文化自信首先是中华优秀传统文化的自信。党的十八大以来，党中央高度重视传承发展中华优秀传统文化，以此充分发挥文化浸润心灵的作用，广泛传播健康向上的社会价值观，激发社会正能量，凝聚社会共识，并赋予传统文化以新的时代内涵，为实现伟大复兴的"中国梦"发挥"软实力"作用。2017年1月，中共中央办公厅、国务院办公厅印发《关于实施中华优秀传统文化传承发展工程的意见》（以下简称《意见》）。

《意见》首先对实施工程的重要意义做了充分阐述，提出了三个"迫切需要"：1. 迫切需要深化对中华优秀传统文化重要性的认识，进一步增强文化自觉和文化自信；2. 迫切需要深入挖掘中华优秀传统文化价值内涵，进一步激发中华优秀传统文化的生机与活力；3. 迫切需要加强政策支持，着力构建中华优秀传统文化传承发展体系。《意见》高度强调："实施中华优秀传统文化传承发展工程,是建设社会主义文化强国的重大战略任务,对于传承中华文脉、全面提升人民群众文化素养、维护国家文化安全、增强国家文化软实力、推进国家治理体系和治理能力现代化,具有重要意义。"

《意见》对实施中华优秀传统文化传承发展工程的指导思想作了明确指示,提出三个"坚持"、一个"坚守":1. 坚持以人民为中心的工作导向;2. 坚持以社会主义核心价值观为引领;3. 坚持创造性转化、创新性发展;4. 坚守中华文化立场、传承中华文化基因。《意见》指出,要"不忘本来、吸收外来、面向未来,汲取中国智慧、弘扬中国精神、传播中国价值,不断增强中华优秀传统文化的生命力和影响力,创造中华文化新辉煌"。

《意见》提出实施中华优秀传统文化传承发展工程的基本原则是"五个坚持":1. 坚持中国特色社会主义文化发展道路;2. 坚持以人民为中心的工作导向;3. 坚持创造性转化和创新性发展;4. 坚持交流互鉴、开放包容;5. 坚持统筹协调、形成合力,推动形成有利于传承发展中华优秀传统文化的体制机制和社会环境。

《意见》提出实施中华优秀传统文化传承发展工程的总体目标是到2025年,中华优秀传统文化传承发展体系基本形成,研究阐发、教育普及、保护传承、创新发展、传播交流等方面协同推进并取得重要成果,具有中国特色、中国风格、中国气派的文化产品更加丰富,文化自觉和文化自信显著增强,国家文化软实力的根基更为坚实,中华文化的国际影响力明显提升。

《意见》提出实施中华优秀传统文化传承发展工程的三个方面的主要内容:1. 核心思想理念,包括革故鼎新、与时俱进、脚踏实地、实事求是、惠民利民、安民富民、道法自然、天人合一等基本思想理念,要大力弘扬讲仁爱、重民本、守诚信、崇正义、尚和合、求大同等核心思想理念;2. 中华传统美德,如天下兴亡、匹夫有责的担当意识,精忠报国、振兴中华的爱国情怀,崇德向善、见贤思齐的社会风尚,孝悌忠信、礼义廉耻的荣辱观念,要大力弘扬自强不息、敬业乐群、扶危济困、见义勇为、孝老爱亲等中华传统美德;3. 中华人文精神,如求同存异、和而不同的处世方法,文以载道、以文化人的教化思想，形神兼备、情景交融的美学追求，俭约自守、中和泰和的生活理念等，要大力弘扬有利于促进社会和谐、鼓励人们向上向善的思想文化内容。

应该说，以中央两办名义联合下文，并从国家战略高度把实施中华优秀传统文化传承发展作为一个系统工程来抓落实，这在新中国成立以来是第一次。不仅如此，同年10月，党的十九大召开，又把"推动中华优秀传统文化创造性转化、创新性发展"以及"文化自信"写入《中国共产党章程》。由此足见党中央对中华优秀传统文化传承发展及文化自信的空前高度重视。

如何创造性地传承、转化和发展中国传统文化从而培育出现代文化？如何在全球化的语境下对传统文化进行现代诠释，实现深圳表达，从而为深圳的文化创新发展提供不竭思想源泉？

深圳是中国改革开放的排头兵和前沿窗口城市，深圳勇于创新的思想观念和敢为人先的文化担当，历来为世人所称道，创新性、先锋性历来是深圳最鲜明的城市精神特质。当前，中国特色社会主义进入了新时代，深圳有了新使命、新担当，但创新先锋特色依然不变。2018年1月，深圳市委六届九次全会明确提出，要"新时代走在最前列、新征程勇当尖兵"，率先建设社会主义现代化先行区。2018年3月，习近平总书记在参加十三届全国人大一次会议广东代表团审议时强调，广东是改革开放的排头兵、先行地、试验区，既是展示我国改革开放成就的重要窗口，也是国际社会观察我国改革开放的重要窗口，要在构建推动经济高质量发展体制机制、建设现代化经济体系、形成全面开放新格局、营造共建共治共享社会治理格局上走在全国前列。目前，深圳正以习近平新时代中国特色社会主义思想和党的十九大精神为指导，努力当好"两个窗口"，实现"四个走在全国前列"，着力打造全球区域文化中心城市和国际文化创新创意先锋城市，奋力建设现代化国际化创新型城市和创新引领型全球城市。可见，创新先锋性已成为深圳的城市特质标签与使命担当。

文化创新必须适应时代潮流，顺应历史发展趋势，直面现实的社会、政治、经济的需求，深圳文化创新的当前现实需求就是围绕中国特色社会主义先行示范区与社会主义现代化强国城市范例建设。但是，深圳是一个由岭南边陲小县发展起来的新兴城市，1979年建市、1980年成立特区，一直以来现代都市文化发达，主流传统文化底子薄弱；感性活跃的青春文化发达，理性厚重的传统人文学术文化薄弱。一张白纸固然可以绘出最美最新的图画，没有传统积淀的掣肘制约也更能成就深圳的创新先锋性特色。但是，随着时间的推移和城市发展，这种先天不足所导致的创新源泉的匮乏单一以及创新高度、厚重度不够便会逐渐显现。这就是深圳至今在人文学术文化方面仍然无法比拟北京、上海、广州等底蕴深厚城市的原因所在，哲学社会科学仍然是深圳文化的最大短板。

"在文化发展定位和取向上，要立足深圳特点，符合深圳特长，形成深圳特色。建设国际文化创意先锋城市，大力发展现代文化，是符合深圳文化发展规律的。纽约的发展与当下的深圳颇为相似。她的历史沉淀也相对较少，因此大力发展现代文化艺术，如抽象艺术、波普艺术等，并将其推到极致，成为世界性的文化中心。"[1]这显然是深圳在对自己的文化条件把脉后做出的决策和选择。

应该说，从扬长避短、突出特色来说，这一发展定位和进路无疑是明智之举，以纽约作为对标城市也甚为精准高远：一方面深圳与纽约均为移民城市，而另一方面，纽约作为美国实用主义哲学重镇，其注重"实践""行动"[2]"有用"[3]的精神特质，也与深圳倡导"空谈误国，实干兴邦"的城市文化精神十分契合。

但是，若从"补短板、强弱项"以及逐步形成开放包容多元城市文化的高度和广度来说，则这一发展取向还略嫌缺乏恢宏气度和文化高度。众所周知，纽约作为无可置疑的世界之都，它的文化之多元多样、丰富多彩是举世闻名的，它的文化种类与文化群体"是世界各国的缩影"[4]，世界各

---

[1] 李小甘：《坚定文化自信，推动深圳文化繁荣兴盛》，《深圳社会科学》2018年创刊号。
[2] [美]威廉·詹姆士：《实用主义》，北京：商务印书馆，1996年，第26页。
[3] [苏]罗森塔尔、尤金编：《简明哲学辞典》，北京：生活·读书·新知三联书店，1978年，第639页。
[4] [美]迈克尔·达勒姆著，陈正菁、王尚胜、白秀英译：《纽约》，沈阳：辽宁教育出版社，2001年，第10页。

地的历史文化包括黑人文化、亚洲文化、犹太文化、印第安文化等，均有专门博物馆得以展示。其著名的大都会艺术馆，"几乎可以说囊括了世界各国的文化与艺术、科学和宗教。"①由此，纽约以其海纳百川的文化胸襟成为当之无愧的国际大都会，并成为美国官方哲学——实用主义的重要发祥地与思想重镇。

因此，深圳要对标纽约建成全球城市，还应继续以开放包容多元姿态，充分吸纳包容中外古今一切精华，尽快补齐哲学社会科学这一短板，因为哲学社会科学作为"整个文化的核心和灵魂，决定着文化积淀的厚度和人文精神的高度，是文化综合实力的重要指标"②。在这其中，对传统文化的创造性传承、转化和发展，对于主流传统文化底子薄弱的深圳来说尤为重要。

2019年7月24日，习近平总书记主持召开中央全面深化改革委员会第九次会议强调，支持深圳建设中国特色社会主义先行示范区，要牢记党中央创办经济特区的战略意图，坚定不移走中国特色社会主义道路，坚持改革开放，践行高质量发展要求，深入实施创新驱动发展战略，抓住粤港澳大湾区建设重要机遇，努力创建社会主义现代化国家的城市范例；8月18日，中共中央、国务院正式出台《关于支持深圳建设中国特色社会主义先行示范区的意见》。可见，除了改革开放、创新驱动、先行示范等深圳一贯的城市特质与使命担当外，深圳要建设成为能够彰显"文化自信"的中国特色社会主义先行示范区与社会主义现代化强国城市范例。所以，传承中华优秀传统文化、对传统文化进行创造性转化、创新性发展从而开出具有"中国特色"的现代文化，无论是对于贯彻落实《关于实施中华优秀传统文化传承发展工程的意见》，还是对于深圳建设中国特色社会主义先行示范区与社会主义现代化强国城市范例，均具有十分重要的意义。

---

① 张治平：《美丽而忧伤的大苹果——人在纽约》，北京：经济日报出版社，2000年，第171页。
② 李小甘：《创刊词》，《深圳社会科学》2018年创刊号。

二、传统与现代：传统文化与深圳文化

深圳是一个新兴的现代化城市，主流传统文化积淀薄弱。但这个年轻的城市却以开拓创新、敢闯敢试、敢为天下先的特区精神，仅40年便从昔日一个边陲小县蝶变为"全国经济中心城市、科技创新中心、区域金融中心、商贸物流中心""经济总量居亚洲城市前五"，近年来相继被评为中国"最具经济活力城市""最具创新力的城市"[①]，被联合国教科文组织授予"设计之都"称号、评为"全球全民阅读典范城市"等，从"文化沙漠"跨越发展为"文化绿洲"。没有太多传统积淀的掣肘制约在另一方面反而成就了深圳的创新先锋性特色。

（一）"深圳精神"与"深圳十大观念"

深圳的高速发展，与深圳开拓创新的特区精神密切相关。

城市精神是城市文化的高度概括与灵魂精华，是引领城市发展的内在动力，也是记录城市足迹的里程碑。深圳一直注重城市文化精神的引领号召作用。20世纪80年代，深圳在城市发展之初，便以"开拓、创新、献身"作为特区精神，号召来深建设者献身特区建设。尔后1990年，"特区精神"补充提炼为"开拓、创新、团结、奉献"，深深影响了一代又一代深圳"拓荒牛"。2002年又与时俱进将"特区精神"概括为"开拓创新、诚信守法、务实高效、团结奉献"。2010年特区成立30周年时，"特区精神"总结为七个方面：1. 敢闯敢试、敢为天下先的改革精神；2. 海纳百川、兼容并蓄的开放精神；3. 追求卓越、崇尚成功、宽容失败的创新精神；4. "时间就是金钱，效率就是生命""空谈误国，实干兴邦"的创业精神；5. 不畏艰险、勇于牺牲的拼搏精神；6. 团结互助、扶贫济困的关爱精神；7. 顾全大局、对国家和人民高度负责的奉献精神。与此同时还评选出

---

① "深圳政府在线"，2019年7月3日。

"深圳十大观念",分别是:1."时间就是金钱,效率就是生命";2."空谈误国,实干兴邦";3."敢为天下先";4."改革创新是深圳的根、深圳的魂";5."让城市因热爱读书而受人尊重";6."鼓励创新,宽容失败";7."实现市民文化权利";8."送人玫瑰,手有余香";9."深圳,与世界没有距离";10."来了就是深圳人"。其中尤以前四个观念出现得最早、也最为著名,这些观念已深深地融进深圳人的精神血液里。"这些直指人心的深圳精神、深圳观念,不仅激发了广大深圳人的思想共鸣,凝聚了广泛的社会共识,也在全国范围内引起了强烈反响和热情共振;不仅铸造了深圳这座城市的品格,也镌刻了中国全面实行改革开放、奋力实现中华民族伟大复兴中国梦的时代印记。它们是精神文明建设的皇冠明珠,也是深圳贡献给全国的宝贵精神财富。"①

从"深圳精神""深圳十大观念"我们可以看到,"深圳精神"、深圳文化具有中华优秀传统文化尤其是儒家文化刚健进取、重视教化、仁爱博大的特质。从"开拓创新""时间就是金钱,效率就是生命",我们看到儒家那种积极进取、时不我待的紧迫感和使命感;从"空谈误国,实干兴邦",我们看到对家国的责任担当和力戒空谈、摆脱玄学的纯正儒家实用理性;从"敢为天下先""改革创新是深圳的根、深圳的魂",我们看到刚健强劲、勇者不惧、锐意进取、相反于道家的儒家姿态;从"让城市因热爱读书而受人尊重""实现市民文化权利",我们更看到儒家那种崇尚人文、重视教化、提倡有教无类、追求人的尊严的价值取向;从"送人玫瑰,手有余香""鼓励创新,宽容失败""深圳,与世界没有距离""来了就是深圳人",我们除了看到深圳开放包容、海纳百川的气魄和胸襟外,还看到中华优秀传统文化中儒家文化仁爱博大、宽容温情与坚韧不拔的品格。讲仁爱、讲担当、讲刚毅进取、重人文教化,这无疑是中华优秀传统文化尤其是儒家文化最显著、最核心的特质,这些特质在深圳文化中都得到了传承与弘扬。

---

① 李小甘主编:《深圳文化创新之路》,北京:中国社会科学出版社,2018年,第49页。

特别值得一提的是，在"扶贫济困""送人玫瑰，手有余香"精神观念的引领下，深圳已成为一个充满爱心的城市，至今已连续多次获得中国七星级"慈善城市"称号。通过关爱行动、义工团体、慈善行动、公益组织、感恩回报、志愿精神等一系列活动，深圳一直不断践行和传递着"慈善城市"的温暖与善意，被誉为"没有冬天的城市"。在自身努力发展的同时，深圳一直以"共同富裕"的宗旨，陆续开展"同富裕工程""对口扶贫""关爱行动"等一系列扶贫济困活动，对内努力消除本市发展的不平衡，对外则致力帮助广东河源、贵州毕节、新疆喀什、西藏林芝等省内外欠发达地区的社会经济发展。完全可以说，深圳"扶贫济困""送人玫瑰，手有余香"的精神观念与行动，很好地传承和弘扬了佛家文化"普度众生""自度度人"的慈善要旨，是新时代下传统佛家文化要旨的创造性转化、创新性发展与深圳表达。

总之，"深圳精神是对中华民族精神的继承和弘扬，它承接了中华民族勤劳勇敢、团结统一、自强不息的优秀品质，发扬了我们党艰苦奋斗、实事求是等优良传统和作风。……是社会主义核心价值观的深圳表达"①。"深圳精神""深圳十大观念"既是深圳改革开放40年的文化精神结晶，也是中国传统文化创造性转化、创新性发展的成功范例，是中华优秀传统文化传承发展的成功典范。

（二）"深圳文化创新发展2020"与"深圳城市文化菜单"

2016年，深圳出台《深圳文化创新发展2020（实施方案）》，从而吹响了深圳文化创新、全面提升城市文化综合实力的号角。该方案作为深圳未来5年的文化发展行动指南，将与其他领域的理论创新、制度创新和科技创新一起，成为构筑深圳创新之城的强大支撑和重要引擎。

作为一个实施方案，"深圳文化创新发展2020"首先突出了"创新"，重点创新构建了城市文化五大体系。通过这"五大体系"，努力把深圳

---

① 李小甘主编：《深圳文化创新之路》，第48-49页。

打造成为国际文化创意先锋城市。城市文化五大体系为：1. 创新思想理论载体，构建以社会主义核心价值观为引领的城市精神体系；2. 创新城市形象标识，构建以国际先进城市为标杆的文化品牌体系；3. 创新媒体运行机制，构建以媒体融合发展为标志的现代文化传播体系；4. 创新文化服务方式，构建以市民精神文化需求为导向的公共文化服务体系；5. 创新产业发展模式，构建以质量型内涵式发展为特征的现代文化产业体系。

其次，"深圳文化创新发展2020"最突出的特点还在于它的实践性，它既是"设计图"，也是"施工表"，以具体的时间安排、具体的实施路径和对策，以及切实可行的工作举措，努力将文化创新发展落到实处。其中尤以2017年推出的"城市文化菜单"为突出代表。

从"创新"和"实践性"两个突出特点我们可以说，"深圳文化创新发展2020"方案不仅传承了深圳以往开拓创新的文化精神，突出了创新这个"深圳的根、深圳的魂"，延续了"空谈误国，实干兴邦"的实干传统，而且也体现了中华优秀传统文化尤其是儒家文化积极进取的精神特质、力戒空谈的实用理性。无疑，方案的实施完成将使深圳的城市建设特别是文化建设进入一个更高的崭新阶段。

从"深圳精神""深圳十大观念"到"深圳文化创新发展2020""深圳城市文化菜单"我们看到，深圳文化开拓创新、拼搏进取的精神特质，意气风发、敢闯敢干的城市风貌，勇当排头兵、敢为天下先的家国情怀和社会担当，力戒空谈、崇尚实干的实用理性等，都传承发展了中华优秀传统文化，是对中国传统文化的创造性转化、创新性发展。深圳文化就是"不忘本来、吸收外来、面向未来"[1]的中国特色社会主义先进文化。深圳的成功，既是中国特色社会主义事业的成功，也是中华文化屹立于现代世界文化之林的成功。

---

[1] 参见《关于实施中华优秀传统文化传承发展工程的意见》，2017年1月25日发布并实施。

（三）深圳文化与深圳经济发展

马克思主义认为，经济基础与上层建筑有着密切关系，作为上层建筑的文化对社会经济的发展有着十分重要的影响，具有促进和制约的两面作用。深圳作为一个以经济特区起步的创新之城，它的城市发展和社会经济建设的傲人成就，与它扬弃、创造性转化、创新性发展了中国传统文化，倡导深具儒学特质的开拓创新、拼搏进取等特区文化密切相关。这里有一个问题是，一直以来人们有一种误解，传统文化尤其是儒家文化对社会经济发展起着阻碍和制约的作用，深圳的成功正因为深圳的传统文化积淀少，却何以能够既传承发展了中华优秀传统文化，又同时能在经济上取得举世瞩目的辉煌成就？对此，我们也许可从学术界对此问题的讨论中得出答案。

对于传统文化特别是儒家文化对经济发展的作用影响问题，学界历来大致有两种对立的观点：

第一，韦伯的消极说。20世纪德国思想家马克斯·韦伯认为，儒家伦理阻碍了中国资本主义的发展。因为儒家的理想人——君子，缺乏西方清教徒那种有利于资本主义经济发展的"强烈的激情"和"天职思想"：清教的理性伦理是"为上帝及其正义而奋斗"，清教徒出于禁欲主义和资本主义精神，"将其所得作为资本重新积极地投入到理性的资本主义经营中"。而儒家则未能"从禁欲角度突破对待财富的态度"，除了"享受有钱本身的荣誉与快乐"外，财富是"高尚地""合乎尊严地生活"的重要手段，"君子是美学价值"，与资本主义经济的产生和发展"了无缘分"①。1919年的五四运动激烈反传统虽然原因与韦伯不同，但同样认为儒家文化阻碍了中国社会的发展，因此提出了"打倒孔家店"的口号。

第二，余英时、杜维明的积极说。对韦伯的观点，第三代现代新儒家代表人物余英时、杜维明等，在20世纪六七十年代亚洲"四小龙"经济腾飞的大背景下，对此得出相反结论。

---

① [德]马克斯·韦伯：《儒教与道教》，北京：商务印书馆，1997年，第295–300页。

余英时在《士与中国文化》中正面回应了韦伯的问题，并进行了系统的批驳。首先，"没有充足的证据相信资本主义是中国历史上一个必经的阶段"；其次，韦伯没能考察儒学的重要阶段——宋明新儒学，以及此后士商阶层的融合渗透，从而对儒家作出了全面的误读，犯了"全面判断的基本错误"。他以一个史学家的翔实史料和严谨考证后得出结论，认为儒家伦理除了基于现世的内在超越与清教徒外在超越的宗教取向不同外，两者并无二致，儒家的敬业勤俭、社会责任感、诚信不欺等伦理对明清时期商人的经营管理、为人处世等有着深刻影响，是商业伦理即"贾道"的重要来源。①

杜维明则在《新加坡的挑战——新儒家伦理与企业精神》一书中回应了韦伯的问题，并全面深入地探讨了儒家思想与经济的关系。他区别了政治化儒家和儒家伦理，认为政治化儒家作为一种"形式的儒学"和政治意识形态，"必须加以彻底批判，才能释放一个国家的活力"；而儒家伦理"注重自我约束，超越自我中心，积极参与集体的福利、教育、个人的进步、工作伦理和共同努力"，"对于新加坡的成功是至关重要的"②。也就是说，儒家伦理对新加坡经济腾飞有积极作用。

显然，以上三位大家从各自的学术角度，从正反两面深刻地阐明了儒家文化与经济发展的关系。

一方面，作为一种博大精深、源远流长的学统和文化，儒家思想以其具有敬业勤俭、社会责任感与诚信等"注重自我约束，超越自我中心"的独特伦理，形塑着中国人以至东方人的生活方式和文化形象的同时，也对中国历代商贾的成功及新加坡等亚洲"四小龙"的经济发展起了"至关重要"的作用。因此，儒家文化对社会经济有积极作用，具利国利民价值。

但另一方面，传统儒家作为政治意识形态和不注重实务的官僚主义"形式的儒学"的一面，则束缚和阻碍了社会经济的发展，在一定程度上

---

① 余英时：《士与中国文化》，上海：上海人民出版社，1987年，第441-579页。
② 杜维明：《新加坡的挑战——新儒家伦理与企业精神》，北京：生活·读书·新知三联书店，2013年，第125-126页。

导致了近代中国落后挨打的局面，从而也使五四运动的人们举起了"打倒孔家店"的大旗。虽然韦伯基于西方学者的立场，略嫌片面地解读了儒家思想，但他所描述的"字斟句酌、辞藻华丽、旁征博引、纯正细腻的儒学教养，这一切被奉为高雅之士的谈吐典范，一切实际政务则被拒之门外"①——这样只具有"美学价值"、只会空谈不擅实务的传统儒家士大夫形象，则入木三分地刻画了这种"形式的儒学"空谈误国的一面。加上"对异质文化的排斥态度"，以及"观念与现实的严重背离，从而使近代儒家文化陷入自身难以摆脱的困境"。②

由此我们看到，以"改革开放"为使命的深圳，建立之初便振聋发聩地倡导"空谈误国，实干兴邦"，实是切中时弊之思想观念，由此建立起来的深圳文化犹如给古老的中华大地吹来一股春风。以"实干"破除传统空谈积习，解放思想，以"改革开放"建立起一系列新的体制机制，从而释放出社会经济发展活力，使深圳社会经济得以飞速发展。转化创新于传统文化的深圳文化一直助推和引领着深圳经济发展。

创造性转化、创新性发展中国传统文化，核心的目的就是使传统文化能够为建设富强的现代化中国所用，能够为实现中华民族伟大复兴中国梦所用。从这个角度来说，一直引领和促进着深圳经济发展的深圳文化，就是创造性转化、创新性发展了中国传统文化的社会主义先锋文化。正如有学者所说，在改革开放中，"深圳人为中国、为世界做出了自己的两大贡献：第一，深圳贡献了一种精神：敢闯敢冒的创新精神；第二，深圳贡献了一个新体制：通向强国富民的具体的社会主义市场经济体制"③。

---

① [德]马克斯·韦伯：《儒教与道教》，第183页。
② 萧功秦：《儒家文化的困境——中国近代士大夫与西方挑战》，成都：四川人民出版社，1986年，第4页。
③ 江潭瑜：《深圳改革开放史》，北京：人民出版社，2009年，第266页。

三、学术文化与历史文化传承

学术文化、哲学社会科学是深圳文化的短板,而"学术文化体现一座城市的精神追求、价值取向和思想高度"①。应该说,除了标识性、大众化、口语化又甚具先锋性的深圳精神、深圳十大观念与市场化的深圳文化产业外,深圳文化是缺乏理论思想高度和厚度的。"特别是重应用、轻基础理论研究,哲学等人文学科还比较薄弱。"②因此,深圳明确提出要努力发展学术文化,"繁荣发展哲学社会科学,是文化创新发展的重要内容"③,"繁荣发展学术文化,增强城市文化积淀的厚度和高度,是打造城市精神体系的内在要求"④。

繁荣发展深圳学术文化与哲学社会科学,除了把握时代精神、传承发展中华优秀传统文化外,还必须重视深圳自身历史传承与历史文化。习近平总书记曾于2015年12月20日在中央城市工作会议上指出:"一个民族需要有民族精神,一个城市同样需要有城市精神。城市精神彰显着一个城市的特色风貌。要结合自己的历史传承、区域文化、时代要求,打造自己的城市精神","历史文化是城市魅力之关键"。重视自身"历史传承""历史文化",对于打造深圳城市精神、发展深圳学术文化以及粤港澳大湾区文化认同,均具有十分重要的意义。

笔者曾于2005年至2010年间主持编撰深圳首部城市百科全书——《深圳百科全书》,作为特区建立30周年献礼书出版。该书首次全面立体地整合和梳理了深圳古今方方面面的基本知识、基本情况及研究成果,客观全面地记录了深圳的发展轨迹,并经过多方查证得出崭新结论,从而以原创性、系统性、全面性、客观性、思想性、知识性、创新性、科学性、便查

---

① 李小甘主编:《深圳文化创新之路》,第52页。
② 李小甘主编:《深圳文化创新之路》,第54页。
③ 李小甘:《创刊词》,《深圳社会科学》2018年创刊号。
④ 李小甘主编:《深圳文化创新之路》,第55页。

性等突出特点，①为人们认识了解和研究发展深圳，提供了一个宝贵知识平台，2018年被评为"40年40本记录深圳"的图书之一。

一般认为，百科全书是提供标准知识的权威工具书，代表着一个国家和地区科学文化发展的最高水平。欧洲18世纪"百科全书学派"狄德罗（Denis Diderot）、伏尔泰（Voltaire）、爱尔维修（Claude Adrien Helvetius）、卢梭（Jean-Jacques Rousseau）等启蒙思想家曾把编纂百科全书作为启蒙的思想工具。英国哲学家弗兰西斯·培根认为，百科全书是使现实人的智慧与理想人的智慧合一的工具；狄德罗则认为百科全书是"用来改变人们思想方法的词典"②。由于百科全书具有全面、精确、严谨等特点，③因此在编纂《深圳百科全书》过程中，我们得以发现并订正了许多人们习以为常的问题。遗憾的是，这些被订正的问题至今仍然严重存在着，比如城市基础资料规范问题及深圳本身历史传承问题。要繁荣发展深圳哲学社会科学，推进深圳文化创新发展，有必要提出这些问题，从而夯实学术文化根基，让学术的科学理性精神照亮现实。

（一）城市基础资料规范问题

扎实可信的资料、数字、史料历来是一切科学研究的基础，要繁荣深圳哲学社会科学，培植城市学术文化，首先必须规范城市基础资料，夯实学术文化根基。

作为一个学术底蕴薄弱的新兴城市，深圳目前的许多资料仍然是粗放不精准、表述不规范的。究其原因，应该与政府部门统计口径不一致、统筹管理不到位有关，但与深圳早期粗放式发展、城市文化精神缺乏严谨学术规范也密切相关。

首先我们看深圳的面积资料问题。时至近日，在权威官方网站"深圳

---

① 孙关龙：《孙关龙百科全书论集》（第一～四卷），北京：中国大百科出版社、百科全书研究所，2006年。
② 金常政：《百科全书学》，北京：中国大百科出版社，2000年，第1页。
③ 孙关龙：《孙关龙百科全书论集》。

政府在线"上，我们看到2019年7月3日公布的数字是"全市面积为1997.47平方公里"。接着我们看各区官方网站公布的数字分别是：福田，面积78.66平方公里；罗湖，面积78.75平方公里；盐田，面积74.99平方公里；南山，面积187.47平方公里；宝安，面积397平方公里；龙岗，面积388.21平方公里；龙华，面积175.58平方公里；坪山，面积约168平方公里；光明，面积为156平方公里；大鹏，面积600平方公里。以上全市各区总面积共计约2304.66平方公里，与全市的1997.47平方公里相差307.19平方公里，让人很费解。另外比如教育机构数字、医院机构数字等，都有这个问题，特别是从各个街道到各个区这个层面。

这样给我们带来的疑问是：倘若这些城市的基本数据资料不精准、不可信，那么，基于这些资料的其他数据是否精准可信？这是很成问题的。

其次仍然是城市面积问题。深圳是一个"美丽的南国海滨城"，2018年提出要建设全球海洋中心城市。可是，我们对城市面积的提法并没有考虑到这个特点，在官方权威网站"深圳政府在线"上，我们看到2019年7月3日公布的是"全市面积为1997.47平方公里"，这显然是有问题的，而且不是小问题。作为一个海滨城市，深圳还有约1100平方公里的海洋面积。因此，只有用"陆地面积"才是严谨科学的。应该这样表述才比较全面科学："深圳的陆地面积为1997.47平方公里，海洋面积约为1100平方公里。"这样既严谨科学，又把深圳的滨海城市特质呈现得很明晰。虽然只有两个字的问题，但却差之毫厘、失之千里。各个区的面积也应该相应以这种方式表述。

再次是深圳高校数量问题。从教育类型和层次来说，普通高校与成人教育、职业高校是不同类型和教育层次的学校，是不能并列统称普通高校的，只能统称为高等学校。但深圳市2018年国民经济和社会发展统计公报明确写着"2018年深圳的普通高等学校有13所"，把深圳职业技术学院、深圳信息职业技术学院和深圳广播电视大学等职业高校、成人教育混同于深圳大学等普通高校，这可能跟深圳的普通高校数量少有关，但时至今日仍然把这三者混为一谈显然是不科学、不严谨的，应该改为"2018年深圳的高等学校有13所"。

此外是深圳历史资料问题。"深圳大事记"是深圳社科研究的基本资料，本应是权威资料，但它开头就讲6000多年前，深圳地区就"已能制造……小件青铜器和铁器"。而据中国考古界的考证，公元前16世纪中国才出现青铜器，也就是说在距今3000多年前才出现，而铁器则在公元前5世纪中叶，也就是在距今2600多年前才出现，而且出现的地点是在西北和中原地区，怎么深圳地区可能在6000多年前就出现青铜器和铁器呢？这明显是为了说明深圳地区非南蛮之地而是文化久远的随意编造。还有，"深圳大事记"说公元1842年（清道光二十二年）"8月29日，清政府被迫签订《南京条约》，割香港岛为英国殖民地"。但是，我国政府一直不把香港、澳门称为"殖民地"，因为称为"殖民地"便意味着承认了这两个地区的主权独立性，这显然是不符合事实的，1974年我国在联合国大会上还专门就这个问题做了解释，所以一直称为"英国侵占地"。这显然不是一个小问题。

经过40年的发展，深圳已从粗放型迈向精细型，进入"质量内涵式"发展阶段，粗略不精准显然不符合城市发展。能称得上有质量的东西必然是精细、精准的、而不是粗略、粗放的，是专业规范科学的而不是随意编造夸大的。深圳社科理论界要补齐学术文化短板，繁荣哲学社会科学，甚至要建设深圳学派，应该首先解决这类问题。精准、专业、科学规范应是一个学派必备的基本特质及题中应有之义。

让科学严谨的学术精神照亮现实，融入我们的城市，成为新的城市精神，唯其如此，深圳文化才能在扎实的基础上创新发展。

(二)历史传承与粤港澳大湾区文脉

说到深圳，人们都会说深圳是个年轻的城市，只有40年的历史。所以，深圳的情况很特别。这种特别在于：中国几乎所有地方的历史分界都较一致，都有古代、近代、现当代，特别都是以新中国成立作为重大分界、再以改革开放分界来叙述自身历史，而深圳则基本全部是以改革开放作为唯一历史分界。原因大致有三：1. 深圳作为一个现代城市的起步确实是从1979年建市、1980年建特区开始；2. 深圳今天取得的巨大成就确实就是改革开放带来的；3. 深圳以前只是一个边陲小县、小镇（有人还经常说是小渔村），渺小得可以忽略不计。所以人们叙述深圳基本都是从1979年建市、1980年建特区开始。

比如叙述深圳交通发展历史，我们就只从1979年深圳建市以来，如何发展海陆空交通讲起，而不讲深圳市交通局是在1979年1月由宝安县交通局升格而来的，不讲1969年以前宝安县城镇内无公共汽车行驶，1970年广东省政府为照顾深圳口岸港澳同胞来往方便特拨给"天津牌"20座中巴6部作为深圳镇内交通；也不讲1979年以前广深铁路宝安路段只设深圳、布吉、平湖3个客货运站，只有广九直通车1对、广深客快5对、普快1对、货车8对，更不会讲明代赤湾港是中国重要的对外通商港口，鸦片战争后逐渐萎缩，等等。

其实，把历史客观地呈现出来，既带给人们以历史的纵深感，又有力地反映特区建设以来的辉煌成就，比起在现有成就上单纯证明要有力得多。这里显然有个轻视历史传承的思维定式问题，也存在着研究上的方法论问题。

又比如叙述深圳行政区划历史，也是从1979年建市、1980年建特区开始讲，而不是从深圳市的前身宝安县开始讲，从有史记载的秦始皇三十三年（前214）属南海郡番禺、博罗县，接着东晋咸和六年（331）属东官郡，唐至德二年（757）撤并归东莞县，明万历元年（1573）设新安县，属广州府，管辖范围包括现深圳地区和香港地区。1912年定为二级县，由广东省直辖，1914年复称宝安县。最后才讲1979年1月改为深圳市，受广东省和惠阳地区双重领导，11月升格为地区一级省辖市，1981年3月升格为副省级市等，同时再讲面积范围和辖区建制。

显然，这样完整的历史沿革叙述带给我们视野的深广度是截然不同的，从中我们可以看到深圳与广州、东莞、惠州、香港等周边地区水乳交融的历史关系，从而开出解读深圳的另一个思想维度，我们当然可以从纽约及上海等移民城市这个维度来解读深圳，但我们更应该从深圳本身历史发展来解读深圳，尤其是目前正处于重构粤港澳大湾区历史文脉阶段。

由于习惯这样缺乏历史感的表述和思维，由此带来两个问题：1. 这个城市年轻、时尚、有活力，但没有文化厚重感与历史纵深感。而没有厚重感的文化怎么可能真正成为"质量内涵式"文化？没有历史纵深感也缺乏长久丰厚的创新思想文化来源。2. 这样割断历史不符合事实，因为深圳就是在原宝安县基础上发展起来的，深圳本来就与粤港澳大湾区其他城市有着深厚的历史文化渊源。也许这两方面问题还有其他原因，但个人认为这种割断历史、过于轻视本身历史文化传承的思想背景和思维定式是相当重要的因素。

另一方面，这样的思维定式也往往让我们失去古为今用的思想源泉。比如深圳地区在东晋时期作为东官郡时的辉煌就很值得研究，当时深圳所管辖的范围一直到粤东，比现在所辖治的地区大得多，那么从东官郡时的辉煌我们能看到什么、借鉴到什么，这是很值得研究的。在这个问题上，我们是不是可以这样说，一个能正视自身历史、重视自身历史传承的城市才是真正有底蕴、有内涵质量、大气包容的城市，才能真正具有文化创新力。

重视历史文化传承不是发思古之幽情，而是古为今用。2018年10月在澳门举办的世界旅游经济论坛上，广东首次倡议："以历史为纽带，将粤港澳三地的历史文化遗产进行有效的串联沟通，构建成一个极富特色和历史底蕴的粤港澳大湾区文化遗产游径系统，共同展示三地的包容性和岭南文化特质。"① 2019年2月中共中央、国务院印发《粤港澳大湾区发展规划纲要》，正式提出"要共同塑造和丰富湾区人文精神内涵。要发挥粤港澳地域相近、文脉相亲的优势"。2019年8月《中共中央、国务院关于支持深圳建设中国特色社会主义先行示范区的意见》指出，深圳与港澳"涵养同宗同源的文化底蕴"。可见，重视粤港澳大湾区特别是深港澳之间的历史文化联系，已成为目前的重要趋势和重大工作。深圳应该在重视历史

---

① 《重新梳理湾区文脉，唤起共同文化记忆》，《南方日报》2019年8月6日，版A03。

传承、科学厘清自身城市发展脉络、并对历史观照现实方面进行阐发的同时，在梳理和重构大湾区历史文脉、增强文化认同感中作出应有的贡献。

四、结语：文化创新与先行示范区建设

《中共中央、国务院关于支持深圳建设中国特色社会主义先行示范区的意见》明确指出，深圳要成为城市文明典范，要"率先塑造展现社会主义文化繁荣兴盛的现代城市文明"，要"把社会主义价值观融入社会发展各方面，加快建设区域文化中心城市和彰显国家文化软实力的现代文明之城"。到2025年，建成现代化国际化创新城市。到2035年，建成具有全球影响力的创新创业创意之都，成为我国建设社会主义现代化强国的城市范例。"到本世纪中叶，深圳以更加昂扬的姿态屹立于世界先进城市之林，成为竞争力、创新力、影响力卓著的全球标杆城市。"《意见》依然突出体现了深圳先行先试、开拓创新的先锋排头兵特色。开拓创新、先行示范一直是深圳的使命担当，先行示范的关键就是开拓创新。

（一）文化创新是深圳成为城市文明典范的关键

要率先构筑中国特色社会主义现代文化，成为城市文明的典范，离不开文化创新。文化创新是文化发展的内在动力与根本生命。没有文化创新，文化就没有发展，就会逐渐枯萎以至衰亡，更何谈文化繁荣兴盛。因此，深圳要率先塑造展现社会主义文化繁荣兴盛的现代城市文明，离不开文化创新。文化创新是深圳成为城市文明典范的关键。

文化创新必须适应时代潮流，顺应历史发展趋势，直面现实的社会、政治、经济的需求，深圳文化创新的现实需求就是围绕中国特色社会主义先行示范区建设而展开。

文化创新是思维方式的创新，也是管理方式的创新，更是价值观价值体系的创新。深圳文化创新是对社会主义核心价值观的充实与践行，是对中华优秀传统文化的传承与弘扬，是不忘本来、吸收外来、面向未来，是

以增强中华民族凝聚力与文化认同感、展示中华文化独特魅力为旨归的创新。深圳要建设的是中国特色而非西方特色的、是社会主义的而非资本主义的、能够彰显国家文化软实力及文化自信的先行示范区和社会主义现代化强国的城市范例。

文化创新是一种稳定而有活力的创新，是在现有基础上的更新，是对既有文化的创造、深化、革新与升华，是继往开来、推陈出新。深圳文化创新是对传统文化的扬弃、创造性转化和创新性发展，是对传统文化的拓展与升华，是传统文化与现代文化的有机融合，是守成创新、守正创新、返本开新。通过文化创新，深圳文化的深度、厚度与高度得到进一步的提升，从而为建设中国特色社会主义先行示范区提供精神引领、理论支撑和智力支持。

（二）中华优秀传统文化是深圳建设中国特色社会主义现代城市文明的重要源泉

习近平总书记指出："中华优秀传统文化是中华民族的精神命脉，是涵养社会主义核心价值观的重要源泉，也是我们在世界文化激荡中站稳脚跟的坚实根基。"① "中华优秀传统文化是中华民族的文化根脉，其蕴含的思想观念、人文精神、道德规范，不仅是我们中国人思想和精神的内核，对解决人类问题也有重要价值。"② 深圳建设中国特色社会主义先行示范区、塑造展现社会主义文化繁荣兴盛的现代城市文明，离不开对中华优秀传统文化的传承和弘扬。

中华传统文化博大精深，其超强的包容性与生命力，是我们取之不尽、用之不竭的思想源泉。儒家文化以积极有为、刚健大气、理性优雅的文化精神特质和淑世谨严的社会人伦秩序，千百年来形塑着中国人的精神世界和社会风貌，成为中华文化屹立于世界文化之林的最核心特质。道家文化以崇尚自然、重视个体、贵柔尚弱、擅长理论思辨、富于反省批判精神等特质，与儒家相反相补、相辅相成、相互激荡，共同构成了中国传统文化发展的一条

---

① 习近平：《在文艺工作座谈会上的讲话》，《人民日报》2015年10月15日。
② 习近平：《在全国思想宣传工作会议上的讲话》，《人民日报》2018年8月23日。

主线，也给中国文化带来了创新活力，并以其开阔的思维、宽广的意境，丰富了中国人的生命智慧及精神世界，把人们的目光和境界引向高远。佛家文化以普度众生、自度度人、慈悲为怀、超脱淡定等文化特质，补充和完善了中国传统文化，并与儒家文化、道家文化一起，构成中国传统文化的三大主干和中国人精神生活的三大支柱，从而渐次完整地构建了中国人从现实到超越、从"实"到"虚"、从物质到精神的不同层面和境界追求。

中华优秀传统文化是涵养社会主义核心价值观的重要源泉，也是深圳建设中国特色社会主义现代城市文明的重要源泉。从政治层面的社会治理智慧，到个人层面的人文素养情怀，以至深圳所努力寻求的创新创意灵感，都可以在中华优秀传统文化中撷取到丰富资源。对传统文化进行创造性转化、创新性发展，从而开出能够彰显文化自信的社会主义现代文化，是建设中国特色社会主义现代城市文明的必由之路。

（三）深圳文化是中华优秀传统文化传承发展的成功典范

深圳建市40年来，从一个边陲小县蝶变为全国经济中心城市、科技创新中心、区域金融中心、商贸物流中心，经济总量居亚洲城市前五，近年来相继被评为中国最具经济活力城市、最具创新力的城市，被联合国教科文组织授予"设计之都"称号、评为"全球全民阅读典范城市"，创造了人类城市发展史上的奇迹。深圳的高速发展，与开放包容、开拓创新、敢闯敢试、敢为天下先的深圳文化和"特区精神"密切相关。

深圳文化开拓创新、拼搏进取的精神特质，意气风发、敢闯敢干的城市风貌，勇当排头兵、敢为天下先的家国情怀和社会担当，力戒空谈、崇尚实干的实用理性，开放包容、慈善公益的博大仁爱，都传承发展了中华优秀传统文化，是对中国传统文化的创造性转化、创新性发展。

创造性转化、创新性发展中国传统文化，核心的目的就是使传统文化能够为建设富强的现代化中国所用，能够为实现中华民族伟大复兴中国梦所用。所以，一直引领和助推着深圳社会经济发展的深圳文化，就是创造性转化、创新性发展了中国传统文化的社会主义先锋文化，是"不忘本来、吸收外来、面向未来"的中国特色社会主义先进文化。深圳文化是深圳改革开放40年的精神结晶，也是中国传统文化创造性转化、创新性发展的成功范例，是中华优秀传统文化传承发展的成功典范。深圳的成功，既是中国特色社会主义事业的成功，也是中华文化屹立于现代世界文化之林的成功。

(四)深圳建设全球城市必须补齐学术文化短板

恩格斯曾指出："一个民族要立于世界民族之林，就一刻也不能离开理论思维。"由于重应用、轻基础理论研究，深圳文化是先锋性、实用性文化，偏于大众化、市场化，缺乏理论思想高度和厚度，人文学术、哲学社会科学是深圳文化的最大短板。深圳要真正成为有厚重度和思想文化影响力的全球城市，必须补齐学术文化这一短板。

当今的纽约是首屈一指的世界之都，但它也是美国官方哲学——实用主义哲学的重要发祥地与思想重镇。古代的唐朝作为"中国最具世界主义色彩的朝代"，是当时"世界上最强大、最富裕、最先进的国家"，国都长安是当时的世界经济文化中心，但唐朝的思想文化特别是道佛两教的宗教哲学与艺术以及唐诗都得到高度发展，开创了中国思想文化史上的辉煌。

学术文化体现着一座城市的价值取向、思想高度与厚度；哲学社会科学是文化的核心和灵魂，是文化综合实力的重要指标。深圳只有努力厚植城市学术文化，繁荣发展哲学社会科学，才能真正成为具有思想高度和深远影响力、能够彰显国家文化软实力的全球城市。

(本文是作者主持的深圳市哲学社会科学"十三五"规划课题"深圳文化创新与中华优秀传统文化传承发展研究"的一部分)

儒家文化与文化创新发展

儒家文化是中华传统文化的主干和核心，它以积极有为、刚健大气、理性优雅的文化精神特质和淑世谨严的社会人伦秩序，千百年来形塑着中国人的精神世界和社会风貌，成为中华文化屹立于世界文化之林的最核心特质。

深圳是一个主流传统文化薄弱的创新之城。创新作为"深圳的根、深圳的魂"，一直贯穿于深圳城市的文化发展之中。从"深圳十大观念"中的"改革创新是深圳的根、深圳的魂""鼓励创新，宽容失败"，到提倡"创新型、智慧型、力量型、包容型"的"四型"文化发展理念，始终把创新摆在重要位置。近年来颁布的《深圳文化创新发展2020实施方案》，除了更明确地提出"把创新摆在文化发展的核心位置"，还更广泛深入地将创新贯彻落实于城市文化的方方面面，努力把创新因子根植于城市文化发展之中，为铸造创新之城奠定扎实雄厚的文化基础。

习近平总书记说：善于继承才能创新，博大精深的中华优秀传统文化是我们在世界文化激荡中站稳脚跟的根基。作为先锋城市且传统文化底子薄弱的深圳，只有继承弘扬并充分汲取中华优秀传统文化的养分和智慧，才能站在坚实的基础上，继续开拓创新，再创辉煌。

本文选取中国传统文化的主干核心——儒家文化作为切入点，通过对儒家文化和深圳文化的特质分析，探究儒家文化和深圳文化创新发展的关系。

一、儒家文化的特质

在中国传统文化中，相对于道家、佛家、墨家、法家等其他类型传统文化，儒家文化具有刚健进取、责任担当、理性淑世、仁爱优雅等形象特质。

（一）刚健进取、自强不息

与道家的自然无为不同，儒家倡导的是积极进取的社会人生态度。从《周易·象传》的"天行健，君子以自强不息"、《论语·泰伯》[①]的"士不可以不弘毅，任重而道远"，到《孟子·滕文公下》[②]的"富贵不能淫，贫贱不能移，威武不能屈"、《孟子·公孙丑上》的"养吾浩然之气"，再到《论语·子罕》的"三军可夺帅也，匹夫不可夺志也"，等等，儒家所体现出来的是一种积极进取、刚健正气和坚韧不拔的精神文化气质。

（二）家国情怀、责任担当

与佛家的出世解脱不同，儒家是积极入世救世的，它始终具有一种饱满深厚的家国情怀，对国家和社会深怀责任感，它提倡"修身、齐家、治国、平天下"，并以此作为人生的价值意义和毕生追求。张载提出"为天地立心，为生民立命"，范仲淹则提出"先天下之忧而忧，后天下之乐而乐"，而顾炎武更是提出"国家兴亡，匹夫有责"。如此种种，儒家由此所体现出来的是一种对家国社会和天下苍生的深深责任与大担当。

（三）理性主义、博学淑世

与道家"绝圣弃智""绝仁弃义"（《老子》第十九章）所表现出来的非理性主义与解构主义姿态不同，儒家对社会人生所持的是理性主义和淑世主义的态度，尊崇的是"仁且智"（《孟子·公孙丑上》）和"博

[①] 本文所引《论语》，皆引自杨伯峻：《论语译注》，北京：中华书局，2011年，以下只注篇名。
[②] 本文所引《孟子》，皆引自杨伯峻：《孟子译注》，北京：中华书局，2011年，以下只注篇名。

学于文,约之以礼"(《论语·颜渊》)。它提倡"知者不惑"(《论语·子罕》),提倡"敬鬼神而远之,可谓知矣"(《论语·雍也》),认为"礼之用,和为贵"(《论语·学而》),以及"君子成人之美,不成人之恶"(《论语·颜渊》)和"君子坦荡荡"(《论语·述而》),倡导"己欲立而立人,己欲达而达人"以及"文质彬彬,然后君子也"(《论语·雍也》)。透过这种理性主义和淑世主义姿态,儒家所展现给我们的是博学睿智、优雅有礼、坦荡仁爱的君子风范。

(四)温文尔雅、贵族气质

与墨家为了纯粹节俭而反对"繁饰礼乐"(《墨子·非儒下》)、提倡"节用""非乐"不同,儒家非常重视礼乐的教化作用,特别是孔子与春秋时代的早期儒家,把诗、书、礼、乐作为成就"君子""士"的必要方式。习"六艺"(礼、乐、射、御、书、数)是早期儒士的必备功课。《礼记·王制》中说,"诗、书、礼、乐以造士"。孔子认为"不学诗,无以言。……不学礼,无以立"(《论语·季氏》),崇尚"兴于诗,立于礼,成于乐"(《论语·泰伯》),认为"诗亡离志,乐亡离情,文亡离言"(《孔子诗论》),诗是言志的,乐是娱情的,诗、礼、乐是人能够有尊严地立足于世以及陶冶情志的基本方式和重要途径。而在这其中,礼乐的根本是"仁":"人而不仁,如礼何?人而不仁,如乐何?"(《论语·八佾》)没有以仁为基础,如何谈得上礼乐!对于礼乐,最重要的是能发自仁心而不是讲究奢靡的繁文缛节:"礼,与其奢也,宁俭"(《论语·八佾》),"奢则不逊,俭则固。与其不逊也,宁固"(《论语·述而》)。礼作为一种外在形式,它宁可固陋也不可骄奢"繁饰",如此才能显得谦逊有礼。但最重要的是要有仁爱内涵,从而由里及外透出礼乐教养带来的温暖、愉悦与优雅,而不是外在奢靡的形式。

由以上我们看到,儒家所心仪和追求的理想君子风貌,是温文尔雅和彬彬有礼,是能够"仁、义、礼、智"内外兼修,是"腹有诗书气自华",是具有良好人文教养和气质风采。儒家认为,具备了这样精神风貌以及人的高贵尊严的君子，他无论何时何地都能够保持"不惑""不忧""不惧"，睿智、乐观、淡定，这种高贵的气质风采使他即便是居于陋室也能让陋室蓬荜生辉，焕发出光彩，从而使陋室"何陋之有？"（《论语·子罕》）而当面对简陋的生活时，他也能够泰然且乐观处之，体现"孔颜乐处"的淡泊与宁静："一箪食，一瓢饮，在陋巷，人不堪其忧，回也不改其乐。"（《论语·雍也》）更能够以高度融合自然与人文、"天人合一"的"曾点气象"，作为人生理想的生活方式与情调乐趣："暮春者，春服既成，冠者五六人，童子六七人，浴乎沂，风乎舞雩，咏而归。"（《论语·先进》）

高扬人的尊严和气质风采，重视人文教养和精神追求，这应该是儒家区别于诸子百家的突出特质，也由此使儒家文化具有了贵族性的重要特征。在这样一种贵族性礼乐文化的熏陶下，正如钱穆先生所说："春秋时代常为后世所想慕与敬重。春秋时代，实可说是中国古代贵族文化已发展到一种极优美、极高尚、极细腻雅致的时代。"①

（五）博爱仁厚、人文追求

同样，与法家把社会一切诉诸律法的冷漠性与强制性不同，儒家以"仁"为核心，是"仁"学，对己讲"为仁由己"（《论语·颜渊》），肯定每个人都具有一颗向善的、仁爱的心，后天只需自我自觉地发扬光大这一仁心即可，"求其放心而已矣"（《孟子·告子上》），做好自己，没有外在强制性的压力和不悦。对他人对社会则讲"己所不欲，勿施于人"（《论语·颜渊》），"推己及人"，"己欲立而立人，己欲达而达人"，还讲究礼、"立于礼"。由此，除了显示出博大仁厚、温情关爱而不冷漠，还显得彬彬有礼、温文尔雅有教养。

儒家提倡"内圣外王"，虽然与法家相比，这种"礼治"模式过于充满温情、理想而缺乏实操性，也缺少公共道德底线的具体设置，从而往

---

① 钱穆：《国史大纲》上册，北京：商务印书馆，1996年，第69-71页。

往流于空想,但是,正是儒家的这种人文道德理想凸显了人世间的博爱温暖与文明优雅,给予人成仁向善的轻松自在感和高度信任感。而它还重视"乐",讲"知者乐水,仁者乐山"(《论语·雍也》);讲"成于乐",把音乐带给人的美好感受和意境作为人生的最大乐趣;还期望"咏而归"的"曾点气象",从而把人的生命情调、精神人文境界作为人生的理想追求,由此提升了人的生命意义和价值。

法是平等划一和理性冷峻的。一方面,它以务实、理性、工具化的法治统一了人们在公共领域中的道德底线,保证了人们的平等权益,从而维护了社会的公共秩序,体现了社会的公平正义。另一方面,法也是冷漠无情的,它不但无法统摄人的生命情感、建立人的道德理想、显示人的精神价值、提高人的人格情操,更无法涵盖人的人文精神境界追求。但是,儒家所重视、高扬和追求的恰恰是这些东西,换句话说,儒家的重要价值就在于它的人文价值和精神境界追求,正是儒家这种人文价值和精神境界追求,一方面体现了人作为万物之灵的尊贵性,另一方面也拓展了人们生活的宽度和高度,从而使人类文明的一切美好不至于被工具化和扁平化的法治理性所消解和湮没。在这个意义上,我们完全可以说,儒家文化将具有永恒的价值。[①]

二、儒家文化与深圳文化

经过40年的发展,深圳已形成独特的城市文化。深圳文化的特质集中体现在"十大观念""四型"文化理念,以及"深圳文化创新发展2020"上。

(一)儒家文化与"深圳十大观念"

从上所述,儒家文化具有积极进取、重视人文教化、博爱仁厚等特质。由此出发来观照"深圳十大观念",我们可以看到,深圳文化具有显

---

① 方映灵:《儒家文化的特质》,《深圳特区报》2015年5月10日。

著的儒学特质。"深圳十大观念"分别是：1."时间就是金钱，效率就是生命"；2."空谈误国，实干兴邦"；3."敢为天下先"；4."改革创新是深圳的根、深圳的魂"；5."让城市因热爱读书而受人尊重"；6."鼓励创新，宽容失败"；7."实现市民文化权利"；8."送人玫瑰，手有余香"；9."深圳，与世界没有距离"；10."来了就是深圳人"。

从"时间就是金钱，效率就是生命"，我们看到儒家那种积极进取的使命感，以及期望有所作为、时不我待的紧迫感；从"空谈误国，实干兴邦"，我们除了看到对家国社会的责任担当，还看到了纯正儒家那种力戒空谈、摆脱玄学的实用理性；从"敢为天下先""改革创新是深圳的根、深圳的魂"，我们看到儒家相反于道家的勇于进取、刚健争先的姿态；从"让城市因热爱读书而受人尊重""实现市民文化权利"，我们看到了儒家崇尚人文教化、提倡有教无类、追求人的价值尊严；从"送人玫瑰，手有余香""鼓励创新，宽容失败""深圳，与世界没有距离""来了就是深圳人"，我们则看到了儒家的博爱仁厚、温情宽容以及坚忍不拔。

讲仁爱担当，讲刚毅进取，重视人文教化，这是儒家文化最显著、最核心的特质。从以上分析我们看到，儒家文化的这些特质在"深圳十大观念"中都得到了充分体现。

（二）儒家文化与"四型"文化

"深圳十大观念"是深圳改革开放40年的文化精神结晶，而"四型"文化则可说是深圳明确提出的城市文化发展理念。

深圳的"四型"文化是指"创新型、智慧型、力量型、包容型"文化。"深圳的创新型文化……是在扬弃传统文化和西方文化的利弊选择和大胆开拓中，再造城市文化的新内涵、新表达。创新型文化的实质是价值创新……"① "智慧型文化是弘扬大道的文化，是崇尚知识和技术的文化，是重视人才、培育人才的文化。"② 而"力量型"文化则"强调的是文化发

---

① 王京生：《文化主权论》，北京：红旗出版社，2013年，第356页。
② 王京生：《文化主权论》，第358页。

展应具有自强不息的血性或进取性",以此区别于"高度娱乐、休闲化的自我消弭性文化"。①而"包容型文化的关键词包括:开放、宽容、多样性和对话"②。

无疑,深圳"四型"文化充分体现了深圳这座新兴城市的文化自觉与文化自信。它不仅秉承"深圳十大观念"那种开拓进取、自强不息、崇尚人文的精神特质,还进一步提升和高度浓缩了"深圳十大观念"。但相对于"深圳十大观念","四型"文化更加强调"智慧""力量"和"包容"。

1. "智慧"

智慧需要以知识作基础,智慧离不开知识。"深圳十大观念"中"让城市因热爱读书而受人尊重",深圳读书月、深圳市民文化大讲堂等文化品牌活动,充分表明了深圳对知识的追求与尊崇。孟子说:"学不厌,智也。"(《孟子·公孙丑》)崇尚知识使深圳的"智慧型"文化理念得到了落实。

但是,知识不等同于智慧,智慧是超越于知识、融会贯通各式各样的知识之后,对世界一切事物能够如"庖丁解牛"般应对自如、得心应手的一种"大道"。一个有智慧的人,能够非常清楚万事万物的根本道理和自己的位置使命,面对一切事物,能够心如明镜,胸有成竹,没有任何困惑,内心笃定镇静,没有任何畏惧和慌乱;而在应对万事万物的方式、方法上,一个智者更能像水一样千变万化,灵动不拘,通达自如。正如孔子所说,"知者不惧""知者不惑""知者动""知者乐水"。而正如孟子所说,一个具备了仁爱和智慧的人,也就是圣人了:"仁且智,圣也。"(《孟子·公孙丑》)无疑,追求"弘扬大道",倡导"智慧型"文化,这充分显示了深圳志存高远的文化追求。

智慧除了需要以知识为基础,也需要理性。而理性是与感性相对的。这就意味着,智慧不仅能够摆脱自然感性的羁绊,更能够驾驭和统摄自然感性。一个智者,一方面不仅能够克制自身的自然感性,遵守社会秩序和道德规范,理性地顾及他人,和谐与他人的关系,显得彬彬有礼有教养;

---

① 王京生:《文化主权论》,第360页。
② 王京生:《我们需要什么样的文化繁荣》,北京:社会科学文献出版社,2014年,第255页。

另一方面，更能够理性地掌控自然、利用自然，以"民胞物与"的人文情怀，善待自然，和谐与自然的关系，从而实现"天人合一"。

崇尚知识理性、倡导人文情怀，这正是儒家的文化特质与理想追求。深圳倡导"智慧型"文化，提倡"重视人才、培育人才"，这与儒家"己欲立而立人，己欲达而达人"的人本主义文化特质，是一脉相承和完全契合的。①

2. "力量"

在改革开放的40年中，深圳勇立潮头，一直以开拓创新、拼搏进取的特区精神，创造了举世闻名的"深圳速度"和"一夜城"神话。很显然，这种开拓进取的精神是"力量型"文化的很好诠释，它"具有自强不息的血性或进取性"。随着深圳城市社会经济实力的增强和地位的提升，近年来，深圳成为全球发展最快、中国经济最活跃的城市之一，城市综合竞争力和人均GDP均位居内地城市首位。在这种城市繁荣之下，深圳是继续保持开拓创新、奋发进取的锐气，还是任由"高度娱乐休闲化的自我消弭性文化"侵袭腐蚀城市原本健康向上的肌体，最终像南宋的临安及古罗马帝国那样导致退步消亡？答案显然是不言自明的。

由此，深圳倡导"力量型"文化，强调"力量"，可以说既切中当前城市时弊，体现了一种以史为鉴的文化自觉，更是立足于未来的城市发展。应该说，作为改革开放排头兵和经济先发达地区，深圳的这种文化自觉对全国必将起到先锋探索和引领作用。

深圳的"力量型"文化除了强调"具有自强不息的血性或进取性"，还强调"充满朝气、昂扬锐气、浩然正气，高扬对人生、社会、国家的意义追求"②。而在儒家文化中，强调自强不息、积极进取、家国情怀和责任担当，高扬为人的浩然正气，追求人生价值意义，一直是儒家的核心特质。显然，深圳所倡导的"力量型"文化与儒家的核心特质是高度契合

---

① 方映灵：《深圳文化与儒家文化关系论析》，《特区实践与理论》2015年第3期。
② 王京生：《文化的魅力》，北京：人民出版社，2014年，第73页。

的，甚至可以说，它"自强不息""浩然正气""意义追求"等词义是对儒家思想的创新性表述。

3. "包容"

虽然"深圳十大观念"中"宽容失败""来了就是深圳人""深圳，与世界没有距离"，都已体现了深圳对外地人、对世界的包容姿态和精神，但是，对"包容"作出单独而系统的理性思考和阐释、且将其纳入深圳城市文化发展重要内容之一的，则是2014年11月，时任市委宣传部部长的王京生所著《我们需要什么样的文化繁荣》一书。由此，深圳创新型、智慧型、力量型的"三型"文化正式增订为创新型、智慧型、包容型、力量型的"四型"文化。对此，王京生解释道："在成书过程中我认识到，虽然'包容'蕴藏在创新型、智慧型、力量型文化之中，还是单独提出为好。因为，当今世界包容显得更加重要，世界冲突不断的根源都是不包容的结果。……因此，对包容概念进行系统阐释十分必要。"①

书中专门对包容型文化进行了阐述，认为："包容型文化的关键词包括：开放、宽容、多样性和对话，这四种要素在包容型文化的形成中具有重要作用。"②但同时又指出包容并不是无限度的："第一，包容并不是简单地和平共处，一切都好。包容是有限度的，必须以人类的良知和公理为基本依据。第二，即使是在包容之中，我们也要注意到社会文化体系的构成中是有主流和非主流之分的。……作为政府、学界，应该强调主流价值观，而不能完全平均地对待。……今天我们强调的主流就是社会主义核心价值观。"③一句话，包容型文化应该是以人类良知和公理为基本依据、以社会主义核心价值观（富强、民主、文明、和谐、自由、平等、公正、法治、爱国、敬业、诚信、友善）为主流价值的文化。

既开放包容、海纳百川，又坚持以社会主义核心价值观作为主流价值

---

① 王京生：《我们需要什么样的文化繁荣》，第255页。
② 王京生：《我们需要什么样的文化繁荣》，第117页。
③ 王京生：《我们需要什么样的文化繁荣》，第123页。

文化，这就是深圳被认为"中国现代城市文化建设的样本"[①]的包容型文化姿态。很显然，这与儒家文化博大仁厚的特质以及对文明富强的追求是高度一致的。

（三）儒家文化与"深圳文化创新发展2020"

2016年，深圳出台《深圳文化创新发展2020（实施方案）》，吹响了深圳文化创新、全面提升城市文化综合实力的号角。该方案作为深圳未来五年的文化发展行动指南，将与其他领域的理论创新、制度创新和科技创新一起，成为构筑深圳创新之城的强大支撑和重要引擎。

作为一个实施方案，"深圳文化创新发展2020"首先突出了"创新"，重点创新构建了城市文化五大体系：（1）创新思想理论载体，构建以社会主义核心价值观为引领的城市精神体系；（2）创新城市形象标识，构建以国际先进城市为标杆的文化品牌体系；（3）创新媒体运行机制，构建以媒体融合发展为标志的现代文化传播体系；（4）创新文化服务方式，构建以市民精神文化需求为导向的公共文化服务体系；（5）创新产业发展模式，构建以质量型内涵式发展为特征的现代文化产业体系。通过这"五大体系"，努力把深圳打造成为国际文化创意先锋城市。

其次，"深圳文化创新发展2020"最突出的特点还在于它的实践性，它既是"设计图"，也是"施工表"，以具体的时间安排、具体的实施路径和对策，以及切实可行的工作举措，努力将文化创新发展落到实处。

可以说，"深圳文化创新发展2020"不仅传承了深圳以往的文化精神，突出了创新这个"深圳的根、深圳的魂"，延续了"空谈误国，实干兴邦"的实干传统，而且也体现了儒家文化开拓进取的精神特质、力戒空谈的实用理性。

由以上我们看到，从"深圳十大观念"到创新型、智慧型、力量型、包容型的"四型"文化，再到"深圳文化创新发展2020"，深圳文化开拓

[①] 王京生：《观念的力量》，北京：人民出版社，2012年，第5页。

创新、拼搏进取的精神特质，意气风发、敢闯敢干的城市风貌，勇当排头兵、敢为天下先的社会担当，力戒空谈、崇尚实干的实用理性，等等，都与儒家文化的核心特质一脉相承。

习近平总书记说："善于继承才能创新"，2017年10月党的十九大通过的《中国共产党章程》中也明确指出，要"推动中华优秀传统文化创造性转化、创新性发展"。从深圳文化的发展历程来看，我们可以说，深圳这座创新之城就是在能够"善于继承"以儒家文化为核心的中华优秀传统文化、并在"推动中华优秀传统文化创造性转化、创新性发展"中"敢为人先"，才得以创造出今天的辉煌成就的。在这个意义上，深圳文化"被认为是中国现代城市文化建设的样本"①是当之无愧的。

三、儒家文化与深圳经济发展

文化与经济有着密切关系，文化对社会经济的发展有着十分重要的影响，具有促进和制约的两面作用。深圳作为一个以经济特区起步的创新之城，它的城市发展和社会经济建设的傲人成就，与它倡导深具儒学特质的改革创新、拼搏进取等特区文化密切相关。在国际竞争和城市竞争激烈、经济实力比拼十分重要、保持经济繁荣发展仍是当下深圳所面临的重要问题的情况下，本文探讨儒家文化与深圳文化创新发展问题，有必要探讨儒家文化对经济发展的作用问题。

对于儒家思想对经济发展的影响，学界历来大致有两种对立的观点：

第一，韦伯的消极说。20世纪德国思想家马克斯·韦伯认为，儒家伦理阻碍了中国资本主义的发展。因为儒家的理想人——君子，缺乏西方清教徒那种有利于资本主义经济发展的"强烈的激情"和"天职思想"：清教的理性伦理是"为上帝及其正义而奋斗"，清教徒出于禁欲主义和资本主义精神，"将其所得作为资本重新积极地投入到理性的资本主义经营

---

① 王京生：《观念的力量》，第5页。

中"。而儒家则未能"从禁欲角度突破对待财富的态度",除了"享受有钱本身的荣誉与快乐"外,财富是"高尚地""合乎尊严地生活"的重要手段,"君子是美学价值",与资本主义经济的产生和发展"了无缘分"①。

第二,余英时、杜维明的积极说。对韦伯的观点,第三代现代新儒家代表人物余英时、杜维明等,在20世纪六七十年代亚洲"四小龙"经济腾飞的大背景下,对此得出相反结论。

余英时在《士与中国文化》中正面回应了韦伯的问题,并进行了系统的批驳。首先,"没有充足的证据相信资本主义是中国历史上一个必经的阶段";其次,韦伯没能考察儒学的重要阶段——宋明新儒学,以及此后士商阶层的融合渗透,从而对儒家作出了全面的误读,犯了"全面判断的基本错误"。他以一个史学家的翔实史料和严谨考证后得出结论,认为儒家伦理除了基于现世的内在超越与清教徒外在超越的宗教取向不同外,两者并无二致,儒家的敬业勤俭、社会责任感、诚信不欺等伦理对明清时期商人的经营管理、为人处世等有着深刻影响,是商业伦理即"贾道"的重要来源。②

杜维明则在《新加坡的挑战——新儒家伦理与企业精神》一书中回应了韦伯的问题,并全面深入地探讨了儒家思想与经济的关系。他区别了政治化儒家和儒家伦理,认为政治化儒家作为一种"形式的儒学"和政治意识形态,"必须加以彻底批判,才能释放一个国家的活力";而儒家伦理"注重自我约束,超越自我中心,积极参与集体的福利、教育、个人的进步、工作伦理和共同努力","对于新加坡的成功是至关重要的"。③也就是说,儒家伦理对新加坡经济腾飞有积极作用。

应该说,这三位大家从各自的学术角度,恰好从正反两面深刻地阐明了儒家文化与经济发展的关系。

---

① [德]马克斯·韦伯著,王容芬译:《儒教与道教》,北京:商务印书馆,1995年,第295-300页。
② 余英时:《士与中国文化》,上海:上海人民出版社,1987年,第441-579页。
③ 杜维明著,高专诚译:《新加坡的挑战——新儒家伦理与企业精神》,北京:生活·读书·新知三联书店,2013年,第125-126页。

一方面，作为一种博大精深、源远流长的学统和文化，儒家思想当然有其利国利民的重大价值，这就是余、杜两位先生所说的，具有敬业勤俭、社会责任感与诚信等"注重自我约束，超越自我中心"的儒家个人伦理。正是这种独特的伦理形塑着东方人的生活方式，并对中国历代商贾的成功及新加坡等亚洲"四小龙"的经济发展中起着"至关重要"的作用，儒商成为对既具备儒家个人伦理特质又经商成功的商人的理想典型和最高赞誉。

但另一方面，传统儒家作为政治意识形态和不注重实务的官僚主义"形式的儒学"的一面，一直以来确实束缚和阻碍了社会经济的发展，在一定程度上导致了近代中国落后挨打的局面，从而也使五四运动的人们举起了"打倒孔家店"的大旗。虽然韦伯基于西方学者的立场，略嫌片面地解读了儒家思想，但他所描述的"字斟句酌、词藻华丽、旁征博引、纯正细腻的儒学教养，这一切被奉为高雅之士的谈吐典范，一切实际政务则被拒之门外"①——这样只具有"美学价值"、只会空谈不擅实务的传统儒家士大夫形象，未尝不是入木三分地刻画了这种"形式的儒学"空谈误国的一面。而深圳改革开放后社会经济各方面的飞速发展以及在改革创新方面取得的巨大成就，就是在解放思想、倡导"空谈误国，实干兴邦"，破除这种传统空谈积习，打破旧的思想观念和体制机制对经济发展和人才成长的束缚，并改革建立一系列新的体制机制，从而最大限度地释放出社会经济发展活力和人才的创造力后取得的。

因此，在保持经济的繁荣发展仍是重要课题的当下深圳，在探讨深圳文化创新发展以及"创新性发展"儒家文化之时，注意区别杜先生所说的"政治化儒家和儒家伦理"，并"彻底批判"政治化儒家的"形式的儒学"，打破官僚主义对经济发展、人才成长的束缚，铲除腐败现象，最大限度地释放经济活力和人才的创造力，给深圳的社会经济发展和人才成长以更大的自由空间，应是保持深圳经济持续发展的一项重要工作。

---

① [德]马克斯·韦伯著，王容芬译：《儒教与道教》，第183页。

中华传统文化博大精深，其超强的包容性与生命力，是我们取之不尽、用之不竭的思想文化源泉。在深圳文化创新发展上，我们应该继续以开放、多元、包容的姿态对待古今中外一切文化，尤其是要全面充分地汲取中华优秀传统文化的养分和智慧，进一步营造自由宽松的社会文化氛围，释放个人的才情活力，提升城市的人文精神高度，培植和拓展有益于社会发展以及个人聪明才智、生命力和创造力发挥的氛围空间，从而使深圳在更丰富、更高层次的城市文化基础上，继续开拓创新，再创辉煌。

（本文发表于《深圳文化发展报告》（2019版），社会科学文献出版社，2019年。）

道家文化与中国传统文化的创新发展

中国传统文化是我们民族的"根"和"魂"。中华优秀传统文化是我们国家和民族的正气之源、力量之本。党的十八大以来,党中央高度重视弘扬中华优秀传统文化,以此充分发挥文化浸润心灵的作用,广泛传播健康向上的社会价值观,激发社会正能量,凝聚社会共识,并赋予传统文化以新的时代内涵,为实现伟大复兴的"中国梦"发挥"软实力"作用。

中国传统文化博大精深,其超强的包容性与生命力,是我们取之不尽、用之不竭的思想文化源泉。儒家的积极有为、礼乐优雅,为我们展现了一种大气刚健的文化精神风貌和谨严理性的社会人伦秩序;道家的应天道、法自然,在弥补了儒家忽视自然等不足的同时,也丰富了中国人的智慧和精神世界。

回应社会关切,是理论学术界责无旁贷的职责。本文试图对道家文化的特质予以全新诠释,并基于此探讨道家文化与中国传统文化创新发展的关系。

一、道家文化的特质

道家文化是中国传统文化的重要组成部分,它以崇尚自然、重视个体、贵柔尚弱、擅长理论思辨、富于反省批判精神等特质,与儒家相反相补、相辅相成、相互激荡，共同构成了中国传统文化发展的一条主线，也给中国文化带来了创新活力，并以其开阔的思维、宽广的意境，丰富了中国人的生命智慧及精神世界，把人们的目光和境界引向高远。

相对于儒家，本文认为，道家文化主要有如下特质：

（一）崇尚自然、无为而治

与儒家崇尚人文、只关注人生社会问题、注重伦理道德践履不同，道家崇尚自然，它突破儒家的局限，把目光和思考范围从人生社会扩展到整个宇宙。它把"道"作为宇宙万物的根源和最高准则（"天地之始""万物之母""万物之宗"），并提出"人法地，地法天，天法道，道法自然"（《老子》第二十五章）[①]，从而建立起一套以"道"贯通天、地、人的哲学系统。在这个系统里，人、人生社会只是浩瀚宇宙的一部分，而且与宇宙万物一样，都以自然作为最高准则。所以，在浩瀚宇宙面前，人类对待自然万物要有一种谦卑和尊重的姿态，不能为所欲为、强妄作为。

自然与人为是相对应的。提倡人文理性和积极有为的儒家无疑把握了人为的这一端，而道家则把握了自然的另一端。道家敏锐地觉察到自然的无限性、不可把握性和人类理性、人的作为的有限性："道大，天大，地大，王大。域中有四大，王居其一矣。"（《老子》第二十五章）作为人主的君王尽管很强大，但也只是无限自然世界的一分子而已，而且与天地万物一样，必须遵循客观自然规律，以自然无为的"道"为普遍原则："天地不仁，以万物为刍狗。"（《老子》第五章）"道常无为而无不为。"（《老子》第三十七章）天下万物都是一种自然的存在，没有外在的仁爱恩施也能循着各自规律运行发展。花开花谢、潮起潮落、鹰飞鱼跃，这一切都不是人类理性和文化"有为"的结果，都是自然呈现的，即使没有人为干预，也处处充满生机，"无为而无不为"。自然状态本身就具有自满自足、自我发展的特性，都各有其"道"。所以正如西谚所说

[①] 本文引用《老子》，皆引自陈鼓应注译：《老子今注今译》，北京：商务印书馆，2003年。以下只注篇名。

"人类一思考，上帝就发笑"一样，自然是无限的、不可把握的，人类理性、人的作为则是有限的。

因此，人类要懂得顺应自然、遵循自然规律，这才是抓住了根本。在道家看来，儒家人为地倡导仁义道德，是舍本逐末，因为一切人为的仁义道德，都是在朴素的人性自然状态遭到了破坏丧失之后，才得以表现的："大道废，有仁义；六亲不和，有孝慈；国家昏乱，有忠臣。"（《老子》第十八章）当家庭、社会、国家处在一种自然淳朴和谐的情况下，有什么机会能彰显仁义、孝慈、忠诚呢？！只有当家庭、社会、国家混乱不堪，朴素自然状态遭到破坏，才有机会彰显，才有必要提倡仁义、孝慈、忠诚。

所以，对国家社会的治理，最重要、最根本的是要守住人们朴素恬淡的自然本性，维持自然淳朴的社会风尚，而不是人为地倡导圣智仁义、追逐人工巧利："绝圣弃智，民利百倍；绝仁弃义，民复孝慈；绝巧弃利，盗贼无有。此三者，以为文不足，故令有所属，见素抱朴，少私寡欲。"（《老子》第十九章）圣智、仁义、巧利这三者，都是人为的，不足以治理天下，必须绝弃；只有保持质朴、减少私欲，才能使人有所归属，恢复朴素宁静的自然天性，国家社会也由此得以治理："不欲以静，天下将自正。"（《老子》第三十七章）

道家认为，顺任自然才是最高的道德："道之尊，德之贵，夫莫之命而常自然。"（《老子》第五十一章）顺任民情，"无为"而治，才是抓住了国家社会治理的根本，才是最尊贵的道德。特别是对一个大国来说，更应该实行无为而治，因为"治大国，若烹小鲜"（《老子》第六十章）。人为强作会导致国家的混乱，就像搅煮烂了的小鱼一样不可收拾。"复众人之所过，以辅万物之自然而不敢为。"（《老子》第六十四章）真正明智的统治者所能做所要做的只是补救民众未能做好的错失，起辅助作用而已，而不敢强作妄为。"我无为而民自化，我好静而民自正，我无事而民自富，我无欲而民自朴。"（《老子》第五十七章）只要统治者能做到不乱作为，安静不扰民，不给人民增加负担，不追逐过多的现实欲望，那么，人民自然就得到了教化，生活就自然富裕，淳正质朴的社会风尚就自然形成，国家社会就自然得到治理。

自然无为是道家贯穿一切的核心主张。在这里，我们感受到的是人与自然的和谐相处，而不是"人定胜天"所带来对自然界的肆意侵占与破坏；感受到的是社会环境的宽松自在、社会风尚的淳朴宁静，而不是种种礼教桎梏的压抑沉闷、人欲横流的争逐喧嚣。当一个社会的统治者违背自然、罔顾民情，刻意追求有为而强妄作为、恣意妄为，从而给自然界、给民众带来痛苦和灾难时，我们不能不体悟到道家这种"自然无为"智慧之高妙与睿智。

（二）重视个体、率性自由

与儒家重视人的群体性、强调社会依存性相反，道家重视人的个体性，强调自然自主性和率性自由。它认为，"天下有常然"（《庄子·骈拇》）①，"万物将自化"（《老子》第三十七章），天下事物都有它本来独立存在的个体性和内在规律，都能够不假外力自由自主地发展。所以，每个人生来都是一个独立自主的个体，都具有自然生长自由发展的天性，这种自主自由的天性应该受到尊重和保护，而不应该受到伤害和破坏。

人之所以为人在于它的社会性和群体性。每个人从降临到这个世界的那天起，就必须依存于家庭、依存于社会群体，所以必须被社会化。而社会是依靠一定秩序、一定规则建立和维系的，因此人必须逐渐学会懂秩序、守规则、培养相关理性，为此就必须舍弃自己与生俱来的一些自然禀赋、自然习性，以理性规范感性，也就是被"文"化，从而融入社会。人的成长过程就是不断被"文"化、被社会化的过程，而社会群体也就由此得以维系和发展。尚文化、重秩序、倡理性、强调社会群体性高于个体性，这就是儒家所致力的方向，它的"仁、义、礼、智、信"都源于此而展开。②

---

① 本文引用《老子》，皆引自陈鼓应注译：《庄子今注今译》，北京：中华书局，1983年。以下只注篇名。
② 关于这点，吾师冯达文先生认为："孔子、孟子开创的儒学既回归到人类最根源性的生活状况和由这种生活状况培植起来的真实情感，来建构自己的思想体系与价值信念，诚然便能够赢得一种超越于不同种族、不同宗教信仰的普遍性与绝对性。"见冯达文：《中国古典哲学略述》，广州：广东人民出版社，2009年，第43页。

但人也是自然的产物，有自然性的一面。每个人都有其天生的自然禀赋和自然情性，正是这种各自不同的自然禀赋和自然情性的存在，才构成了社会群体的复杂多元和多姿多彩，而个人也由此得以自由健康的发展。因此，人的这种自然天性不应该因强调社会群体性而被忽视甚至泯灭。正是从这一点出发，道家强调和维护了人的自然性和个体性一面。

道家认为，天下万物的本性都是自然无为的："夫虚静恬淡寂漠无为者，万物之性也。"（《庄子·天道》）只有尊重这种自然无为的本性才是真正的道德："夫恬淡寂漠虚无无为，此天地之本而道德之质也。"（《庄子·刻意》）而人为地残害万物自然本性，"残生伤性"，"残生损性"（《庄子·骈拇》），则是不道德的。就像"伯乐治马"一样，为了使马变得有用，就戕害了马的自然真性，结果把好端端的马给折磨死："马，蹄可以践霜雪，毛可以御风寒，龁草饮水，翘足而陆，此马之真性也。……及至伯乐，曰：我善治马。烧之，剔之，刻之，雒之，连之以羁絷，编之以皁栈，马之死者十二三矣；饥之，渴之，驰之，骤之，整之，齐之，前有橛饰之患，而后有鞭荚之威，而马之死者已过半矣。"（《庄子·马蹄》）同样，对于民众来说，"彼民有常性，织而衣，耕而食，是谓同德；一而不党，命曰天放"。远古时代的民众原本自由自在、自自然然地生活着，但号称"圣人"的后世统治者却非要对民众施行仁义教化，结果破坏了民众自由自然的"天放"本性，这就把真正的道德给毁了："毁道德以为仁义，圣人之过也。"（《庄子·马蹄》）

反对任何外在的文饰和人为干预，强调和尊重人的自然性和独立性，这充分体现了道家的自然主义和个体主义，从而与儒家强调人文和社会群体性的人文主义和集体主义截然相反。

道家崇尚的是能够率性自由、自然自主的生活。在这样的社会情态下，每个人都不需要用各种文化礼仪装饰、限制、束缚自己，都能够依照自己自然朴素的天性，自由自在、随心所欲、无拘无束地生活着，拥有踏实宁静的安全感和家园感。它反对儒家人为的道德理性限制、破坏了人的自然自由天性，特别是把个人置于社会群体的绝对服从之下，用森严礼教的宗法社会利益取代个人人生的自由幸福。"生命诚可贵,爱情价更高,若为自由故,两者皆可抛。""无自由,毋宁死。"当封建宗法社会把"饿死事小,失节事大""存天理,灭人欲"作出极端的解读,从而把仁义道德作为冷漠而不可侵犯的最高"天理"而"以理杀人"时,我们不得不说,道家这种对立于儒家的率性本真生活姿态和社会愿景,体现的恰恰是对生命个体的真正呵护,对民间疾苦的敏锐感受和深切同情。

(三)贵柔尚弱、为而不争

与崇尚刚毅坚强、积极进取的儒家相反,道家贵柔尚弱,倡导为而不争。在道家看来,"柔弱胜刚强"(《老子》第三十六章),柔弱是一种胜之于刚强的品质和状态,"天下莫柔弱于水,而攻坚强者莫之能胜,以其无以易之。弱之胜强,柔之胜刚,天下莫不知"(《老子》第七十八章)。天下最柔弱的莫过于水了,但滴水能穿石,抽刀断水水更流,刚硬无比的石和钢刀都无法胜克柔弱无比的水,可见柔弱能胜刚强,"至柔"可克"至坚","天下之至柔,驰骋天下之至坚"(《老子》第四十三章)。所以守住了柔就是强,"守柔曰强"(《老子》第五十二章)。

道家敏锐地观察到,"人之生也柔弱,其死也坚强。草木之生也柔脆,其死也枯槁。故坚强者死之徒,柔弱者生之徒。……强大处下,柔弱处上"(《老子》第七十六章)。人活着的时候身体是柔软的,但死了之后身体则是僵硬的;生长着的草木是柔软随风摇摆的,但枯死了的草木则变得脆硬易折了。可见,坚强的东西往往与死相连,柔弱的东西则与生相连。所以,从这个角度看,柔弱也胜于坚强。

与柔弱同样属于反面性质的还有"下""后""雌""虚""静"等。"江海之所以能为百谷王者,以其善下之,故能为百谷王。"(《老子》第六十六章)江海之所以能汇纳百川,是因为它"善下",即处于低位。所以,道家把握事物的根本方式和重要法宝就是善处下位、居后不为先、知雄守雌、致虚守静。"我有三宝……一曰慈,二曰俭,三曰不敢为天下先"(《老子》第六十七章)、"知其雄,守其雌"(《老子》第二十八章）、"致虚极，守静笃"（《老子》第十六章），等等。在道家看来，事物的反面最能深刻地体现运动变化着的道，因此最能反映出事物的本质和根源，而柔弱则最能体现出道自然无为的作用："反者道之动，弱者道之用。"（《老子》第四十章）所以，与儒家相反，道家总是从反面性质把握事物。

由于善处弱势，自然崇尚不争。在道家看来，"圣人之道，为而不争"（《老子》第八十一章）。身居高位和品德高尚的圣人，他的行事应是施为而不争夺，就像水一样："上善若水。水善利万物而不争……夫唯不争，故无尤。"（《老子》第八章）最好的品德和行事就像柔弱的水一样，善于滋润万物而不和万物相争，因为不相争，所以平静坦然、无怨无尤。"以其不争，故天下莫能与之争。"（《老子》第六十六章）也因为他不相争，所以天下的人都没人能与他争，而乐于拥戴他。

假如说，儒家阳刚进取、尚强争先等正面品质，在推动社会进步、带给社会正能量的同时，又不可避免地带来残酷的争夺倾轧、给人以紧张感和压迫感等负面因素的话，那么，道家贵柔尚弱、居下不争等反面品质，则给我们带来谦卑、温润和舒适感。就像水润泽万物、和风细雨滋润大地一样，它消解和舒缓了儒家的这些负面因素，并给人们带来另一种思维方式、另一种人生智慧和生活姿态，从而使社会形成刚柔相济、全面健全的人格心理结构，更加稳健地向前发展。

（四）理论思辨、豁达高远

与"道德哲学"的儒家不同，道家是"思辨哲学"，以擅长理论思辨著称。①老子《道德经》一开头便体现出这种思辨特色："道可道，非常道；名可名，非常名。无名，天地之始；有名，万物之母。……玄之又玄，众妙之门。"（《老子》第一章）

---

① 关于这个问题，陈鼓应先生认为："就抽象的哲学思维而言，道家的贡献要远远超过儒家。……中国传统哲学的主要概念和范畴，多渊源于道家。"见陈鼓应：《老庄新论》，上海：上海古籍出版社，1992年，第1页。

作为真正意义上的中国哲学的开创者，道家率先系统地提出了以"道"为核心的宇宙本源—本体论和一整套哲学概念、范畴，并以理论思辨的形式，相当完整地构建了一个由宇宙自然到社会人生、从"天道"到"人道"的哲学理论体系。而借着建立了这套哲学理论体系，道家得以棋高一着地拥有了比儒家更为充分的理论依据，更为系统完善而有力地阐明了自家"自然无为"的核心主张，并足以与儒家对立抗衡。

儒家"罕言天道"，只言"人道"，"六合之外，圣人存而不论"（《庄子·齐物论》），因此先秦儒家在宇宙生成论、本体论、认识论等哲学理论思辨方面付之阙如。而道家则一创立便喜言天道，并以"道"贯通天、地、人："有物混成，先天地生，寂兮寥兮，独立不改，周行而不殆，可以为天下母。吾不知其名，字之曰道，强为之名曰大。……人法地，地法天，天法道，道法自然。"（《老子》第二十五章）"道生一，一生二，二生三，三生万物。万物负阴而抱阳，冲气以为和。"（《老子》第四十二章）"天下万物生于有，有生于无。"（《老子》第四十章）道作为天地万物的本源和本体，它派生万物，却自然无为、客观独立地主宰着天下万物包括人类社会的一切。

可以说，当道家把统摄宇宙一切的"道"作为自己的核心概念时，便已充分显示了道家的高明和深邃睿智："道"既然高于一切、主宰一切，则道家的"道"必然高于儒家的核心概念"仁"、主宰着"仁"，那么由此创立的道家学派也必然高明于儒家及其他诸子百家。由此，道家不仅率先揭示了"道"作为宇宙的客观规律，还立于高处、傲视百家地创建了以"道"为核心的自身学派理论体系，从而把中国哲学的理论思辨水平提高到一个崭新高度。

在建立自身哲学体系的过程中，道家还提出了道、气、自然、朴素、有无、动静、虚实、祸福等一系列概念范畴，并给人们提供了对立面相反相成、既对立又统一的辩证思维方法："有无相生，难易相成，长短相较，高下相倾，音声相和，前后相随。"（《老子》第二章）"大器晚成，大音希声，大象无形。"（《老子》第四十二章）"大直若屈，大巧若拙，大辩若讷。"(《老子》第四十五章)"祸兮福之所倚，福兮祸之所伏。"(《老子》第五十八章)有无相生、大智若愚、祸福相依……诸如此类辩证认识事物、思考问题的哲理智慧，正是道家贡献给世人的，也是儒家在这方面所未能做到的。

毫无疑问，当人们意识到人类只是宇宙自然的一部分，并把目光和思考范围从只关注人生社会转向关注整个宇宙自然时，人们的境界、胸次、思维等一切都变得开阔、拓展而豁达高远了。由此，人们可以看到面对浩瀚宇宙时自己渺小的一面，而不再患得患失地执着于眼前的一己之私；可以放眼大千世界，而不再终身孜孜不倦地追求人生社会的功名利禄，或探究宇宙奥秘，或怡情山水，或简朴自在、平凡安静地过着自己自得其乐的生活。这就是道家给我们提供的不同于儒家的另一种生命格调和生活方式。从这种生命格调和生活方式里，我们可以感受到人的"诗意地栖居"，感受到人生社会的自在舒展与丰富多元。"鱼相忘乎江湖，人相忘乎道术。""相濡以沫，不如相忘于江湖。"(《庄子·大宗师》)鱼因忘情地畅游江湖而悠悠哉哉，人因忘情地顺任自然而自由逍遥；与其在困境中相濡以沫，不如忘情地畅游江湖自由自在。而在这样宽松自如、豁达自在的氛围和境况下，人的创新力、创造力、创意等也随之得以焕发和产生。

(五)反省批判、万物平等

可以说，从创立之始把思考范围扩大至关注整个宇宙自然、并把统摄宇宙一切的"道"作为核心概念建立自家学派体系时，道家便拥有了俯视诸子百家的先天高度，具备了评点其他百家的特质。所以，道家的反省批判精神可谓与生俱来。[①]

道家的批判矛头主要针对儒家。它从"自然无为"出发，既批判儒家礼教文饰带来的虚伪和不自然，也批判了宗法文化对人性的戕害。"夫

[①] 关于这点，冯达文先生认为："老庄之学作为道家学派的主体，是从对社会与文化的反省与批判建立起来的。老庄之学的价值，也主要体现在它的批判精神上。"见冯达文：《道家哲学略述》，成都：巴蜀书社，2015年，第19页。

礼者，忠信之薄，而乱之首。"（《老子》第三十八章）"礼乐遍行，则天下乱矣。"（《庄子·缮性》）"白玉不毁，孰为珪璋！道德不废，安取仁义！性情不离，安用礼乐！……毁道德以为仁义，圣人之过也。"（《庄子·马蹄》）儒家的仁义道德是通过扼杀和毁灭人的本真自然性情而得到的，它违反人的自然本性，是社会混乱的罪魁祸首。

针对儒家倡导"仁义礼智"、关注社会文明和人类智慧积极向前发展的一面，道家则敏锐地洞察到社会文明和人类智慧消极阴暗的一面："有机械者必有机事，有机事者必有机心。机心存于胸中，则纯白不备，纯白不备则神生不定；神生不定者，道之所不载也。"（《庄子·天地》）"民之难治，以其智多。故以智治国，国之贼；不以智治国，国之福。"（《老子》第六十五章）人类智慧在推进社会和文明发展的同时，也会"道高一尺魔高一丈"地带来心机狡诈、人性堕落、道德沦丧的一面。由此，要让社会有"道"，就必须"绝圣弃智""见素抱朴"、回归自然本真。"不以心损道，不以人助天。是之谓真人。……天与人不相胜也，是之谓真人。"（《庄子·大宗师》）没有"机心"等任何非天然因素污染过的"真人"，就是道家所崇尚的理想人格。

作为平民哲学，道家还从万物平等（"齐物"）出发，反对一切等级权威与专断独裁，尤其是长期成为官方哲学的儒家。"天地与我并生，而万物与我为一。"（《庄子·齐物论》）天地万物是平等的，世间万物只有相对的差异性，而没有凌驾于一切高高在上的权威存在，万物只有相对性没有绝对性。"鱼处水而生，人处水而死，彼必相与异，其好恶故异也。"（《庄子·至乐》）鱼要在水里才能生存，而人溺在水里则会死亡，所以，生活在水中相对于鱼来说是必需的，但对于人来说则不仅不是必需还是灾难，因此人和鱼的喜好感觉是不相同的。"毛嫱、丽姬，人之所美也，鱼见之深入，鸟见之高飞，麋鹿见之决骤。"（《庄子·齐物论》）毛嫱、西施是世人公认的美女，但鱼、鸟、麋鹿见了并不能欣赏而是逃之夭夭，所以人的美丑标准对于鱼、鸟、麋鹿等动物来说也是不被认同的。"自我观之，仁义之端，是非之途，樊然殽乱，吾恶能知其辩！"

(《庄子·齐物论》)所以，按这个道理来看，儒家的仁义、是非标准除了引起纷争之外，怎么可能具有普适性和绝对权威性呢？它当然不应成为衡量社会行为唯一的、最高的道德标准。道家由此消解了儒家独尊至上的权威性。

对于儒家提倡积极进取、自强不息，道家则深刻反思了人生的意义和价值，并发出振聋发聩的叩问："一受其成形，不忘以待尽。与物相刃相靡，其行进如驰，而莫之能止，不亦悲乎！终身役役而不见其成功，苶然疲役而不知其所归，可不哀邪！人谓之不死，奚益！"(《庄子·齐物论》)人自从来到这个世上便忙碌奔波不停，驰骋追逐于其中而不能止步，这不是很可悲吗？终身劳劳碌碌而不见得有什么成就，疲惫困苦不知道究竟为了什么，这不是很可哀吗？这样的人生虽然不死，但又有什么意思呢？！"吾生也有涯，而知也无涯。以有涯随无涯，殆已。……缘督以为经，可以保身，可以全生，可以养亲，可以尽年。"(《庄子·养生主》)人的一生是有限的，而知识的探究是无限的，以有限的生命追随无限的知识，注定是疲惫不堪不能穷尽的；认识到这个人生道理，人就应该顺其自然、珍重自然生命，而不应不顾一切强求有为和成功，这样既能奉养亲人，又能保全自己的生命和天性，享尽天年。

以对立反省批判方式制约、提醒、激荡儒家，这无疑是道家最显著、最根本的特质和价值。尽管这种解构主义特质在某种程度上会造成对儒家的淑世主义、人文主义及贵族精神、集体主义等正面性可贵品质的冲击破坏，而正是儒家的这些可贵品质使人拥有了挺立于世的尊严，并极大地推动了社会文明的发展进步，但在中国文化历史长河中，正是道家对儒家相反相补、相辅相成，相互制约、相互激荡，使这两大传统文化主干构成一柔一刚、一反一正、一破一立、一阴一阳、一隐一现、一静一动、一虚一实的良性互动关系，才避免了儒家独尊所带来的片面、专断、单一、僵化等弊端，从而使中国文化获得了更为全面多元的思想智慧、更健康的创新活力，绵绵不绝地丰富演进至今，其由此形成的社会心理积淀，对中华民族的人格心理结构产生了深远的影响。①

中国传统文化、中国哲学是"以生命为中心的学问"②。道家所贡献给我们的"生命的学问"、生命的智慧迥然不同于儒家。正因为有了道家，我们得以拥有对立并互补于儒家的另一种生命智慧和生活方式：对于社会，我们除了有理性严谨、刚毅进取的儒者，也有率性自然、自由超脱的道者；对于个人，我们除了可做一个自强不息、积极进取、有责任担当、实现社会人生价值的儒者；也可做一个顺任天性、自由自在、有闲情逸致、超脱功名寄情山水的道者。由此，我们的社会既庄重紧张又自由活泼、既关注人文也关注自然，我们的人生既有社会担当又自在美好，我们的民族性格既有阳刚进取的一面、又有柔和娴静的一面，既有勇猛坚毅的一面、又有内敛温婉的一面，既有恭谨文雅的一面、又有潇洒飘逸的一面，等等。这，就是道家带给我们的宝贵生命智慧，留给我们的永恒文化价值。

二、道家文化与中国传统文化创新发展

恩格斯曾指出："一个民族要立于世界民族之林，就一刻也不能离开理论思维。"实现中华民族伟大复兴的中国梦，离不开理论思辨的引领指导，而建设文化强国，更离不开理论思辨的强力支撑。

在中华优秀传统文化中，道家文化历来以擅长理论思辨、追求抽象玄远而著称。正是由于这一特质，使道家文化不仅补充了儒家文化"实用理性"的不足，而且在中华本土文化接纳外来文化、丰富中国文化上起了关键中介性作用，两晋时期来自印度的佛学正是借助道家玄学进入中国，并逐步融入中华本土文化，尔后发展成为中国传统文化三大主干之一的

---

① 有学者认为："在儒学成为封建正统思想的时代，道家的自然主义哲学乃是儒家伦理型哲学所必不可少的对立补充者。"此说颇为精当。见赵明：《道家思想与中国文化》，长春：吉林大学出版社，1986年，第12页。

② 牟宗三：《中国哲学的特质》，上海：上海古籍出版社，1997年，第6页。

因此，在当下中国传统文化的创新发展中，我们只有既注重弘扬"实用理性"的儒家文化一方，也注重弘扬思辨玄远的道家文化一方，才能有效地避免传统文化的偏颇，使传统文化得以健康发展，并对当今社会及未来发挥积极作用。

弘扬道家文化，我们不是要弘扬它"不敢为天下先"的老成暮气，而是要弘扬它尊重自然客观规律、擅长思辨玄远、重视个体自由、崇尚万物平等不同于儒家的特质智慧。由此一方面弥补和舒缓儒家"实用理性"所带来的负面因素，也给拼搏进取的人们带来另一种思维方式、另一种人生智慧和另一种生活样式。与此同时，也使中华民族在走向复兴和建设文化强国的旅程中，形成刚柔相济、张弛有度、全面多元的健全文化和社会心理结构，更加稳健地向前发展。

当下的中国提倡和注重创新，而创新需要营造宽松自由的氛围，只有在宽松自由的氛围下，人们才可能心无旁骛地专注于创新，也只有在宽松自由的环境条件下，人们才能拥有玄远无限的思维空间，从而开始种种理论创新、科技创新以及文化创意创新。而在中国传统文化中，道家文化就是以崇尚自由自在为突出特质的。因此，合理的继承和弘扬道家文化，不仅对促进中国传统文化本身的创新发展、拓展中国文化的宽度和高度有重大意义，而且对当前的创新型国家建设、实现中华民族伟大复兴的中国梦，都具有不可忽视的独特价值。

（本文发表于《管子学刊》2019年第3期）

佛学文化与智慧城市发展

佛家文化是中国传统文化的重要组成部分，它以关怀人间疾苦、慈悲为怀、超脱淡定等文化特质，补充和完善了中国传统文化，并与儒家文化、道家文化一起，构成中国传统文化的三大主干和中国人精神生活的三大支柱，从而渐次完整地构建了中国人从现实到超越、从"实"到"虚"、从物质到精神的不同层面和境界追求。习近平主席2014年3月27日在巴黎联合国教科文组织总部演讲中论述到，外来文化的佛教"与儒家文化和道家文化融合发展"，"给中国人的宗教信仰、哲学观念、文学艺术、礼仪习俗等留下了深刻影响"。[①]

一、佛家文化的特质

与儒家文化相比，佛家文化总的来说有以下不同：

（一）外来文化的本土化

儒家是中国本土最主流的文化，佛家则是外来文化的本土化。佛家原是古印度的宗教，西汉末、东汉初传入中国后逐渐本土化，尔后发展成为中国文化的重要一支。它最初依附和借助道家玄学，到南北朝时期才在中

[①] 习近平：《习近平谈治国理政》，北京：外文出版社，2014年，第260页。

国扎下根基,走上独立发展道路。隋唐时期进入鼎盛发展期,不仅自创各种宗派,也充分融入中华本土文化,并对儒道两家产生极大影响,成为中国传统文化三大主干之一。①

在传播过程中,佛家曾遭受过三次"灭佛"事件,其间与儒家、道家经历了由相互排斥到相互适应和相互包容的过程。第一次是北魏时期,佛教遭受道教的排挤,导致佛徒被杀、佛像被毁。第二次是北朝时期,因统治者尊儒,佛教与道教一起被毁经书、灭佛像,佛徒、道士还俗。第三次是唐朝中叶,因佛寺经济过分膨胀与国家赋税发生重大冲突,唐武宗下令沙汰佛徒。尽管如此,佛教从传入中国以来,还是以它对社会人生苦痛的独特慰藉作用赢得了众多信众,并以它玄妙的理论思辨性,逐步影响着儒家,自身也最终形成禅宗,完成佛教本土化过程,禅宗就是中国化的佛教。而儒家对佛家的回应,先是南朝时期范缜与佛学者的形神之辩,后是唐朝韩愈、李翱的反佛排佛,但儒家终究还是以包容和学习借鉴的方式对待佛学,最终形成吸收了佛家和道家精华的宋明理学。所以,佛家虽为外来文化,但它长期以来与儒家、道家既相互排斥又相互吸收,早已成为中国传统文化重要的组成部分。②

(二)超脱世间、慰藉苦难

儒家不是一种宗教,它没有设立外在的人格神。它是关于现世的学说,不讲前世、来世,并强调积极入世和社会责任担当。同时,儒家对鬼神存而不论,不肯定鬼神的存在。孔子说:"未能事人,焉能事鬼……未知生,焉知死。"③儒家崇尚的是清醒理性,讲格物致知,讲博学。而佛家则从一开始就是作为一种宗教而存在的,它齐备了宗教的一切特性和形式。它讲前世、今生和来世三世轮回,并借助三世轮回完成它超脱生死的

---

① 参见吕澂:《中国佛学源流略讲》,北京:中华书局,1998年;方立天:《佛教哲学》,北京:中国人民大学出版社,1986年。
② 参见任继愈:《汉唐佛教思想论集》,北京:人民出版社,1998年;汤一介:《佛教与中国文化》,北京:宗教文化出版社,1999年。
③ 杨伯峻:《论语译注》,北京:中华书局,2011年,本文所引《论语》皆见该书。

理论建构。佛家的原始主旨和精神姿态是离世出世、超脱世间的,它把现世间判定为苦海,希望世人通过修行,最终"明心见性,见性成佛"①。它讲灵魂不灭,肯定鬼神、灵魂的存在,并注重非理性的、神秘主义的直觉,讲"悟",讲顿悟、渐悟,等等。

但归结起来,佛家区别于儒家最核心的不同应在于,儒家所讲的是一个"有"字,而佛家所讲的则是一个"空"字。儒家强调对人生社会有责任、有担当、有作为、有理想、有追求、有教养,等等,所以我们可说它崇尚的是一个"有"字。它有一种浓厚的家国情怀和家庭社会责任感,把"修身、齐家、治国、平天下"作为人生的意义和价值追求,希望由此建设和谐美好社会,体现自己的人生价值。所以它强调积极进取、自强不息、刚毅勇猛、坚韧不拔,"天行健,君子以自强不息","士不可以不弘毅,任重而道远";讲仁义礼智信,协调人与社会的关系,目的就是要建设一个和谐美好、优雅友爱的社会。儒家心目中理想的人是有作为、有责任的君子,具备"仁义礼智信"品格,在家能和睦家庭、承担家庭责任,在社会能为社会做贡献,有大爱、有担当。

而佛家则是一个"空"字,人们经常称出家的佛徒为"遁入空门"。它看空一切,舍弃一切,不执着一切,把一切都看成是幻相和假有。所以"空"可说是佛家的核心概念和最后宗旨,通过"空"而完成它出世的理论建构。对于如何悟"空"、看空,历史上不同佛教宗派都围绕"空"字进行了不同解读,两晋时期"六家七宗"集中讨论的主题就是这个"空"字。东晋的僧肇把"空"解释为不真空,被鸠摩罗什誉为"解空第一人"。佛教大乘空宗般若学以"性空"和"假有"对"空"进行了深刻解读。般若中观学有一个重要的观点叫"缘起性空",认为一切法都是因缘假合而成的,没有自性,不能独立存在,所以万物都是一种假有,都是空的。由于看空一切,所以现实中的一切,包括家庭和社会的责任、个人的情感、名利等,都没什么可以执着、值得执着的,都可以放弃。只有悟到"一切皆空",从而放下

---

① [唐]慧能著,郭朋校释:《坛经校释》,北京:中华书局,1986年。

各种欲望，人们才能得到解脱，心灵得到平静。①

儒家只讲命，对于命运的坎坷与不幸，儒家总希望人们"知其不可而为之"，而这对于某些遭受了人生巨大苦难和不幸的人来说，往往是勉为其难的，不如佛家的放下不执着，更能让人的精神得以解脱、苦难得以慰藉。所以佛家对遭受痛苦不幸的人们有独特的安抚慰藉作用和价值。中国历来有"得意谈孔孟，失意谈佛老"之说，佛教常常成为遭受不幸和苦难人们的避难所和安慰剂，从而有效地补充了儒家这方面的缺失，并逐渐成为中国传统文化的重要组成部分和中国人精神生活的重要支柱。

（三）慈悲为怀、引人向善

作为一种社会文化，佛家与儒家一样都有人文教化功能。但两者所教化的努力方向和思路不同。儒家是提倡积极美好人生、注重群体和谐的。它讲"仁爱"，对社会、对他人有爱心，讲仁义礼智信，关爱他人与社会，希望社会健康和谐发展。假如用"真、善、美"来套用的话，儒家可说是追求一个"美"字。它追求个人是博学有礼、优雅庄重的君子，社会是秩序井然、和谐友爱的美好盛世。而佛家则讲慈悲为怀，讲"十二因缘"，讲三世轮回、善恶报应，讲"戒定慧"。由于讲因缘，所以它开示每个人、每一件事都是与社会、与他人密切联系的，是不能独立存在的，因此每个人要和谐与社会他人的关系，善待他人，必须造善因，不能伤害他人和社会，否则会自食其果。由于讲三世轮回、善恶报应，因此它又开悟众生要为自己的前世今生和来世负责，要造善因，才能得善报福报。由于讲"戒定慧"，所以它有一整套清规戒律，防止人们的作恶与贪念，从而扬善抑恶。因此，佛家的教化目的和方向是引人向善的，假如用"真、善、美"来套用的话，佛家可说是追求一个"善"字，它引领人们超脱世间，善待人间，成就慈悲。②

---

① 参见方立天：《魏晋南北朝佛教论丛》，北京：中华书局，1995年。
② 参见郭朋：《隋唐佛教》，济南：齐鲁书社，1981年。

(四)思辨想象、淡定超然

与作为一种社会人生哲学的儒家不同,佛家作为一门来自印度的宗教,它以印度因明学的逻辑推理思辨和宗教丰富的想象,构成了一整套包括宇宙结构论、生成论、本体论以及认识论等的宗教哲学体系,富于思辨想象是佛学的显著特质。

佛家把宇宙分为此岸的世俗世界和彼岸的佛国世界,而世俗世界又分为欲界、色界和无色界,并由此展开它各种"转俗成真"的心性思辨成佛论。它还以丰富的宗教想象提出宇宙结构论——三千大千世界说,认为宇宙是由无数个三千大千世界所构成的无量无边、无始无终的无限空间,一千个世界组成小千世界,一千个小千世界组成中千世界、一千个中千世界组成大千世界,每一个三千大千世界都要经历成、住、坏、空四劫,等等,由此展现佛法的无量无边与深奥博大。思辨抽象特质使佛家形成了一套远较儒家精致、系统的思辨哲学体系,而丰富的宗教想象则形成了别具特色的佛教艺术形式,深深地影响和丰富了中国的文化艺术。

正是由于佛家的思辨特质,所以两汉时期它是借助于同样擅长抽象思辨的道家才得以逐步融入中国文化的。而在长期的发展中,佛家精致、系统的哲学思辨也始终深深地影响着中国本土文化的儒家、道家,特别是对缺乏宇宙本体论、认识论等哲学思辨系统建构的原始儒家形成严重挑战,但最终佛家还是与儒家、道家相互影响、相辅相成,既成就了自身,形成中国化的佛学禅宗;也成就了儒家,形成吸收佛学哲理后的新儒学——宋明儒学,无论是程朱理学的"体用一源,显微无间""理一分殊",还是陆王心学的"心即理""心外无物"等,都可看到佛学思辨义理影响的痕迹。①

作为一种宗教,佛家的目的在于引导世人"息灭贪嗔痴","明心见性",修得清净淡定的智慧正果。佛家"经、律、论"三藏十二部经的核心主旨"戒、定、慧"三学,强调佛法修持者必须"依戒资定,依定发慧,依慧断惑",从而"显发真理,成正等觉"。《楞严经》讲"摄心为戒,依戒

---

① 参见冯达文:《理性与觉性——佛学与儒学论丛》,成都:巴蜀书社,2009年。

生定，依定发慧"，《坛经》讲"我此法门，以定慧为本"，都阐明了佛家的修养核心在于破"我执"，戒除贪欲、嗔怒、愚痴之心，通过净化心灵，使自身拥有一种清静淡定的心态，从而"明心见性"，修得"本来无一物"的彻悟智慧。佛家告示学佛者，只有控制住自己的欲望之心，断除俗世贪欲纷争与愚顽迷妄，进而禅定专注解悟佛理，才能修得超然淡定的佛性大智慧。在这样一种心态下，人们"不以物喜，不以己悲"，"自处超然，处人蔼然。无事澄然，有事斩然。得意淡然，失意泰然"。正如弘一法师所讲："不为外物所动之谓静，不为外物所实之谓虚"，佛家就是希望世人能够拥有一种淡泊宁静、超然物外的定力和智慧。①

二、佛家文化与深圳的智慧城市发展

深圳是一个充满爱心的城市，至今已连续多次获得中国七星级"慈善城市"称号。深圳的十大观念之一是"送人玫瑰，手有余香"，深圳的关爱行动、义工团体、慈善行动、公益组织、感恩回报、志愿精神等，都时时诠释着这座城市的温暖与善意，被誉为"没有冬天的城市"。应该说，这一切都与佛家的慈善宗旨完全契合，也可以说，深圳是有"佛缘"、有"慧根"的，作为中华传统文化的重要部分，佛家文化深深地根植于整个中华大地，早已与深圳城市、深圳文化有一种天然的联系。

自从太虚和尚提倡"人生佛教"以来，中国近现代佛学充分发挥大乘佛教世间出世间不二的精神，已转向积极入世。"人生佛教"力倡以佛学"舍己利他"的菩提心，致力于改善人类品格，增进社会道德，从而充分发挥佛家的人文教化功能。尔后印顺和尚根据佛教"不离世间觉"，提出"人间佛教"，又进一步明确了佛家的入世方向。而此后星云和尚又提出"人间净土"，更是把对社会众生的人文关怀作为佛家的最终归宿。因此，可以说，中国现代的佛家已明确将现世的社会人生作为自身的终极关怀和根本要义，它将以它"普度众生"的菩提心关注着天下苍生，佛家的

---

① 参见梁启超：《佛学研究十八篇》，北京：商务印书馆，2014年。

人文精神已与我们当下的生活圆融无碍。①

"普度众生""自度度人"无疑是佛家文化的要旨和宏愿,而这一精神可以说在深圳已得到很好的体现。深圳经过30多年的城市发展,已成为全国经济中心城市,经济总量位居全国大中城市第四,"是中国大陆经济效益最好的城市之一,在2015年中国社科院发布的城市综合竞争力榜单上深圳位居第一","在《福布斯》杂志中文版发布的2014年中国大陆创新能力最强的25个城市中,深圳位居第一位"。②可贵的是,深圳在自身努力发展的同时,一直以来以"共同富裕"的宗旨,陆续开展"同富裕工程""对口扶贫""关爱行动"等一系列扶贫帮困活动,对内努力消除本市发展的不平衡,对外则致力帮助广东河源、贵州毕节、新疆喀什、西藏林芝等省内外欠发达地区的社会经济发展。完全可以说,这不仅体现了"深圳十大观念"之"送人玫瑰,手有余香",而且很好地体现了佛家文化"普度众生""自度度人"的要旨。

深圳提出要发展智慧型文化、建设智慧城市。③何谓"智慧"?智慧离不开知识,需要以知识作基础;但智慧并不等同于知识,而是超越于知识,是融会贯通了各种知识之后,对世界万事万物能够如"庖丁解牛"般的得心应手、应对自如和淡定明智。儒家孔子说,"知者乐水""知者动""知者不惧""知者不惑",也就是说,一个智者应对万事万物的方式、方法和能力,不仅能像水一样千变万化,灵动不拘,通达自如;并且内心笃定镇静,胸有成竹,没有任何畏惧和慌乱;也非常清楚万事万物的根本道理和自己的位置使命,心如明镜,没有任何困惑。可以说,这样笃定镇静、泰然自若的情态,也正是佛家所要引导人们修得的智慧正果。佛家的核心主旨"戒、定、慧"三学所指向的最后宗旨,就是希望人们修得不惧不惑、淡定超然的心性大智慧。

一种智慧型文化,当然是崇尚知识、追求科学的文化,但更应该是一

---

① 楼宇烈:《中国佛教与人文精神》,北京:宗教文化出版社,2012年。
② "深圳政府在线",2015年11月26日。
③ 参见王京生:《我们需要什么样的文化繁荣》,北京:社会科学文献出版社,2014年。

种淡定专注于干事创业、沉着冷静地攻坚克难的文化。同样，一个智慧城市，诚然是崇尚知识、追求科学的城市，但更应该是一个淡定沉静而不贪欲浮躁、安宁祥和而不喧嚣戾气、人人安居乐业的幸福城市。

弘扬传统文化，弘扬佛学文化精神，我们不是要弘扬佛学的宗教信仰和遁入空门，而是要弘扬和汲取佛学文化那种淡泊淡定超然的修养智慧、普度众生的慈悲情怀等养分，从而让这种养分滋养我们的精神心灵、丰富我们的城市文化、增进我们的社会民生福祉。

淡泊以明志，宁静以致远。完全可以说，佛家的文化精神与思想智慧，对于克服当下社会的浮躁嗔怒，戒除贪欲净化心灵，提高人们干事创业的心理定力和专注力，培育工匠精神，成就智慧社会和幸福人生，均有着不可忽视的重要价值和意义。

道家做人，儒家做事，佛家修心。作为中国传统文化的三大主干，儒家、道家、佛家历来以不同的文化特质滋养着我们。从一个社会来讲，我们既要有务实理性、刚毅进取的儒者，也应该有随顺自然、率性创意的道者，还应该有超脱一切、成就慈悲的佛者，这样的社会才是一个包容大气、健康仁厚的社会。而从一个人来讲，我们既要做一个自强不息、积极进取、有责任担当的儒者，实现社会人生价值，也要善于做一个能够放松自己、顺从天性的道者；而当受到挫折、遭受失意不幸时，也不妨做一个能够放下、淡然超脱的佛者。这样的人生才是张弛有度、圆融智慧的人生，这样的文化才是多元包容的智慧文化，这样的城市才是幸福祥和的智慧城市。

中华优秀传统文化是我们的精神命脉和重要源泉。习近平总书记说："博大精深的中华优秀传统文化是我们在世界文化激荡中站稳脚跟的根基。"[1]深圳应该全面充分地汲取包括佛家文化在内的中华优秀传统文化的养分和智慧，才能站在更为坚实的基础上，继续开拓创新，再创辉煌。

（本文发表于《特区理论与实践》2017年第5期）

---

[1] 习近平：《习近平谈治国理政》，第264页。

论盛唐文化精神

当今的中国已以全球第二大经济体屹立于世界，在国际社会中也扮演着越来越重要的角色，发挥越来越重要的作用。习近平总书记指出："实现全面建成小康社会、建成富强民主文明和谐的社会主义现代化国家的奋斗目标，实现中华民族伟大复兴的中国梦，就是要实现国家富强、民族振兴、人民幸福，既深深体现了今天中国人的理想，也深深反映了我们先人们不懈奋斗追求进步的光荣传统。"①所以，今天中国人的心中理想和奋斗目标，就是要建设富强大国，实现中华民族伟大复兴的中国梦。

在中华文明发展历史长河中，唐朝是我们一直以来念念不忘、引以为傲的一个盛世，它的国都长安是当时世界的经济文化中心。费正清在《中国：传统与变迁》一书中指出，从唐朝开始的一千年中，中国是世界上最强大、最富裕、最先进的国家。②在一定程度上我们可以说，今天的中国梦就是盛唐梦，我们希望当今中国也能够像盛唐那样先进、国富民强和有国际影响力。探析历史是为了未来。习近平总书记说："坚定文化自信，离不开对中华民族历史的认知和应用。历史是一面镜子，从历史中，我们能够更好看清世界、参透生活、认识自己；历史也是一位智者，同历史对

---

① 习近平：《习近平谈治国理政》，北京：外文出版社，2014年，第39页。
② 参见[美]费正清著，张沛译：《中国：传统与变迁》，北京：世界知识出版社，2002年，第117-121页。

话，我们能够更好认识过去、把握当下、面向未来。"①因此，探讨盛唐的文化精神问题，对于实现中华民族伟大复兴的中国梦，无疑是极富现实价值和启迪意义的。

一、盛唐的文化精神

（一）开放、多元、包容

作为"中国最具世界主义色彩的朝代"②，唐朝对世界展现了一种全方位的开放包容姿态，万邦来朝，礼遇各国，接纳侨居人士，中外通婚，如此种种。而在思想文化上也体现了一种开放、多元、包容的精神。

学术界一般认为，唐朝的兴盛"与以儒治国有密切关系"③。唐高宗"故好儒臣"，唐太宗则宣称"朕今所好者，惟在尧舜之间，周孔之教，以为如鸟有翼，如鱼依水，失之必死，不可暂无耳"（《贞观政要·慎所好》），并明确以儒家的"人本"思想作为治国理政的方针，提出"国以人为本，人以衣食为本"（《贞观政要·务农》），还钦定了儒家的"五经"（《诗经》《尚书》《礼记》《周易》《春秋》）作为科举取士的依据。"以儒治国"的治国方略使唐太宗治理下的唐朝呈现"贞观之治"，从而奠定唐朝兴盛的基础和走向，之后，唐玄宗又沿用了这一治国方略，创下"开元盛世"的空前繁荣。

在崇尚儒家、"以儒治国"的同时，唐朝历代帝王也以开放、多元、包容的精神，对佛、道二教极力扶持，由此极大地促进了佛、道二教的蓬勃发展，使唐朝成为中华文化史上佛教和道教发展的鼎盛时期，佛、道二教的音乐、舞蹈、绘画、雕塑、文学、建筑等宗教文化艺术在唐朝也得到全面空前的发展。

佛教原是古印度的宗教，西汉末、东汉初传入中国后逐渐本土化，尔

---

① 习近平：《习近平谈治国理政》（第二卷），北京：外文出版社，2017年，第351页。
② 黄仁宇：《中国大历史》，北京：生活·读书·新知三联书店，2006年，第108页。
③ 冯达文、郭齐勇主编：《新编中国哲学史》（上册），北京：人民出版社，2004年，第228页。

后发展成为中国文化的重要一支。它最初依附和借助道家玄学，到南北朝时期才在中国扎下根基，走上独立发展道路。隋唐时期进入鼎盛发展期，不仅自创各种宗派，也充分融入中华本土文化，并对儒道两家产生极大影响，成为中国传统文化三大主干之一。

佛教在唐朝得到历代帝王礼敬与扶持，玄奘取经回来，备受唐太宗恩宠；义净西游取经回来时，武则天亲迎于洛阳上东门外。在历代君主的扶持和众多饱学之士的潜心研究下，佛教在唐代得到空前发展，创立出唯识宗、华严宗、禅宗、密宗、净土宗、真言宗等多个影响深远的宗派，从而使佛教在中国的本土化发展进入鼎盛时期。

道教作为中国本土的宗教，诞生于汉末，崛起于魏晋，成熟于南北朝，发展于隋代，繁荣鼎盛于唐代。道教在唐代被视为国教，李氏王朝尊老子为祖先，唐朝历代帝王尊奉老子和道教。唐高祖平定天下后，两次到终南山道观拜祭老子；唐太宗敕道教排名位于佛教之前，并把老子追尊为太上玄元皇帝；唐玄宗则亲自注疏道家经典《道德经》，并以《老子》《庄子》《列子》《文子》开科取士，还让公主嫔妃入道并为其立道观。由此全国道观林立，道徒众多，盛况空前。而在义理上，成玄英、司马承祯等一批知识精英出身的道士，则把道教的丹道学从服食丹药的外丹术发展成为注重精神修炼、重玄学的内丹术，从而使道教的发展进入一个崭新阶段。

应该说，唐朝在思想文化上对外来文化以及儒、道、释三教兼容并包后所呈现出来的恢宏大气、开放包容、自由宽松的精神气质，充分体现了一个大国所应有的文化气象，而这种气象正与它的社会经济的富强相匹配。唐朝之所以有万邦来朝的国际地位和影响力，显然与此密切相关。可以说，开放、多元、包容是盛唐文化精神的核心，是唐朝强盛且富有国际影响力的根本原因所在。

（二）务实理性与超越感性兼备

儒家文化是务实理性的文化，它重视人的社会性、群体性和伦理秩序稳定性；而道家文化、佛家文化是超越现实追求的文化，道家重视人的个体性、自由天性，追求自然玄远，佛家则追求精神的超越现实。所以可以说，儒家的"实"与道家、佛家的"虚"渐次完整地构成了中国文化从基于现实、务实理性到超越现实、浪漫感性的不同层面和境界追求。而唐朝在思想文化上兼容儒道释，这就意味着兼备了务实与浪漫、理性与感性的社会文化品格。假如说，儒家的务实理性精神成就了唐朝政治成功、社会稳定、经济繁荣的话，那么，道家、佛家的超越现实追求则慰藉和滋养了唐朝人的心灵，提高了唐朝人的精神境界，开阔了唐朝人的胸襟，成就了唐朝人的浪漫感性，形成了盛唐时期自由宽松的文化气质和社会氛围。

（三）英雄人格与浪漫精神齐具

相比于中国历朝历代，我们应该说，唐朝人的浪漫感性是较为突出的。这种浪漫感性借用冯达文先生的话来说就是"英雄人格或浪漫精神"①。它"凸显的是人的天生才情，人的好奇心与想象力"，而才情、好奇心、想象力均驱使着人们超越日常的既定伦理和事理，从而使人们的个性"肆无忌惮的敞开与张扬"，对天外世界则有着"天真烂漫的敬仰与追寻"，由此使唐朝人"更外向，更野性，更具激情与活力，更富创造性与开拓欲"②。

事实上，正是这种富于"创造性与开拓欲"的"英雄人格"使唐太宗李世民开创了"贞观之治"的强盛国势；而"浪漫精神"则不仅使李白等诗人创作出一首首想象丰富、浪漫恣肆、意蕴深远的诗歌，唐诗成为中国文学史上的瑰宝，更有唐玄宗与杨贵妃的爱情故事，成为这种浪漫精神的千古绝唱，并由白居易《长恨歌》的浪漫叙述，引发人们对这一错位美好爱情的同情与惜叹，也成为"浪漫精神"的绝好注脚。

富于创造性和开拓欲的"英雄人格"无疑是充满激情和力量的，它凸显了人的原始活力和生命力，展现了人的血性和野性的一面；而追求超越的"浪漫精神"则无疑更富于文化意味，它舒展了人的天生才情、创造

---

① 冯达文、郭齐勇主编：《新编中国哲学史》（上册），第230页。
② 冯达文：《理性与觉性——佛学与儒学论丛》，成都：巴蜀书社，2009年，第324-325页。

力和想象力。"英雄人格"的开拓创新特性,往往可以让人成就一番大事业,而"浪漫精神"的超越舒展特质,则往往能带给人以乐观、自由和美好希望,这不能不说是唐朝的文化精神之所以令人神往的重要原因。

二、盛唐文化精神与中国梦

盛唐在一定程度上可以说就是我们今天的中国梦。那种物质生活的丰盈富足,那种精神文化上的恣意潇洒,那种万邦来朝的强盛自豪,无一不彰显着一个富强大国所应有的理想风范与精神气质。由于开放多元包容的姿态、务实理性与超越感性兼备的品格、英雄人格与浪漫精神齐具的特质,唐朝既具备了国家社会现实层面的工具理性,又兼顾到了个人心灵精神层面的才情感性;既顾全了社会国家的整体利益,又发挥了个人的天生才情;既有维持社会稳定的文化理性,又保全了个体原始的血性和力量,从而使盛唐社会得到健康蓬勃的发展,个人的聪明才智、生命力与创造力也得到充分发挥。这就是盛唐的文化精神给予我们最重要的启示。

今天的中国虽然未能达到盛唐时期的国际地位,但已走在富强的道路上。40年的改革开放,中国以开放多元包容的姿态、"实干兴邦"的务实理性及开拓创新的精神,取得了举世瞩目的辉煌成就,"中华民族伟大复兴展现出光明的前景"[1]。但盛唐的文化精神之所以令人神往,应该说,还在于其还兼有超越感性、浪漫精神等另一面社会文化品格,并由此开创了中国文化精神的历史高度。假如说,开放多元包容、务实理性和开拓创新的英雄人格成就了唐朝的政治成功、社会稳定、经济繁荣,那么,超越感性、浪漫精神等品格特质则造就了盛唐社会自由宽松的文化气质,成就了唐朝人的气质风采和心灵高度,从而使个人的聪明才智、生命力与创造力得到充分发挥。

习近平总书记说:"实现中华民族伟大复兴,必须坚定中国特色社会

---

[1] 中共中央文献研究室编:《习近平总书记重要讲话文章选编》,北京:党建读物出版社、中央文献出版社,2016年,第18页。

主义道路自信、理论自信、制度自信、文化自信。……文化是一个国家、一个民族的灵魂。"①"博大精深的中华优秀传统文化是我们在世界文化激荡中站稳脚跟的根基。……善于继承才能更好创新。"②

在中华优秀传统文化中,儒家文化以积极有为、刚健大气、理性优雅的文化精神特质和淑世谨严的社会人伦秩序,千百年来形塑着中国人的精神世界和社会风貌,成为中国文化屹立于世界文化之林的最核心特质,是中国传统文化的主干和核心。儒家区别于诸子百家的突出特质,在于它高扬人的尊严和气质风采,重视人文教养和精神追求,正是儒家这种人文价值和精神境界追求,一方面体现了人作为万物之灵的尊贵性,另一方面也拓展了人们生活的宽度和高度,从而使人类文明的一切美好不至于被工具化和扁平化的法治理性所消解和湮没。

而道家文化是中国传统文化的重要组成部分,它以崇尚自然、重视个体、贵柔尚弱、擅长理论思辨、富于反省批判精神等特质,与儒家共同构成了中国传统文化发展的一条主线,也给中国文化带来了创新活力,并以其开阔的思维、宽广的意境,丰富了中国人的生命智慧及精神世界,把人们的目光和境界引向高远。以对立反省批判方式制约、提醒、激荡儒家,是道家最显著、最根本的特质和价值。在中国文化历史长河中,正是道家对儒家相反相补、相辅相成,相互制约、相互激荡,使这两大传统文化主干构成一柔一刚、一反一正、一破一立、一阴一阳、一隐一现、一静一动、一虚一实的良性互动关系,才避免了儒家独尊所带来的片面、专断、单一、僵化等弊端,从而使中国文化获得了更为全面多元的思想智慧、更健康的创新活力,绵绵不绝地丰富、演进至今,由此形成的社会心理积淀,对中华民族的人格心理结构产生了深远的影响。弘扬道家文化,我们不是要弘扬它"不敢为天下先"的老成暮气,而是要弘扬它尊重自然规律、擅长思辨玄远、重视个体自由、崇尚万物平等不同于儒家的特质智慧。由此一方面弥补和舒缓儒家"实用理性"所带来的负面因素,也给拼

---

① 习近平:《习近平谈治国理政》(第二卷),第349页。
② 习近平:《习近平谈治国理政》,第164页。

搏进取的人们带来另一种思维方式、另一种人生智慧和另一种生活样式。与此同时，也使中华民族在走向复兴和建设文化强国的旅程中，形成刚柔相济、张弛有度、全面多元的健全文化和社会心理结构，更加稳健地向前发展。而另一方面，建设富强大国、实现中华民族伟大复兴的中国梦，需要提倡和注重创新，而创新需要营造宽松自由的氛围，只有在宽松自由的氛围下，人们才可能心无旁骛地专注于创新，也只有在宽松自由的环境条件下，人们才能拥有玄远无限的思维空间，从而开始种种理论创新、科技创新以及文化创意创新。中国改革开放后社会经济各方面的飞速发展以及在改革创新方面取得的巨大成就，就是在解放思想、打破旧的思想观念和体制机制对经济发展和人才成长的束缚、最大限度地释放经济活力和人才的创造力后取得的。而在中国传统文化中，道家文化就是以崇尚自由自在为突出特质的。因此，合理的继承和弘扬道家文化，不仅对促进中国传统文化本身的创新发展、拓展中国文化的宽度和高度有重大意义，而且对当前的创新型国家建设、实现中华民族伟大复兴的中国梦，都具有不可忽视的独特价值。

佛家文化是中国传统文化的重要组成部分，它以关怀人间疾苦、慈悲为怀、超脱淡定等文化特质，补充和完善了中国传统文化，并与儒家文化、道家文化一起，构成中国传统文化的三大主干和中国人精神生活的三大支柱，从而渐次完整地构建了中国人从现实到超越、从"实"到"虚"、从物质到精神的不同层面和境界追求。习近平主席2014年3月27日在巴黎联合国教科文组织总部演讲中论述到，外来文化的佛教"与儒家文化和道家文化融合发展"，"给中国人的宗教信仰、哲学观念、文学艺术、礼仪习俗等留下了深刻影响"。[1]弘扬佛学文化精神，我们不是要弘扬佛学的宗教信仰和遁入空门，而是要弘扬和汲取佛学文化那种淡泊淡定超然的修养智慧、普度众生的慈悲情怀等养分，从而让这种养分滋养我们的精神心灵、丰富我们的现代文化、增进我们的社会民生福祉。佛家的文化

---

[1] 习近平：《习近平谈治国理政》，第260页。

精神与思想智慧，对于克服当下社会的浮躁嗔怒，戒除贪欲净化心灵，提高人们干事创业的心理定力和专注力，培育工匠精神，成就智慧社会和幸福人生，均有着不可忽视的重要价值和意义。

中国传统文化博大精深，其超强的包容性与生命力，是我们取之不尽、用之不竭的思想文化源泉。因此，借鉴盛唐文化精神，我们还应继续以开放、多元、包容的姿态对待古今中外一切文化，尤其是要全面充分地汲取中华优秀传统文化的养分和智慧，进一步营造自由宽松的社会文化氛围，释放个人的才情活力，提升中华民族的人文精神高度，培植和拓展有益于社会发展以及个人聪明才智、生命力和创造力发挥的氛围空间，从而开拓创新走向辉煌，实现中华民族伟大复兴的中国梦。

（本文是作者主持的深圳市哲学社会科学"十二五"规划课题"深圳文化发展与弘扬中华优秀传统文化研究"的一部分）

Part 3

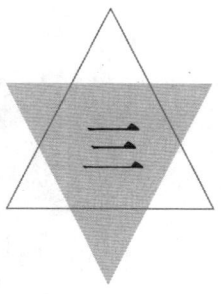

辨析儒释道

按：2014年11月8日，由深圳市社会科学院与深圳图书馆联合举办、深圳市宣传文化发展基金资助的学术沙龙"深圳学人·南书房夜话"第一期开讲。此后每隔一周的周六、日晚7点至9点在深圳图书馆南书房举行。每期有一位主持人、两位主讲嘉宾，《深圳商报》"文化广场"图文专栏报道，风雨无阻，延续至今，现已成为深圳社科普及学术品牌。每次沙龙内容均有现场速记，之后送交主持人和主讲嘉宾分别校勘整理，每年一本结集成书在中国社会科学出版社出版。

"南书房夜话"开讲之初，由于主题多为国学的缘故，我受邀作为主讲嘉宾参加了第6期、第8期、第22期、第23期，涉及主题为儒家、道家和佛家。讲座简要内容均已由《深圳商报》"深圳新闻网"报道，全部内容也已由中国社会科学出版社出版。诚如教学相长，在做讲座准备以及现场交流当中，常常引发我对所讲主题的深入思考。收入本书时稍做了适当整理修改。

儒家的人格理想
——君子小人之辨①

君子小人之辨确实是儒家学说中最核心的问题。儒家是人学，是关于人的生命的学问，它所有的思想义理都是围绕怎样成为一个人、成为一个大写的"人"而展开的。这个"人"最高的人格典范是圣人，孟子说"仁且智，圣也"（《孟子·公孙丑上》）。就是说，圣人是一个具备了仁爱与智慧的人。但圣人既要"内圣"，也要"外王"，就是说既要有崇高的内在道德修养，也要有在社会上的丰功伟绩。所以，圣人几乎就是神人，是难得一见的。而仅次于圣人的人格理想就是君子了。由于儒家是一种入世的学说，是一种成人之学，所以它最重要、最核心的人格理想还在于怎样成为一个君子。所以孔子说，"圣人吾不得而见之矣，得见君子者，可矣"（《论语·述而》第七）。据杨伯峻先生统计，"君子"一词在《论语》里出现了107次，在《孟子》里有82次，在儒家经典《易传》里有84次，由此可见"君子"问题在儒家学说中的重要分量。

关于君子与小人的判别，按冯友兰先生的说法，君子是道德的、建设性的，小人是不道德的、破坏性的。从这个思路出发，在我看来，君子最突出的一个特点是"正"字。所谓"正人君子"，正义、端正、正派，正心诚意，"名不正，言不顺"，"其身正，不令而行"（《论语·子路》），等等，都是从君子的这种"正"的特质衍生出来的。而它的对立面小人就是不正、不端、邪恶的。

那么，君子的"正"主要体现在哪里？在我看来，君子之"正"体现在如下几个方面：

首先，君子要具有一颗"正"的心——仁心，君子是以仁爱之心对人、对社会、对世间万物，具有仁心仁德。儒家是仁学，以仁为核心，

---

① 此为"南书房夜话"第6期，沙龙举办时间为2015年1月24日晚7点至9点，主讲人为韩望喜、方映灵、胡野秋（兼主持），本文为作者主讲部分。

所以君子作为它的人格理想当然必须充分体现这个"仁"字。而儒家的"大学"八条目,"格物、致知、诚意、正心、修身、齐家、治国、平天下",强调的也就是要"正心"后,才能够"修身齐家治国平天下"。通过"格物、致知、诚意"之后还要"正心",也就是具备了仁心后才能进一步讲修身,接着才能真正成为一个对家、国、天下有作为、有贡献的仁人君子。

其次,君子要有"义",要讲正义、讲道义、讲担当。孔子讲"君子喻于义"(《论语·里仁》),"不义而富且贵,于我如浮云"(《论语·述而》)。面对"义"和"利",君子始终考虑的是"义"而不是"利"。假如不符合道义的话,就是能得到富贵,君子也视若浮云。而孟子则讲"富贵不能淫,贫贱不能移,威武不能屈"(《孟子·滕文公下》),讲"养我浩然之气"(《孟子·公孙丑上》)。面对非正义的诱惑和磨难,君子表现的是刚正不屈和正气凛然。正因为君子的这种难能可贵的特质,所以,君子才堪负重任,可以托付大事,就是曾子讲的"可以托六尺之孤,可以寄百里之命,临大节而不可夺也"(《论语·泰伯》)。

第三,君子要有"学",要好学、博学、有学问,"博学于文"。古代的士要习"六艺":礼、乐、射、御、书、数,讲"诗书礼乐以造士"。君子是好学之士,"学而时习之","谋道不谋食","忧道不忧贫",由好学、博学从而使君子成为智者。君子的"三达德"就是"仁者不忧,智者不惑,勇者不惧"。所以君子既是有道德操守的人,也是有广博学问的人。

第四,君子要有"礼"。要温文尔雅、谦恭有礼,要"修己以敬","约之以礼","不学礼,无以立","色思温,貌思恭"。可以说,如果仁、义、学是君子的内在品格的话,那么礼就是君子的外在修养,而且这种内在品格和外在修养是紧密联系、内外兼修、同时具备的。"君子以仁存心,以礼存心","人而不仁,如礼何?"(《论语·八佾》)礼是由内在的仁心和学问向外自然透出的一种修养。

总之,君子作为一种人格理想是完美的,具体表现在方方面面也有非常细致的要求。正如孔子所说:"君子有九思,视思明,听思聪,色思温,貌思恭,言思忠,事思敬,疑思问,忿思难,见得思义。"尽管不容易达到,但也要通过"吾日三省吾身"不断地努力,从而在道德和学问上逐渐进步至于完善,成为君子。

至于"小人",《论语》里提到了24次,大多是作为君子的对立面而提出来的。比如,"君子喻于义,小人喻于利","君子成人之美,不成人之恶。小人反是","君子求诸己,小人求诸人","君子和而不同,小人同而不和","君子泰而不骄,小人骄而不泰",等等,从而映衬出小人不仁不义等道德特性。

但君子与小人最初的分界只是针对社会地位而言,道德的含义是引申出来的。君子最初指的是贵族、统治者等处于社会高位的人,而小人则指的是处于社会下位的平民百姓,所以,君子在《论语》中有两个含义,一个是指有位的人,另一个是指有德的人。儒家认为,处于高位的君子的德行应是普通百姓学习效仿的典范,"君子之德风,小人之德草",君子之德就像风一样吹动影响着草一样的百姓之德。正因为君子、小人有这种道德上的高低之分,后来才延伸出只具有道德意义的君子、小人。而"政者,正也",当政者就意味着自己本身就该是正人君子,作为平民德行的典范,引领着社会道德风气。儒家的理想追求是"内圣外王",对内追求成为有德行的圣人君子,对外追求成为有作为的王者统治者。同时,儒家也是主张推行仁政的,认为一个有高尚德行的正人君子成为统治者,国家社会才能正气清明、仁爱和美,从而实现儒家仁政下的理想社会。

学术界曾有人提出儒家应该可以作为一种统治当今中国的思想意识形态,由此继续推行儒家的仁政。我个人觉得,儒学在今天的现实意义和价值,应该是它作为仁学和成人之学,带给我们的仁爱温暖、宽厚博大和文明优雅,而不是作为一种统治思想和意识形态。德行高尚的"内圣"并不必然导出君临天下的"外王",从"内圣"到实现社会良好治理的"外王",中间还需经过许多现实的操作和境遇才可能实现。所以孔子终其一生只是一个圣人,一个大教育家、思想家而不是一个君王。但是,要成为君临天下的"外王"倒是需要具有德才兼备的"内圣"才能服人,才能走得好走得远,实现长期执政长治久安。所以,儒家的永恒核心价值、君子的人格理想追求就应该体现在这里。

作为一种成人之学,儒家体现的是一种贵族性文化,它非常注重人文修养,提倡温、良、恭、俭、让,对于竞争也是颇具风度、文质彬彬的,"其争也君子",非常文明优雅。所以儒家的君子人格理想是高尚美好的,它对于我们社会的人文教化,对我们个人的品格修养是非常有价值的。虽然要实现这种人格理想不容易、有难度,但作为一种社会人生理想,我们对它的向往和不懈追求,既体现了人作为万物之灵的尊贵性,也提升了人的生命价值意义,所以无论对于社会还是个人都是很有意义的。

问:"真小人"与"伪君子"哪个更好?希望点评一下。

君子与小人之间的区别是一个道德与非道德的问题。正如刚才所讲,君子的内在品格和外在修养是必须同时具备的,而且内在的仁心占据核心地位,是礼的根本:"人而不仁,如礼何?"没有仁心,怎么可能谈得上礼?礼是由内在的仁心和学问向外自然透出的一种修养。

"真小人"应该指的是没有刻意标榜伪装仁善的不道德的人,而"伪君子"则应该是指那些刻意标榜伪装仁善但实际上也是不道德的人。应该说,这两种人都不好。缺乏仁心而外在表面却伪善,那其实本质上不是君子而是小人,也就是伪君子。从理论上说,伪君子与真小人的区别在于更具欺骗性和迷惑性,所以在一定程度上应该说,伪君子对社会的破坏与伤害确实比真小人更大。

问:西方提倡个人自私自利地追求发财致富,不提倡君子的"义"只追求利,但最后却使整个社会的财富得到增加,如何看待个人的"恶"成就了公共的善?

我想这里涉及一个问题，就是儒家对经济发展的作用问题。儒家是重义轻利的，所以儒家认为"君子喻于义，小人喻于利"。那么儒家对社会经济发展到底起了什么作用？对于这个问题，学术界历来有两种截然不同的看法。一种看法是认为起阻碍作用的：马克斯·韦伯就认为，中国近代资本主义为什么没有像欧洲那样得到发展，跟儒家思想的制约作用有关系，儒家伦理阻碍了中国资本主义的发展。因为儒家的君子缺乏西方清教徒那种有利于资本主义经济发展的"强烈的激情"和"天职思想"。

另一种看法则认为儒家对社会经济发展起促进作用。余英时、杜维明两位先生都认为，儒家伦理对商人的经营管理、为人处世等有着深刻影响，是商业伦理"贾道"的重要来源，对中国近代资本主义和20世纪六七十年代新加坡等亚洲"四小龙"的经济腾飞有促进作用。

应该说，这三位大家在某种程度上恰好从正反两面阐明了儒家的局限及其与经济发展的关系。儒家的重义轻利在某种程度上确实抑制了人们对资本财富的追求，从而阻碍了社会经济发展，但是，儒家反对唯利是图等原则伦理却往往成就了更大更长远的"利"，这种伦理构成了独具特色的东方商业伦理"贾道"，从而对东亚社会经济发展起了促进作用。

确实，有西方学者就像中国的荀子、韩非子一样，主张人性是恶的，像霍布斯就认为原始自然状态下"人对人像狼一样"，人的本性是自私自利的，但近代西方却发展了资本主义。其实这里除了肯定个人对"利"的追求的正当性外，西方的新教伦理以及契约精神也起了重要作用，并不是像你所说的不要君子不要"义"只追求利。

问："君子喻于义，小人喻于利"是否可以理解为当政者应该追求规则正义，小民老百姓则要追求金钱利益？

在我看来，"君子喻于义，小人喻于利"，并不是分开地说"义"是君子的，"利"是小人的，所以我等百姓小民追求利就行了。假如现实中你要这样做的话，其实是把你自己放低，有点自甘堕落的意思了。因为一方面，儒家是倡导有教无类的，它提倡君子的理想人格追求，是希望人们可以通过教育和自己的努力改变自身的身份地位；另一方面，儒家也希望人们能够通过人文修养，提升个人自身的人格精神境界，从而体现人的尊贵性，彰显人的生命价值。所以，君子作为一种积极向上的理想追求，我想对于一个人、一个家庭乃至一个社会都是很有意义、具有永恒价值的。

文化的对话：儒家与佛家[①]

儒家、道家、佛家是中国传统文化的三大主干，儒家与佛家是中国传统文化的重要组成部分。但总体来讲，儒家与佛家在我看来主要有以下不同：

第一，儒家是中国本土最主流的文化，佛家原是古印度的宗教，两汉时期传入中国后逐渐本土化并成为中国文化的重要一支。第二，儒家的主旨和精神姿态是积极入世的，而佛家是出世弃世的。第三，儒家是关于现世的学说，它不讲前世、来世；而佛家则是讲前世、今生和来世三世轮回的。第四，儒家对鬼神是存而不论的，它不肯定鬼神存在，孔子说，"未知生，焉知死"，"未能事人，焉能事鬼"；而佛家则肯定鬼神、灵魂的存在，它讲灵魂不灭，并借此得以完成它的三世轮回报应学说。第五，儒家不是一种宗教，它没有设立外在的人格神；而佛家则从一开始就是作为一种宗教而存在的。第六，儒家崇尚的是清醒理性，它讲格物致知，讲博学；而佛家则注重非理性的、神秘主义的直觉，讲"悟"，讲顿悟、渐悟。

但归结起来，儒家与佛家最核心的不同，我认为在于一个是"有"字，一个是"空"字。儒家强调对人生社会有责任、有担当、有作为、有理想、有追求、有教养，等等，所以说它崇尚的是一个"有"字。它有一种浓厚的家国情怀和家庭社会责任感，把"修身、齐家、治国、平天下"作为人生的意义和价值追求，希望由此建设和谐美好社会，体现自己的人生价值。所以它强调积极进取、自强不息、刚毅勇猛、坚韧不拔，"天行健，君子以自强不息"，"士不可以不弘毅，任重而道远"；讲仁义礼智信，协调人与社会的关系，目的就是要建设一个和谐美好、优雅友爱的社会。儒家心目中理想的人是有作为、有责任的君子，具备"仁义礼智信"品格，在家能和睦家庭、承担家庭责任，在社会能为社会做贡献，有大爱、有担当。

[①] 此为"南书房夜话"第8期，沙龙举办时间为2015年3月28日晚7点至9点，主讲人为方映灵、王兴国、胡野秋（兼主持），本文为作者主讲部分。

而佛家所讲则是一个"空"字，所以我们经常称出家的佛徒为"遁入空门"。它看空一切，舍弃一切，不执着一切，把一切都看成是幻相和假有。所以"空"可说是佛家的核心概念和最后宗旨，通过"空"而完成它出世的理论建构。对于如何悟"空"、看空，历史上不同佛教宗派都围绕"空"字进行了不同解读，两晋时期"六家七宗"集中讨论的主题就是这个"空"字。当时的僧肇把"空"解释为不真空，被鸠摩罗什誉为是"解空第一人"。佛教大乘空宗般若学以"性空"和"假有"对"空"进行了深刻解读。般若中观学有一个重要的观点叫"缘起性空"，认为现世的一切事物（"法"）都是因缘假合而成的，没有自性，不能独立存在，所以万物都是一种假有，都是空的。由于看空一切，所以现实中的一切，包括家庭和社会的责任、个人的情感、名利，等等，都没什么可以执着、值得执着的，都可以放弃。只有悟到"一切皆空"，从而放下各种欲望，人们才能得到解脱，心灵得到平静。所以佛家对遭受痛苦不幸的人们有独特的安抚作用和价值。中国历来有"得意谈孔孟，失意谈佛老"之说，佛教成为遭受不幸和苦难人们的避难所和安慰剂，从而以它独特的另一种生命方式，有效地补充了儒家这方面的缺失，并逐渐成为中国传统文化的重要组成部分。儒家只讲命，但它希望人们在遭受挫败之后，仍然以"知其不可而为之"的执着，坚韧不拔地继续走下去，这其实有时是勉为其难的，所以还是需要用佛家的方式彻底解脱，从而让人足以心灵精神慰藉。就一个社会来讲，有幸福的人有不幸的人，有得意的人有失意的人，幸福得意的人当然要讲儒家，要讲积极进取、讲责任，实现人生价值，推进社会进步；但对于失意不幸的人，也要容许和尊重他们转向佛家，学会放下。对于个人来讲也是这样，漫长人生总有幸福得意的时候也有不幸失意的时候，所以儒家和佛家提供给我们的不同境遇不同时期不同的滋养方式，我们要学会有时做儒家，有时做佛家，该自强不息的时候就要积极进取，该放下的时候就不要执着，这样才是有厚度的人生。

应该说，尽管儒家与佛家有很多不同，但他们都有一个共同的作用和功能，那就是人文教化功能。儒家的教化功能自不必说，它是提倡积极美好人生、注重群体和谐的。它讲"仁爱",对社会、对他人有爱心,讲仁义礼智信,关爱他人与社会,希望社会健康和谐发展。假如用"真、善、美"来套用的话,儒家可说是追求一个"美"字。它追求个人是博学有礼、优雅庄重的君子,社会是秩序井然、和谐友爱的美好盛世。而佛家则讲"十二因缘",讲三世轮回报应。由于讲因缘,所以,它开示每个人、每一件事都是与社会、与他人是密切联系的,是不能独立存在的,所以每个人要和谐与社会、他人的关系,善待他人,必须造善因,不能伤害他人和社会,否则会自食其果。由于讲三世轮回,因此它又开示每个人要为自己的前世、今生、来世负责。所以它的目的是教导人们向善的,它与儒家一样,对社会起了一种人文教化作用。假如用"真、善、美"来套用的话,佛家可说是追求一个"善"字,它引领人们超脱世间一切,善待人间,成就慈悲。

牟宗三先生说,中国哲学、中国文化是"以生命为中心的学问"。作为中国传统文化的三大主干,儒家、道家、佛家对于我们的社会人生所起的作用是不同的。从一个社会来讲,既要有理性严谨、刚毅进取的儒者,也应该有率性自由、自然随意的道者,也还应有超脱一切、成就慈悲的佛者。这样的社会才是一个包容大气、健康仁厚的社会。从一个人来讲,既要做一个自强不息、积极进取、有责任担当的儒者,实现社会人生价值;但是,也要做一个懂得放松自己、顺从天性的道者;而当受到挫折、遭受失意不幸时,也不妨做一个懂得放下、豁达超脱的佛者。这样的人生才是张弛有度、圆融美好的人生。我想,这就是老祖宗留给我们最珍贵的文化遗产,也是中国传统文化的永恒价值和对于我们今天最有价值的智慧。

问:如何从文明冲突与文化对话角度看儒佛关系?

大体应该说,儒佛关系有一个从相互排斥冲突到相互借鉴吸收,再到相互包容相互成全的过程。佛教是西汉末、东汉初从印度传入中国的,经过不断的本土化,至隋唐时期达到鼎盛。历史上曾有三次"灭佛"事件。第一次是北魏时期,佛教遭受道教的排挤,导致佛徒被杀、佛像被毁。第二次是北朝时期，因统治者尊儒，佛教与道教一起被毁经书、灭佛像，佛徒、道士还俗。第三次是唐朝中叶，因佛寺经济过分膨胀与国家赋税发生重大冲突，唐武宗下令沙汰佛徒。尽管有这几次大的冲突，但是，作为外来文化的佛教最终还是以它对社会人生苦痛的独特慰藉作用赢得了众多信众，并以它玄妙的理论思辨性，逐步影响着儒家。而佛教也在这种冲突与对话中完成自身本土化过程，最终形成了禅宗，禅宗就是中国化的佛教。儒家对佛家的回应，先是南朝时期范缜与佛学者的形神之辩，后是唐朝韩愈、李翱的反佛排佛，但儒家始终还是以学习借鉴的方式对待佛学，并最终形成了吸收了佛学和道学精华的宋明理学。所以，由此可以看到，儒家、道家、佛家这三种不同的文化，历来是既相互排斥冲突，又相互借鉴吸收，最终又相互包容，相互成全，共同成为中国传统文化三大主干和中国人精神生活的三大支柱。

说说老子的"无为"与"自然"①

今天的主题是说说老子的"无为"与"自然",而其实老子的道就是无为与自然,道家的核心主张就是无为与自然。那么,什么是老子的无为与自然?

应该说,老子的无为就是自然,自然就是无为。老子说:"人法地,地法天,天法道,道法自然。"(《老子》第二十五章)这里指明了自然是宇宙万物(天、地、人)所效法、所遵循的最高法则。那么自然是什么?就是无为,这个"无为"包括两个方面:一方面就是纯天然状态,没有任何人为、人工施为的成分;另一方面就是不妄为、不乱作为、不强作为。具体来说,可以分两个层面:

第一,从形而上的层面来说,自然一方面是指一种客观存在,一种天地万物本来如此、自己这样的天然状态;另一方面则是指天地万物内在自主的原因、自己本身具有的客观规律——"道"。老子道家认为,在自然面前,人是不可能有作为的,只能是无为,因为一方面自然状态本来就是一种天然的客观存在,不是人为干预后才存在和出现的,而且往往是和谐美好的;另一方面,自然状态本身就具有自满自足、自我发展的特性,都各有其"道",不需人为干预。由于不可干预,也无须干预,所以面对自然,人只能是无为。但尽管是无为,没有人为干预,自然却处处充满生机,所以老子又说:"道常无为而无不为。"(《老子》第三十七章)

第二,从形而下、具体形态表现层面来说,我们可以从自然界、社会和个人三个方面来讲。

首先,对于自然界来说,花开花谢,潮起潮落,鹰飞鱼跃,这些都是自然呈现的,都不是人类作用的结果,老子说:"天地不仁,以万物为刍狗。"(《老子》第五章)天地万物都是自然无为的。老子道家认为,人只

---

① 此为"南书房夜话"第22期,沙龙举办时间为2015年10月24日晚7点至9点,主讲人为李大华、方映灵、曾德雄(兼主持),本文为作者主讲部分。

是自然的一部分，与天地万物一样，都是以自然作为最高准则。所以，在人与自然这个问题上，老子的无为与自然导出的结果，是人对自然的尊重、人与自然的和谐相处，而不是像儒家那样，由于过分强调人为、有为和"人定胜天"，从而带来对自然界的为所欲为和肆意破坏。正如西方有句谚语"人类一思考，上帝就发笑"所说的那样，老子的无为与自然所体现的，就是一种自然的无限性和不可把握性，以及人类理性和人为的有限性。

其次，是对于人类社会。应该说，老子提出的自然无为主张主要就是针对社会来阐发的。老子道家虽然由于提出自然、注重自然而被称为自然哲学，但其实它的根本宗旨和目的还在于社会，所以最主要的还是一种政治哲学，由此秦汉之际得以发展成为帝王统治之术的黄老之学。

在老子看来，社会的原始自然状态是非常淳朴宁静的，人的自然本性也是非常朴实的。所以，当政者不应该强妄作为的扰民，破坏这种淳朴美好的自然状态和本性。一方面，在政策措施上不应该为所欲为地使用严刑重税，弄得民不聊生；另一方面，则是不应该用仁义巧智等来治理社会国家。他反对儒家人为地倡导仁义道德。他认为，一切人为的仁义道德，都是在朴素的人性自然状态遭到了破坏丧失之后，才得以表现的："大道废，有仁义；六亲不和，有孝慈；国家昏乱，有忠臣。"（《老子》第十八章）当社会、家庭、国家处在一种自然淳朴和谐的情况下，有什么机会能彰显仁义、孝慈、忠诚呢？！只有当社会、家庭、国家混乱不堪、朴素自然状态遭到破坏，才有机会彰显，才有必要提倡仁义、孝慈、忠诚。所以，对国家社会的治理，最重要、最根本的是要守住人们朴素恬淡的自然本性，维持自然淳朴的社会风尚，让人们回归纯真的自然情感，而不是人为地倡导圣智仁义、追逐人工巧利。所以老子提出要"绝圣弃智""绝仁弃义""绝巧弃利"，提倡"见素抱朴，少私寡欲"（《老子》第十九章）。他认为，当人们绝弃了圣智、仁义、巧利，回归朴素宁静的自然状态和本性时，国家社会也就自然得到治理，所以老子说："不欲以静，天下将自正。"（《老子》第三十七章）

在老子看来，顺任自然，顺任民情，实行无为而治，就是最高、最尊贵的道德，他说："道之尊，德之贵，夫莫之命而常自然。"（《老子》第五十一章）特别是对一个大国来说，他认为更应该实行无为而治，"治大国，若烹小鲜"（《老子》第六十章）。强妄作为则会导致国家的混乱，就像搅煮烂了的小鱼。老子认为真正明智的执政者所能做、所要做的只是补救民众未能做好的错失，起辅助作用而已，而不敢强作妄为，他说："复众人之所过，以辅万物之自然而不敢为。"（《老子》第六十四章）他认为，只要执政者能做到不乱作为，安静不扰民，不给人民增加负担，不追逐过多的现实欲望，那么，人民自然就得到了教化，生活就自然富裕，淳正质朴的社会风尚就自然形成，国家社会就自然得到治理。"我无为而民自化，我好静而民自正，我无事而民自富，我无欲而民自朴。"（《老子》第五十七章）这就是老子的无为与自然思想在社会方面的体现。

再次，是对个人。我们知道，人之所以为人在于它的社会性。每个人从降临到这个世界的那天起，就必须依存于家庭、依存于社会群体，所以必须被社会化。而社会是依靠一定秩序、一定规则建立和维系的，因此人必须逐渐学会懂秩序、守规则、培养相关理性，为此就必须舍弃自己与生俱来的一些自然禀赋、自然习性，以理性规范感性，也就是被"文"化，从而融入社会。人的成长过程就是不断被"文"化、被社会化的过程，而社会也就由此得以维系和发展。尚文化、重秩序、倡理性、强调社会性高于自然性，这就是儒家所致力的方向，它的"仁、义、礼、智、信"都源于此而展开。

但是，人作为自然的产物和一部分，它与生俱来就具有自然性一面。我们每个人都有各自天生的自然禀赋和自然情性，正是这种各自不同的自然禀赋和自然情性的存在，才构成了社会的多元多层和多姿多彩，这就是人的自然性。人的这种自然天性只有得到应有的保护、尊重和发挥，而不是被强加干涉、扭曲和破坏，个人才得以健康自由地成长，社会才得以正常和谐的发展进步。这就是老子道家所把握和强调的人的自然性一端，老子的自然无为所强调和维护的就是这种自然性。当儒家过分强调社会性，忽视或泯灭了人的自然性一面时，我们应该说，老子的自然无为主张体现的是对自然生命个体的真正呵护和珍重。

应该说，正是由于道家强调的是人的自然性，而儒家强调的是人的社会性，因此儒道两家构成了互补关系，提供给我们不同的生命智慧，并且对中华民族的心理结构产生了深远影响。

问：《老子》中的"道"与"德"是什么含义？

简单地说，"道"是老子提出来作为道家学说最核心的一个概念，它是天地万物最高的准则，是形而上的，当形而上的"道"具体辐射到形而下世界，落实到人生社会的时候，就成了"德"。所以"德"也有另一个意思"得"，就是说，得到了"道"就是"有德"。"道"是一种自然状态，"德"是有了人为因素又仍能高度体现返回自然的状态，也可说是人为化后的自然，"道"与"德"是二而一的，所以后来便统称为"道德"。

问：道家有很优秀的成分，是否还有不足的一面？

世界上没有完美的事物，一种理论也是这样，有优秀的一面也有不足的一面。在我看来，道家还是要跟儒家相配互补才是比较完美、比较全面的。儒家强调自强不息、积极进取、有责任担当，强调理性秩序、彬彬有礼，这些都是非常可贵的。道家一味强调"无为""自然"，有时就会出现一些问题，也会错失良机。总的来说，儒家强调的是人的社会性、理性、刚性、动态的一面，道家强调的是人的自然性、感性、柔性、静态的一面，两者只有互补配合，才能够是比较完美的。所以，我个人还是主张和赞赏儒道互补这种观点的。

在我看来，社会经济文明的发展还是要靠儒家的积极进取精神，但对事物自然规律的把握，对我们个体生命的珍重保全，道家的自然无为智慧就用得到。我们只有顺应自然，顺势而为，才能把事情做好，把社会国家建设好。而另一方面，我们只有珍爱保全我们的自然生命，事业才能得到更好地拓展。所以，我觉得儒家和道家这两种智慧，无论是对于社会还是个人，都是应该互补和相辅相成，才是最佳的。

庄子的为人与道家的德性①

今天的题目是"庄子的为人与道家的德性",那么,我们首先要说一下庄子是什么人。应该这么说,庄子是老子思想的继承者,是先秦道家学派的旗帜性代表人物,道家就是由老子创立、庄子发扬光大的。所以我们一般称老庄道家,与孔孟儒家相对应。

接着我们正式进入今晚的主题。我觉得有一个故事,就是司马迁《史记》里面的一个故事,很能体现我们这个主题。《史记·老庄申韩列传》中讲到,楚威王听说庄子非常有才华,便派使者"厚币迎之,许以为相",就是说,想用重金聘请庄子来做楚国国相。但庄子却对使者说,千金、相位虽然在世人看来很尊贵难得,可在他看来,这就像用来祭祀的牲口一样,虽然平日吃好穿好,但终归是太庙的祭品而失去了自由;所以他让使者赶紧走开,他宁愿像一条小鱼一样,虽然在污浊的水中,却可以无拘无束、自由快乐地生活。所以他一生只做过小小的漆园吏,就是管理漆园的一个小看门的,司马迁说他"终身不仕,以快吾志焉"。从这个故事,我们可以看到两点,第一点是庄子的为人,那就是:个人的自由快乐比什么都重要,什么千金、爵位这些东西,在他看来不仅一文不值,还是个累赘和负担。第二点,就是道家的德性,也就是人的自然性。

我们先说道家的德性。道家认为,"道法自然",宇宙本性是自然无为的,而这个自然无为的"道"向下落实到人生社会层面时,就是"德",所以自然无为的"德"就是人生社会的本性,也就是说,道家的德性就是人的自然性。

我们知道,儒家强调的是人的社会性,它所提倡的仁义礼智信都是围绕人的社会性而展开的,也就是说,都是为了协调好人与社会的关系。但在这个过程中,由于儒家强调社会性而往往忽视了人的自然性,不仅不太

---

① 此为"南书房夜话"第23期,沙龙举办时间为2015年11月7日晚7点至9点,主讲人为李大华、方映灵、王绍培(兼主持),本文为作者主讲部分。

注重人与自然的关系，也忽视了人的自然天性、个体性的一面。所以，正是由于这样，与儒家相对的，道家强调和把握的就是人的自然性，认为每个人天生都有各自的品性和性情，这种品性和性情应该得到充分的尊重和重视。所以庄子提出了一个词叫"天放"，认为人的天性是自由自在的，不应该受到肆意破坏，就像一匹千里马一样，伯乐发现了它，就给它套上铁蹄、马鞍，这就给马造成了外在的负担，破坏了马的自然本性，结果往往把好端端的一匹马给折磨死了。同样，在庄子看来，儒家的礼乐教化也是破坏了民众自由自然的"天放"本性，从而把真正的道德给毁了："毁道德以为仁义，圣人之过也。"所以庄子的理想社会是"至德之世"，在这样的社会里，人们都能够率性自由地生活。

正是从重视人的自然自由天性这一基点出发，庄子的为人、庄子的人生哲学突出了以下几点：

第一，个体性。每个人天生都是一个独立的存在，就像佛教所说的"一花一世界、一叶一菩提"一样，每个人、每个生命个体都值得尊重。庄子认为儒家礼乐教化束缚了人的自由，破坏了人的自然天性，就像人给马套上铁蹄、马鞍一样，是"残生伤性"，"残生损性"。他主张"任其性命之情"，认为率性自由的生活才是真正的道德。所以从这点上可以说，庄子是一个个人主义者，也是一个自由主义者，他充分体现了宗法专制制度下个体的存在和个人的觉醒。

第二，万物平等。庄子主张"齐物"，他写了《齐物论》，认为天下万物都是平等的，"道通为一"。一方面，"通天下一气耳"，万物都是由气构成；另一方面，事物存在都是相对的，都是时刻变化着的，"方生方死，方死方生。方可方不可，方不可方可。"所以世界上没有什么永恒的、一成不变的事物，所谓"三十年河东，三十年河西"；也没什么绝对权威、高高在上的东西，万物都是平等的。所以，在庄子这里，一方面，人与人是平等的，另一方面，每个学派也都是平等的，没有一个学派理论可以独断专行凌驾于其他学派之上。所以，庄子反对一切高高在上的绝对权威，既反对独断论，也反对专制独裁；既反对等级制，也蔑视高高在上的权贵权威。所以在这一点上，我们可以说，庄子是一个反抗现实的理想主义者。

第三，超然物外，逍遥浪漫。庄子认为，人们追求现实的功名利禄是"人为物役"，为外物所累，是很可悲的，"终身役役不见其功，不亦悲乎？"他向往心灵和精神的独立自由，专门写了《逍遥游》，追求人与自然合为一体，进入"乘天地之正而御六气之辩，以游无穷"的逍遥境界。他认为"相濡以沫，不如相忘于江湖"，觉得像鱼儿在江湖畅游那样是最自由自在的。从这一点上，我们又可以说，庄子是一个超越现实的浪漫主义者。

所以，总的来讲，我们可以说，庄子是一个激烈反抗现实、追求人格独立和精神自由的理想主义者、个人主义者、自由主义者、浪漫主义者，是一个非常富有艺术家气质、并兼有文学家和哲学家特质的人。此外，我们还应该说，庄子是一个重情深情的人。他激烈地批判现实，与现实不合作，是因为看到现实的黑暗和不公，是出于对社会人生和个体生命的热爱和保全，是"爱之深恨之切"。所以明清之际的思想家方以智说庄子是"天下最深情的人"，说他"眼极冷，心肠极热"（《药地炮庄》）。

那么我们今天应该如何看待庄子的为人？应该说，一个国家、一个社会当然需要儒家的仁义礼智、刚毅进取等来支撑和维系，庄子在这一点上显然过激了。但是，庄子所提出的这种社会群体对个人的尊重、宽容、自由，以及反对独裁专断等，也给后世以深刻警醒。而在另一方面，当社会动荡黑暗、统治者昏庸无道时，庄子的思想又给失意的人们以精神滋养，历史上受统治者迫害的传统士大夫知识分子，都从庄子的思想中获得极大的精神安慰，它让人在最困苦的时候，仍然能对人生生命保持着热忱和信心，能超然物外、自得其乐。所以我们应该说，庄子哲学给我们开辟了另一种人生理想、人生价值和人生走向，从而拓宽了我们生活的宽度。我想，这应该就是庄子哲学给我们最大的启示和价值。

问：时下流行的都是庸俗的成功学，如何能够解开这一困惑？

这个问题使我想到一个社会价值观问题。应该说，尽管我们所处的是一个很好很开明开放的时代，但还是有很多问题没有解决没有充分发展，一个体现就是我们现在社会的价值观仍然是非常单一的，还未能够形成多元的价值观。这跟庄子给我们开辟的另一种人生态度、人生价值观，确实有一定距离。现在社会就像你说的，大家都崇尚成功学，认为挣更多钱就是成功，这就像大华教授刚刚所说的，非常庸俗。确实，在我看来，国家和社会需要大家这样"庸俗"地去做，从而推进国家建设和社会进步。但是，一个健全发达的社会应该是多元的，这其中包括人应该是多元的，价值观是多元的，人生态度是多元的。所以，不应该说我得到了大家心目中的荣华富贵才叫成功，而我按照我的天性从事我自得其乐的工作就不成功。中国古代陶渊明说"采菊东篱下，悠然见南山"，西方荷尔德林说"诗意地栖居"，这些不以外在物质而以自己内在精神富足作为追求目标的人生态度，我认为也应该得到宽容、肯定甚至鼓励。这也就是大华教授刚刚所说的"宽容"。而道家的独特价值，应该就是在这一点上。我相信，随着社会的进步和我们国家的真正强大，社会会越来越多元，给予我们个人生活选择的自由度和宽容度会越来越大。所以我希望你这个问题，随着时间的推移，会得到一个满意的解答。

问：中国有庄子这类好哲学，但为何自然科学落后差点亡国？

我觉得这个问题提得非常好！确实跟我们今天讲的这个主题密切相关。中国文化、中国哲学的一个特色和突出特征，用李泽厚的一个词，就是实用理性，而这个实用理性跟儒家是密切联系在一起的。儒家长期以来，基本都是作为一种官方的意识形态，所以它深刻地影响了中国的社会和思想文化。而儒家又是一种人生社会哲学，所以自古以来，中国人关注的往往是人生、社会、伦理这一面，而较少关注自然和科学那一面。而道家一个突出的特征、贡献和价值，就在于它突破儒家的局限，把我们的目光和思考范围从人生社会扩展到整个宇宙，它使我们充分认识到，人生社会只是宇宙自然的一部分。而这样的结果，一方面使人们的境界和思维变得开阔、豁达、高远，也让我们能够放眼大千世界，继而探究宇宙奥秘。所以，假如说中国历史上对道家的这一思想能够充分重视的话，我们的自然科学发展定会是另外一种局面。

我们不妨试想一下，假如汉朝不推行董仲舒"独尊儒术"，那么从汉武帝到清朝这么多年，中国不仅仅只关注人生社会问题，而能够多些关注宇宙、探索自然的话，那中国的自然科学发展情况定会是不一样的。当然，历史和社会发展是不可能有假设的。不过，在我看来，儒家的影响是给我们中国人形成了一种思维定式，这就是过于关注人文社会科学而忽视自然科学。西方的自然科学也就是16、17世纪从宗教那里争得一点地盘才开始发展起来的。所以，假如我们从秦汉时代开始就能够注重自然科学发展，那此后是一种什么样的状况，我想大家都可以想象得到。

问：庄子对老子在道家学说上有什么创新发展？能否推荐一本这方面的书？

简单地说，道家是老子创立的，自然无为的核心主张是老子提出的，对这一点，庄子是全盘继承的。而庄子对老子的发扬光大，也就是庄子独特的东西，最主要的，就是我刚刚说过的，一个是更加突出个体性，强调个体的自然自由；另一个是提出"齐物"，强调万物平等；还有一个就是逍遥，追求人格的独立、精神的自由。我认为这三方面是庄子最具特色的思想，是对老子思想的发展。

至于推荐书，我的建议就三个字：读原典。你应该去读原典，找一个比较好的译本，像陈鼓应先生的译本就很好，然后好好读原典。

《说苑》的伦理思想智慧

按：继中国传统哲学之后，"南书房夜话"继续深耕国学普及传播。2017年，由中山大学哲学系张丰乾、李长春、刘伟等几位青年老师，策划组织发起"南书房夜话"《说苑》阐释系列，出于母校母系情谊，邀我一起参加并担任主持，我欣然答应。从5月20日至7月1日，每两周一次，共有4期。

《说苑》一书是西汉经学家、目录学家、史学家、文学家刘向的重要著作。作为皇室宗亲，刘向根据皇家所藏和民间流行书册资料，选择整理先秦及汉代的逸闻琐事，借以阐述他融会贯通了儒家、墨家、名家、法家等诸子百家思想的治国理政观点。该书颇具故事性，多为对话体。由于在流传中多有散失，近代学人在前人整理的基础上参校各本，博采群书，事义兼释，出版了《说苑校证》①。此次"南书房夜话"《说苑》阐释系列内容资料，即依据此书。

此4期"夜话"简要内容照旧已由《深圳商报》与"深圳新闻网"报道刊载，全部内容也已汇编入当年"夜话"辑书在中国社会科学出版社出版。与母校母系青年才俊一起切磋探讨学问，尤为值得一记。收入本书时稍做了适当整理修改。

---

① [汉]刘向撰，向宗鲁校证：《说苑校证》，北京：中华书局，1987年。

君臣父子转相为本
——《说苑》中的独特伦理①

今天的话题是"君臣父子转相为本——《说苑》中的独特伦理",那么,我们首先还是必须了解《说苑》一书。

(一)《说苑》其书与作者

由于内容、义理等的关系,这本书可能读的人会比较少。应该讲,《说苑》的这个"说",跟我们《世说新语》中的"说"是同一个意思,就是讲故事,通过故事来讲明一些道理,而且它的体裁是采用对话体。正因为《说苑》是讲故事的,所以一般在选历代小说作品时,都把它列进去,所以,我们也可以说,《说苑》是一个古代小说集。

之所以读过《说苑》这本书的人比较少,我觉得可能跟它的内容有关系,因为书中大多数内容都是讲帝王之道和君臣之道的,基本上是给帝王、君王看的,所以普通民众读得比较少,我觉得这是一个原因。尽管它里面的风格是非常平实的,是把皇家的藏书和民间的故事以一种对话体、讲故事的形式讲出来的,但是它讲出来的一些哲理性的东西是给帝王看的,讲君臣之道是怎么样的,君王之道是什么,臣之道又是什么,这对于普通民众来说,我们会觉得好像跟我们普通民众没有什么关系,我觉得这是它没有得到广泛流传的重要原因。

那么,《说苑》的作者又是谁呢?是刘向,刘向的先祖是汉高祖刘邦的弟弟楚元王,所以刘向不仅是皇亲国戚,而且本身就是皇族。而他的工作职责就是校阅整理皇家藏书的,《战国策》就是他整理编辑的。正因为他的身份和地位,所以他必须为他的汉朝去着想,他要忠告规劝朝廷,帝王之道是什么,君臣之道是什么,诸如此类这些内容。在我看来,刘向

---

① 此为"南书房夜话"第56期,沙龙举办时间为2017年5月20日晚7点至9点,主讲人为张丰乾、仝广秀、方映灵(兼主持),本文为作者主讲部分。

在《说苑》中突出地表现了一个特点，这就是文以载道，通过讲故事阐明自己的思想观点。刘向本身是一个儒家，书中主要体现了儒家思想，但他博学广闻，兼收并蓄，所以他在这本书中所体现出来的，是融会贯通了儒家、墨家、名家和法家等各种思想的。可以说，只要对朝廷、对帝王之道有用，能巩固汉代政权，他都吸收采用。

（二）"转相为本"的独特伦理

今天的题目是"君臣父子转相为本"，而且是"《说苑》的独特伦理"，我想这里有两个意思：一个就是对于君臣父子，传统儒家的正统伦理是什么？还有一个就是《说苑》"转相为本"的独特伦理又体现在哪里？

对于第一个问题，简单地说，儒家传统的伦理是"君君、臣臣、父父、子子"。就是说，君臣父子要各安其位、各司其职、各执其礼、各守其道，不能君不像君、臣不像臣、父不像父、子不像子。在这样一种礼教伦理下，家国天下才能有序和谐地发展。这里首先要弄明白一点的是，到底君之道是什么，臣之道又是什么，父之道是什么，子之道又是什么。只有君臣父子这其中每个角色都能清楚明白自己的"道"，才谈得上各司其职、各守其道的问题。

对于这个问题，作为儒家的刘向在《说苑》书中明确指出："父道圣，子道仁，君道义，臣道忠。"（《建本》）就是说，父之道在于慈爱通达，子之道在于仁孝事亲，君之道在于主持和维护正义，而臣之道在于忠于职守、忠诚于君王。书中还说："主道知人，臣道知事。"（《君道》）就是说，一个君主统治者的职责使命，就是要知人善任、用好人才，而不是去做具体的事，但属下臣子的职责使命就是做具体事情的，就应该知道具体事情该怎么做。

明白了君臣父子各自的"道"，也就是明白了各自的社会角色定位。在此基础之上，我们接着谈谈第二个问题，也就是《说苑》的独特伦理"君臣父子转相为本"。

《说苑》书中有个地方对这个问题讲得很清楚："夫君臣之与百姓，

转相为本，如循环无端。……建之于本，而荣华自茂矣。君以臣为本，臣以君为本，父以子为本，子以父为本，弃其本者，荣华槁矣。"（《建本》）这就是说，一方面，君臣与百姓之间要"转相为本"；另一方面，君与臣、父与子之间也要各自相互"转相为本"，"转相为本"就是要相互把对方作为自身发展的根本和基础，只有相互把这个根本建设好、维护好，君臣父子家国天下才能发展好。对于第一点，我们知道，儒家的孟子有个著名的民本思想。他说："民为贵，社稷次之，君为轻。"（《孟子·尽心章句下》）孟子从百姓的角度提醒君王要以民为本、以江山社稷为重，但刘向则在这个基础之上又补充了百姓也要以君为本，君臣与百姓之间都要"转相为本"。应该说，这当然与他本身是皇族的身份有关，也与他的工作职责有关。由此我们也看到《说苑》"转相为本"不同于儒家传统的独特一面。

什么是"本"？"本"就是根本、基本。树根建设好、维护好、培育好了，大树自然茂盛；水能载舟，亦能覆舟，水面平静了，船才能行驶得顺利；君臣与百姓、君臣父子之间关系都相互维护好了，家国天下自然就发展好了。所以可以说，《说苑》"转相为本"是用浅显的道理来讲清楚如何认识和处理君臣与百姓、君臣父子之间关系的。

从"转相为本"的伦理角度来看，君臣关系是一种相互依靠、相互依存的关系。书中从历史总结出四种情况："帝者之臣，其名，臣也，其实，师也；王者之臣，其名，臣也，其实，友也；霸者之臣，其名，臣也，其实，宾也；危者之臣，其名，臣也，其实，虏也。"（《君道》）帝者之臣，其实是老师；王者之臣，其实是朋友；霸者之臣，其实只是仆人；而作为危难君王之臣，则其实与君王一样是俘虏了。应该说，这些思想对于统治者、领导者如何认识和处理好与臣下的关系，是非常具有忠告警醒价值的。

而从臣子的角度，又应该如何认识和处理好与君王、国家的关系呢？书中也指出："人臣之术，顺从而复命，无所敢夺，义不苟合，位不苟尊，必有益于国，必有补于君，故其身尊而子孙保之。"（《臣术》）

就是说，为臣之道除了要服从君王的命令，顺利完成君王交给的任务外，最重要的是不能越位妄自尊大，更不能觊觎王位篡夺王位，一个连王位都敢谋夺的臣子，就违背了为臣的根本道义了；只有勤勤恳恳做出有利于国家、有补于君王的事，才能得到自身的尊贵，也保有子孙的荣华。书中还总结出正邪各六种臣子，"六正"臣分别是圣臣、良臣、忠臣、智臣、贞臣和直臣，都是善于辅助帝王、忠诚于帝王的；"六邪"臣则是具臣、谀臣、奸臣、谗臣、贼臣、亡国之臣，这些都是谋害帝王丧亡国家的。这六正六邪各六种臣子，可以说对为臣之道概括得非常清楚。

总的来说，《说苑》"转相为本"的独特之处一个是"相"，也就是互相，它强调君臣与百姓、君臣父子之间等伦理对象动态的、相互融合、相互联系的一面；另一个是"本"，就是把伦理对象对方作为自身发展的重要基础、当作自身发展的根本去维护、去尊重、去考虑，从而入情入理地把家国天下的主要伦理关系梳理阐述清楚。

（三）现实意义和启示

其实，我认为，《说苑》这本书是非常有现实意义的。现在哲学系有一门课，叫"儒家管理哲学"，我想应该可以追溯到这里，可以把这本书作为一本很好的教材史料。古代家国天下是君臣、父子关系，是治国齐家平天下，但其实，假如我们转换理解为在一个单位里，领导和属下、上司和员工的关系，也是可以的，这种管理思想是可以借鉴的。所以从这个角度来说，《说苑》这本书的意义，我认为不仅仅是针对统治者，不仅仅是针对国家或者高层的统治者，它其实与我们现实社会、与我们普通百姓也是有密切关系的，我们从书中可以体会借鉴到许多道理和思想。比如，书中具体讲到了为君之道："夫有文无武，无以威下，有武无文，民畏不亲，文武俱行，威德乃成。"（《君道》）就是说，作为一个君王统治者，要立威也要立德，要有文也要有武，也就是既要有柔性的人文，也要有刚性的法度规矩。假如只有柔性的道德人文没有刚性的法度规矩，就没有一种统治者的威严，会执行乏力掌控不住局面而无法行使政令；但只有武没有文,那么民众下属就会产生畏惧心理,不会和你亲近,也无法行使政令,所以是"文武俱行,威德乃成"。这里讲出的一个道理就是,作为一个统治者、领导者,要有文有武,刚柔相济,既要讲温情也要讲原则,才能立德,才能立威,"威德乃成"。刘向当然是从劝说君王的角度来考虑,但假如我们从儒家管理哲学来看,我觉得也是可以的,它其实就是一个领导艺术问题。所以,这本书放在现代社会中,对于国家和社会的管理都是非常有启发意义的。

引申到现实社会,每个社会角色、每个人既要各守其道,做好自身分内之事,也要与周边的人相互为本,领导与下属、父母与子女都要相互尊重、相互把对方当作自身发展的重要根本去维护。只有这样,才能共同建构一个和谐的家庭、一个和谐的单位、一个和谐的社会和国家。可以说,这就是《说苑》"转相为本"伦理思想带给我们的启示。

问:讲到儒家伦理,请问朱熹理学与王阳明心学对此有何不同?

这个问题跟今晚的主题很有关系,问得很好!朱熹理学和阳明心学在君臣父子伦理关系方面最根本的区别,简单地可以说,朱熹理学作为正统意识形态官方儒学,它的态度和倾向是强调"君"与"父"绝对权威的,所以它主张和赞赏"君君、臣臣、父父、子子"这样一种传统伦理,而且还上升到一种天理的高度。但是王阳明心学则认为"天理就是良知",认为人的天性本来就具有评判一切的良知,这个良知就是天理,所以,这样的理论现实结果就是,作为臣、作为子,对于君、父这些外在客观权威是可以不一定服从的。也就是说,君和父相对于臣与子来说不具备绝对权威性,当君与父不顾及臣与子的核心利益、违背臣与子的个人意志时,臣与子是可以反抗不遵的。所以中国历代都有人因对封建伦理采取了"不自由,毋宁死"的态度造成悲剧。应该说,阳明学是看到了朱熹理学极端发展后导致了一些人间悲剧和残酷结果,从而作出的必然理论修正,所以他们这两种学问是一种必然的逻辑发展。由此我们也要说，作为一种理论不能只执一端而且极端发展，朱熹理学是这样，王阳明心学也是这样，阳明心学后来也导致"满街皆圣人"的狂狷景况。所以结合今天的讨论主题也可以说，还是《说苑》"转相为本"的伦理思想比较好、比较全面圆融。

利归于民、罪责在我
——《说苑》中的为政之道①

从上一期开始，我们夜话的主题是围绕汉代刘向所著的《说苑》一书。上一期讲的是《说苑》中的君臣关系，讲了君臣关系的转相为本。今晚的主题是"利归于民、罪责在我——《说苑》中的为政之道"，讲的则是君民关系。

作为一个统治者，要治国理政，履行自己治国平天下的职责，最核心的就落实在怎样对待百姓民众这个问题上。所以应该说，君民关系是为政之道的核心和至关重要的问题。一个君王是爱民、利民还是害民，是富民还是富君王自己，这是为政之道的核心。可以说，什么样的君民关系，就体现了什么样的为政之道。那么，在《说苑》这本书中，体现了怎样的君民关系和为政之道呢？

（一）利民爱民富民的王者之政

在《说苑》书中，为政之道、治国之道首要的一点是爱民："治国之道，爱民而已。"（《政理》）那怎样才是爱民呢？书中认为要做到如下几点："利之而无害，成之勿败，生之勿杀，与之勿夺，乐之勿苦，喜之勿怒，此治国之道，使民之谊也，爱之而已矣。"（《政理》）这就是说，所谓爱民就是要做有利于民、能成就成全民众的事，不滥杀无辜，轻税薄赋而不是与民争利，要使民众快乐而不是用徭役使民众陷入苦难，不要劳民扰民使民众怨怨。总之，为政治国之道就是利民、爱民。书中还进一步说："故善为国者，遇民如父母之爱子，兄之爱弟。"（《政理》）这就是说，善于治理国家的人就是懂得像父母爱子女那样爱民。这一点很好理解，我们历来高度赞扬一名官员的时候就说他"爱民如子"，所以可以说，爱民是衡量一

---

① 此为"南书房夜话"第57期，沙龙举办时间为2017年6月3日晚7点至9点，主讲人为张丰乾、全广秀、方映灵（兼主持），本文为作者主讲部分。

个统治者、一个领导者是否合格和成功的重要标志。

除了爱民，《说苑》里还认为富民才是为政的王者之道："王国富民，霸国富士，仅存之国富大夫，亡道之国富仓府。"(《政理》)这就是说，行王者之道就是要富民，行霸者之道是富武士，行勉强生存者之道是富朝廷大夫，行亡国之道则是富君王自己仓府。所以，为政之道最理想的状态就是行王道，就是爱民、富民，而不是富官员士大夫甚至只富君王自己。一个国家要能长治久安，就应该实行爱民富民的王者之道。大家是不是觉得当前我们国家提出的"共同富裕"和反腐败与此很吻合？所以可以说，《说苑》书中提出行王道的为政之道，是非常有借鉴意义的。

总之，为政之道就是要利民爱民富民，对这一点书中还更明确地说："政在使民富且寿。"(《政理》)这就是说，治国理政的目的无非就是要使民众富有而且长寿。那么，怎样才能够使民众百姓富有而且长寿呢？书中又说："薄赋税而民富，无事而远罪，远罪则民寿。"(《政理》)这就是说，治理国家不能搞苛捐杂税，税收要少一些，百姓自然就富了；民众富足了以后，大家安居乐业，就不会惹是生非，这样自然就远离了犯罪纷争，在这样富足安宁的生活中，民众自然就长寿了。我觉得，这个思想无疑是非常好、非常具有永恒价值意义的，大家说是不是？假如每一个朝代的统治者都能够实行这样的为政之道，使民众富有且长寿，那对于百姓来说，就是非常理想、非常幸福的。从这一点我们可以说，《说苑》书中为我们指出了一种理想的为政之道。

（二）至公罪己的王者之德

为政之道最重要的就是君王怎么做，所以君王的君德与君道一样很重要。《说苑》书中认为，君王要行王道，就要有"至公"的品格："不偏不党，王道荡荡，言至公也。"(《至公》)就是说，君王要做到不偏不倚、行王道，就要以"至公"之品格治国理政。一方面，只有"至公"，国家社会治理才能有公平公正；另一方面，只有"至公"，执政才能公开透明、公正廉明。书中还说："夫公生明，偏生暗。"(《至公》)没有了公开、公正、公平，国家社会就很容易陷入黑暗混乱。因此，书中把"至公"作为君王的重要道德品格："夫以公与天下，其德大已。"（《至公》）

书中还把治国理政分为三种："政有三品：王者之政化之，霸者之政威之，强国之政胁之。夫此三者各有所施，而化之者为贵矣。"（《政理》）这就是说，施政有三种品质方式：一是王者之政，以王道的德行来引领德化民众；二是霸者之政，以霸权刑罚震慑民众；三是强国之政，以胁迫威逼来使民众臣服。书中认为这"三品"之中，以德化来解决君民关系的王者之政，是最好、最为贵重的。

书中对这个问题还继续阐明："治国有二机，刑德是也。王者尚其德而希其刑，霸者刑德并凑，强国先其行而后德。"（《政理》）接着又说："德化之崇者至于赏，刑罚之甚者至于诛。"（《政理》）最后指出："故诛赏不可以缪，诛赏缪则善恶乱矣。"（《政理》）这里说的是什么呢？这里说的就是，刑罚和德化是君王治国的两种不同方法和手段，如何合理和适当地运用它们，对于为政之道、对于一个国家的善恶是非和社会风气都很重要。最重要的是，这里指出，理想的王者之政应该主要以德服人、以德化民而少用刑罚。

为什么王者之政应该以德服人、以德化民而少用刑罚？书中认为，治国理政关键是君王要做好自己，要以上率下，自己做好了，百姓自然就跟从了："夫上之化下，犹风之靡草。"（《君道》）百姓是跟着君王走的，所以，假如百姓有过失，那么责任也在君王身上："百姓有罪，在于一人。"（《君道》）这里的"一人"就是君王自己。因此，君王应该具有"罪责在我"的担当和"罪己"之德。

说到君王的公平正义和权力，其实还涉及传统的义利观。我们知道，正统儒家思想是重义轻利的，就像汉代董仲舒所说的"正其谊不谋其利"。但是，作为一个君王，作为一个统治者，他必须充分重视利的问题，必须运用手中权力，使社会的利益分配符合义、符合公平正义。《说苑》既明确了君王"治国有二机"的权力，也同时指出了"罪责在我"的责任，从而强调了权力和责任的对等关系，权力越大，责任就越大，所受的约束也越大。所以，从这一点我们可以看到，《说苑》的王者之道也不完全是儒家的思想，而是糅合了法家等其他思想的。

（三）现实意义和启示

应该说，为政之道是《说苑》所要阐明的核心主题，所以，为政之道是《说苑》非常重要的一部分。那么，《说苑》关于为政之道的思想带给我们现实什么启示？我想有以下几点：一是"利民爱民富民"的思想，如何以人民的利益为重、做有利于人民的事，如何爱民富民而不是富官员、富君王，我认为这是非常有现实意义的；二是强调君王、统治者的权力和责任的对等，比如说出现了问题和过失，那么责任在哪里？书中给出的答案是"罪责在我"，即责任在君王处，这在现在来说是非常有意义的，其实这很类似于我们现在的领导干部问责制。三是强调君道、君德，提倡以上率下和统治者领导者的率先垂范，以及为政的公开公平公正透明，还有主张"罪责在我"的自我问责，等等。总之，《说苑》给我们提供了一种理想的为政之道，即王者之道，非常具有现实借鉴意义。

忠孝两难
——《说苑》中的人生困境①

今天是《说苑》一书的第三场讲座。前面的两场讲的分别是君臣关系、为政之道,应该说,可能不是我们每个人都会碰到和思考关心的问题。但今天所讲的"忠孝两难——《说苑》中的人生困境"这个主题,则可以说是我们普通百姓经常会碰到的问题。

我们知道,人是社会性的,我们每个人从降临到这个世界的那一刻起,就必须生活在社会群体里,先是生活在一个家庭里,长大后就必须步入社会,在社会实现自己的人生价值。而在这些社会群体里,我们就必须要遵守一定的规则。第一讲我们跟大家讲过,《说苑》的基本思想是儒家的,而儒家就认为,我们在家庭里所遵守的规则是孝,进入社会所遵守的规则是忠。第一场讲座我们讲到一个"本"的问题,就是讲家庭是以孝为本,长大以后步入社会,就要以忠为本,忠于君王、忠于国家、忠于职守。由于我们每个人既是在家庭里也在社会单位里,所以,人生中有时候就会出现两者的矛盾,面临着"忠"与"孝"两难的问题。那么,"孝"和"忠"是一个什么样的伦理关系?它们的两难问题在《说苑》书中又是处理的?我们通过对书中的解读,可以得到有益的启示。

(一)曾子受杖的伦理转换

忠孝之所以两难,在我看来是因为其中有两个问题:

第一,"忠"和"孝"是有密切联系的,这种联系就在于我们每个人都是具有双重身份、双重角色的,在家庭里我们是父子、夫妻、兄弟、姐妹等身份角色,所以我们在家里要以孝为本,要尽孝道;但同时我们出去学习工作,就要忠实地履行社会职责,忠于职守,忠于社会,忠于朋友,

---

① 此为"南书房夜话"第58期,沙龙举办时间为2017年6月17日晚7点至9点,主讲人为张丰乾、刘伟、方映灵(兼主持),本文为作者主讲部分。

等等。所以，当我们在给予这种双重身份角色的时间、利益等安排取舍上发生冲突时，这种两难问题就必然发生。

第二，解决忠孝两难问题的关键在于伦理转换。"忠"和"孝"的伦理关系不是一成不变的，而是可以也应该进行伦理转化的。《说苑》书中有个"曾子受杖"的例子，非常具有代表性。"曾子芸瓜而误断其根。曾皙怒，援大杖击之。曾子仆地，有顷，乃苏。"(《建本》)这个故事是说，曾子由于不小心把瓜苗根锄断这点小事，就遭到他父亲曾皙的杖打，而曾子由于"孝"的观念，丝毫没有反抗父亲，任由父亲毒打，结果导致活活被打晕！这里有个问题就是，是否父亲就一定是对的呢？还有就是，是否无论如何都要听他父亲的话，让他打晕才叫"孝"？答案显然不是这样的。所以，故事接着说，曾子事后想去见老师孔子，但孔子却吩咐门人不让曾子进去见他。因为在孔子看来，"小箠则待，大箠则走，以逃暴怒也"。面对父亲的暴怒，不伤及生命的小惩戒可以忍受不反抗，但伤及生命的大惩戒就应该逃走了。为什么呢？孔子接着说："今子委身以待暴怒，立体而不去，杀身以陷父不义，不孝孰是大乎？汝非天子之民邪？杀天子之民罪奚如？"(《建本》)面对伤及生命的暴怒，曾子却待着不动，任由父亲毒打，差点丢了性命，这不仅不是孝，而且是使父亲陷入不义。这里，孔子做了一个伦理转换，说曾子除了是他父亲的儿子之外，还是天子的子民，是个社会的人，假如由于这点小事被打死了，那这也陷父亲于不义。所以，通过这样的角色伦理转换，曾子的生命安全既可以得到保障，忠孝两难的问题也可以得到顺利的统一，心安理得地妥善解决。

其实，故事中的曾子做法可以用"愚孝"来概括，而孔子提出的做法才是合乎人情事理的真正的"孝"。那么对于"忠"是否也有这种情况？历史上也有不少"愚忠"的例子。对此，《说苑》讲道："父不能爱无益之子，君不能爱不轨之民。君不能赏无功之臣，臣不能死无德之君。"(《谈丛》)这就是说，父亲不能溺爱游手好闲、无所作为的儿子，君王不能爱护为非作歹的不轨之徒。同样道理，君王不能赏赐无功之臣，而臣也不能死忠于无德之君。所以，就是说，死忠于无德之君是一种"愚忠",也不是真正的"忠"。从以上我们看到,"忠"与"孝"都是可以通过伦理转换而妥善解决的。

(二)建本与"禄归于亲"

儒家认为,"孝"是为人的根本,对此《说苑》说:"人之行莫大于孝。"(《建本》)所以,家里的"孝"相对于社会的"忠"来说,是首要和根本的。《说苑》说道:"孝行成于内,而嘉号布于外,是谓建之于本,而荣华自茂矣。"(《建本》)这就是说,"孝"是相对于家里的角色伦理,把家里的角色伦理履行处理好了,到社会上忠实地履职尽责,就有了坚实的道德品质根基,个人事业自然会发展好。所以,忠与孝是密切联系的,是一种内外两面的关系。由此我想到一个现实问题是,为什么现在我们国家提倡家庭家风建设,对领导干部要求汇报家庭情况,我想就是因为有这种内在联系,家庭的角色伦理履行情况在一定程度上能够反映一个人的道德品质根本面貌。

忠孝问题既与人的血缘之亲有关,也与义利的处理权衡问题有关,我们知道,血缘亲情、义利问题是儒家高度重视、非常关注的。《说苑》中有一句话:"夫仕者身归于君,禄归于亲。"(《立节》)就是说,一个士人在外面为社会为国家做事工作,但国家社会给士人的俸禄薪水是归家人的。所以,为什么对国家社会要忠于职守?因为国家社会是给予俸禄的衣食父母,它提供个人生存的经济基础,也体现了个人的社会人生价值;为什么在家要"孝"?因为家是生养的父母,体现的是一种血缘亲情、一种人间的温暖与关爱。所以,忠孝问题是根于人性人情而提出的,其中所阐明的人情事理体现着一种人类与人性的光辉,权衡处理好忠孝两难问题非常有意义。

问:忠孝是人的基本道德观念,在小家是孝,在社会是忠,是感恩的心,两者是没有冲突的,不知理解得对不对?

我认为用"感恩"来总结和串通忠孝问题非常好！而以乐观观点来解决这个问题，认为忠孝是没有冲突的，也很好！希望我们都能以这种乐观心态处理问题，也希望我们的生活不会发生这些冲突，不会陷入这种人生困境。但是，一旦出现这种人生困境我们应该怎么办？该怎么做才能合乎社会伦理、体现人间亲情温暖？我们今天来探讨这个问题，就是希望看看古人是怎样处理这些难题的，具体就是看看《说苑》里给我们提供了可以借鉴的人生智慧，我觉得这个主题的意义就在这里。

转祸为福与报怨以德

——《说苑》中的事理与人情[①]

本场讲座是《说苑》一书的第四场，也是最后的一场。前面三场讲座，第一场是君臣之间的转相为本，讲的是君臣之间、领导者与被领导者之间的关系；第二场是为政之道，是这个书的核心思想，它讲出了理想的为政之道是什么；第三场是忠孝两难，讲了不仅是作为帝王、作为领导的困境，作为臣子、作为平民百姓，也会面临着忠孝两难取舍的问题。今天这一场，讲的是关于生活中祸福恩怨的事理与人情，我想这对于我们今天的生活智慧，也是有启迪意义的。

（一）复恩与敬慎

第一场讲过，《说苑》这本书包括了儒家、道家、墨家、名家等思想，今天所讲的这个题目，恰好就体现了这个杂家的思想特色。"祸福相依"就是道家的重要思想。《老子》说："祸兮福所倚，福兮祸所伏。"说的就是这个"祸福相依"的思想，它强调了事物的相互依存和转化，充满了一种变动与转化的辩证法。而"报怨以德"，则可以说是富于儒家特色的思想，它强调以德来对怨进行一种化解。"转祸为福"解决的问题是，碰到灾祸的时候我们怎么办。理想的化解途径当然是"转祸为福"。那怎么样才能够"转祸为福"？《说苑》给出的答案一是"复恩"，二是"敬慎"。

《说苑》中把"祸"分为两种，一是个人的人祸，二是国家的国祸。对于人祸，书中认为："夫祸乱之原，基由不报恩生矣。"（《复恩》）就是说，祸乱的根源就在于没有复恩、报恩。复恩、报恩是社会基本的人情事理原则，假如没有按照这个原则，那就违背了社会基本伦理，祸害、

[①] 此为"南书房夜话"第59期，沙龙举办时间为2017年7月1日晚7点至9点，主讲人为张丰乾、李长春、方映灵（兼主持），本文为作者主讲部分。

祸乱便产生。"夫臣不复君之恩，而苟营其私门，祸之原也；君不能报臣之功，而惮行赏者，亦乱之基也。"（《复恩》）作为臣子，没有好好履职尽责做好自己的分内工作，报效君王报效国家，而是整天想着如何中饱私囊、为自己谋私利，有朝一日肯定会有罪祸降临。而君王对有功之臣丝毫没有想着如何论功行赏，那么有朝一日臣子就会怨恨君王从而导致祸乱。所以，书中有一句话说："夫施德者贵不德，受恩者尚必报。"（《复恩》）这就是说，施德施恩者的可贵是在于不求回报，而受德受恩者的原则则应该崇尚有恩必报，也就是"滴水之恩，当涌泉相报"。倘若恩惠的双方都能够这么做的话，那么双方就不会产生恩怨，灾祸也无从产生。相反，倘若双方都不按这个人情事理原则来处理，施恩者总想着要回报，而受恩者则根本没想过复恩报恩甚至恩将仇报，那么，灾祸纷争必然会产生。所以，个人恩怨和祸福是密切联系在一起的。

对施恩要懂得回报，这就是明事理、懂人情，所以"复恩"是"转祸为福"的重要因素。除了"复恩"，处理好与他人的关系外，《说苑》中最强调的就是要做好自己，"存亡祸福，其要在身"（《敬慎》）。"祸福非从地中出，非从天上来，己自生之。"（《谈丛》）祸福既不是由地下冒出来也不是天上掉下来的，而是由自身引起的，所以个人自身要以敬畏谨慎的态度为人处世："战战兢兢，如临深渊，如履薄冰。"（《敬慎》）只有以这种"敬慎"的姿态对人对事，才能消灭祸乱的根源，从而转祸为福。

而对于国祸，书中讲道："国虽大，好战必亡。"（《指武》）就是说，国家虽然强大，但动辄兵戎相见，则会招致灭亡之祸。而另一方面也讲道："天下虽安，忘战必危。"（《指武》）就是说，虽然天下太平了，但是倘若忘记了战争的存在，那么也是危险的。祸福存亡都是在相互转化的。所以，一个国家既不能好战，也要居安思危，才能够趋福避祸，天下太平。对于国家来说，同样也有一个"敬慎"的问题，这就是老子《道德经》中"治大国如烹小鲜"。一个大国国君和领导人，更加需要以小心翼翼的"敬慎"姿态治理国家，才能给百姓带来平安幸福而不是祸乱。

(二) 启示

《说苑》"转祸为福"的思想对我们非常有启发意义。第一，它告诫我们，要看到祸福是相互转化的，安危存亡也是相互转化的。所以，当我们处于太平顺境时，要居安思危；当我们处于逆境、困境的时候，则要有信心，要从逆境中看到转化的希望，要相信一定会从逆境、困境中走出来。第二，要做好自己，因为避祸趋福的关键还在于自己。所以，每个人都应该以敬畏审慎的姿态做好自己，努力做一个有德行、明事理的人，这样自然能够转祸为福了。

《说苑》书中提出"复恩"和"敬慎"作为解决"转祸为福"问题的关键核心因素，也非常有价值意义。通过这种解读思路，把祸福这种原本外在的、不可掌控的自然力量，转化为我们每个人都可以通过自己的努力解决的问题。也就是说，祸福由己不由人，幸福掌握在我们自己手中。我想这种解决问题的方法无论是对于我们个人还是国家治理，都非常具有启迪意义和价值。

问：现实生活中不仁不义的恶人也过得"富且寿"，如何解释？

这个问题很尖锐，但表面看上去确实存在这种情况。按儒家孟子的说法，人性是善的，人天生都是有"恻隐之心"的，没有人天生是不仁不义的恶人。实际上应该说，这些在外人看来所谓的不仁不义的恶人"富且寿"，一方面可能有外人所不知道的心路历程和坎坷阅历，另一方面也可能有外人由于不了解、不理解情况而产生的误解与偏见，而实际情况并非如此。所以，他们实际的情况、内心是否安宁，我们是不得而知的，我们看到的也许只是表面甚至是暂时的状态。结合我们今天的主题来说，是祸是福也许甚至要等到他的后代才能看得到，所以民间历来有"祖上积德"的说法。

但是，我们应该清楚，我们每个人到这个世界是来做人的。儒家告诉我们，为人由己，做什么样的人，一切都在于我们自己。是坚持做一个好人还是希望做一个恶人？我想不论如何，我们还是应该努力堂堂正正地、心安理得地做一个好人，就像儒家所提倡的"学以成人"。今天《说苑》书中"转祸为福"的思想也启示我们，尊天道、行人道，自然转祸为福！

参考文献

北京大学哲学系中国哲学史教研室选注：《中国哲学史教学资料选辑》，北京：中华书局，1981年。

蔡尚思：《中国传统思想总批判》，长沙：湖南人民出版社，1981年。

曹琦、彭耀：《世界三大宗教在中国》，北京：中国社会科学出版社，1986年。

陈鼓应：《老庄新论》，上海：上海古籍出版社，1992年。

陈鼓应主编：《道家文化研究》（第十七辑），北京：生活·读书·新知三联书店，1999年。

陈鼓应注译：《老子今注今译》，北京：商务印书馆，2003年。

陈鼓应注译：《庄子今注今译》，北京：中华书局，1983年。

陈来：《传统与现代：人文主义的视界》，北京：生活·读书·新知三联书店，2009年。

陈来：《仁学本体论》，北京：生活·读书·新知三联书店，2014年。

陈来：《有无之境——王阳明哲学的精神》，北京：人民出版社，1991年。

陈来：《中国近世思想史研究》，北京：商务印书馆，2003年。

陈明主编：《原道》（第一辑），北京：中国社会科学出版社，1994年。

陈修斋、杨祖陶：《欧洲哲学史稿》，武汉：湖北人民出版社，1983年。

戴季陶：《日本论》，北京：光明日报出版社，2013年。

狄百瑞：《儒家的困境》，北京：北京大学出版社，2009年。

丁宝兰主编：《岭南历代思想家评传》，广州：广东人民出版社，1985年。

丁文江、赵丰田编：《梁启超年谱长编》，上海：上海人民出版社，1983年。

杜维明：《儒家思想新论——创造性转换的自我》，曹幼华、单丁译，南京：江苏人民出版社，1996年。

杜维明：《新加坡的挑战——新儒家伦理与企业精神》，高专诚译，北京：生活·读书·新知三联书店，2013年。

范文澜：《中国近代史》，北京：人民出版社，1947年。

方立天：《佛教哲学》，北京：中国人民大学出版社，1986年。

方立天：《魏晋南北朝佛教论丛》，北京：中华书局，1995年。

方志钦、刘斯奋编注：《梁启超诗文选》，广州：广东人民出版社，1983年。

[美]费正清：《中国：传统与变迁》，张沛译，北京：世界知识出版社，2002年。

冯达文、郭齐勇主编：《新编中国哲学史》，北京：人民出版社，2004年。

冯达文：《冯达文文集》（全8册），郑州：河北教育出版社，2020年。

冯达文：《理性与觉性——佛学与儒学论丛》，成都：巴蜀书社，2009年。

冯达文：《寻找心灵的故乡——儒道释三家学术旨趣论释》，北京：中华书局，2015年。

冯达文：《早期中国哲学略论》，广州：广东人民出版社，1998年。

冯达文：《中国古典哲学略述》，广州：广东人民出版社，2009年。

冯达文：《中国哲学的本源——本体论》，广州：广东人民出版社，2001年。

冯契：《中国古代哲学的逻辑发展》，上海：上海人民出版社，1984年。

冯友兰：《三松堂全集》，郑州：河南人民出版社，2001年。

冯友兰：《中国现代哲学史》，香港：中华书局，1992年。

[英]弗兰西斯·培根：《培根论说文集》，水同天译，北京：商务印书馆，1986年。

甘阳：《文化：中国与世界》（第三辑），北京：生活·读书·新知三联出版社，1988年。

葛懋春、蒋俊编选：《梁启超哲学思想论文选》，北京：北京大学出版社，1984年。

郭朋：《明清佛教》，福州：福建人民出版社，1982年。

郭朋：《隋唐佛教》，济南：齐鲁书社，1980年。

韩逋仙：《中国中古哲学史要》，台北：正中书局，1960年。

贺麟：《当代中国哲学》，台北：宗青图书出版公司，1978年。

[美]亨利·基辛格：《世界秩序》，胡利平、林华、曹爱菊译，北京：中信出版社，2015年。

侯外庐、赵纪彬、杜国庠、邱汉生：《中国思想通史》，北京：人民出版社，1957年。

侯外庐：《近代中国思想学说史》，上海：生活书店，1947年。

侯外庐主编：《中国近代哲学史》，北京：人民出版社，1978年。

胡适：《胡适禅学案》，台北：正中书局，1975年。

黄仁宇：《中国大历史》，北京：生活·读书·新知三联书店，2006年。

黄宗羲：《明儒学案》，杭州：浙江古籍出版社，1985年。

[唐]慧能著：《坛经校释》，郭朋校释，北京：中华书局，1983年。

姜义华、吴根梁、马学新编：《港台及海外学者论近代中国文化》，重庆：重庆出版社，1987年。

姜义华：《章太炎思想研究》，上海：上海人民出版社，1985年。

赖永海：《中国佛性论》，上海：上海人民出版社，1988年。

黎业明：《明儒思想与文献论集》，北京：商务印书馆，2017年。

李国俊编：《梁启超著述系年》，上海：复旦大学出版社，1986年。

李锦全主编：《湛甘泉研究文集》，广州：花城出版社，1993年。

李时岳、李侃等：《中国近代史》，北京：中华书局，1979年。

李文荪：《梁启超》，张力译，台北：长河出版社，1978年。

李小甘主编：《深圳文化创新之路》，北京：中国社会科学出版社，2018年。

李学勤、姜广辉：《郭店楚简研究》，北京：文物出版社，1998年。

李泽厚、刘绪源：《该中国哲学登场了》，上海：上海译文出版社，2011年。

李泽厚：《中国古代思想史论》，北京：人民出版社，1986年。

李泽厚：《中国近代思想史论》，北京：人民出版社，1979年。

李泽厚：《中国现代思想史论》，北京：东方出版社，1987年。

梁启超：《佛学研究十八篇》，北京：商务印书馆，2014年。

梁启超：《梁启超全集》第3卷，北京：北京出版社，1999年。

梁启超：《梁任公近著第一辑》（中卷），北京：商务印书馆，民国十二年（1923）。

梁启超：《梁任公学术讲演集》（第一、二辑），北京：商务印书馆，民国十一年（1922）。

梁启超：《清代学术概论》，北京：人民出版社，2008年。

梁漱溟：《中国文化的命运》，北京：中信出版社，2010年。

[美]林毓生：《中国传统的创造性转化》，北京：生活·读书·新知三联书店，1992年。

[美]林毓生：《中国意识的危机》，穆善培译，贵阳：贵州人民出版社，1986年。

[日]铃木大拙、[美]佛洛姆：《禅与心理分析》，孟祥森译，北京：中国民间文艺出版社，1986年。

刘放桐等编著：《现代西方哲学》，北京：人民出版社，1981年。

刘建国：《中国哲学史史料学概要》，长春：吉林人民出版社，1983年。

[汉]刘向撰：《说苑校证》，向宗鲁校证，北京：中华书局，1987年。

刘笑敢：《庄子哲学及其演变》，北京：中国人民大学出版社，2010年。

楼宇烈:《中国佛教与人文精神》,北京:宗教文化出版社,2003年。
罗福惠、唐文权:《章太炎思想研究》,武汉:华中师大出版社,1986年
吕澂:《中国佛学源流略讲》,北京:中华书局,1998年。
吕思勉:《理学纲要》,北京:东方出版社,1996年。
马德邻、吾淳、汪晓鲁:《宗教·一种文化现象》,上海:上海人民出版社,1987年。
马克思、恩格斯:《马克思恩格斯选集》(第四卷),北京:人民出版社,1995年。
[德]马克斯·韦伯:《儒教与道教》,王容芬译,北京:商务印书馆,1995年。
[德]马克斯·韦伯:《新教伦理与资本主义精神》,黄晓京、彭强译,北京大学出版社,2014年。
[美]M·怀特:《分析的时代——二十世纪的哲学家》,杜任之主译,北京:商务印书馆,1987年。
孟祥才:《梁启超传》,北京:北京出版社,1980年。
牟宗三:《心体与性体》(全三册),上海:上海古籍出版社,1999年。
牟宗三:《中国哲学的特质》,上海:上海古籍出版社,1997年。
牟宗三:《中国哲学十九讲》,上海:上海古籍出版社,1997年。
任继愈:《汉唐佛教思想论集》,北京:人民出版社,1998年。
任继愈主编:《中国哲学史》,北京:人民出版社,1979年。
容肇祖:《魏晋的自然主义》,北京:东方出版社,1996年。
[美]塞缪尔·亨廷顿:《文明的冲突与世界秩序的重建》,周琪等译,北京:新华出版社,2010年。
苏渊蕾:《佛教与中国传统文化》,长沙:湖南教育出版社,1988年。
汤一介:《佛教与中国文化》,北京:宗教文化出版社,1999年。
汤一介:《郭象与魏晋玄学》,北京:北京大学出版社,2009年。
汤用彤:《汉魏两晋南北朝佛教史》,武汉:武汉大学出版社,2008年。
汤用彤:《汤用彤学术论文集》,北京:中华书局,1983年。
汤用彤:《魏晋玄学论稿》,北京:生活·读书·新知三联书店,2009年。
汤志钧:《戊戌变法人物传稿》(上册),北京:中华书局,1961年。
汤志钧编:《章太炎政论选集》(上下册),北京:中华书局,1977年。
[魏]王弼著:《王弼集校释》(上、下),楼宇烈校释,北京:中华书局,1980年。
王尔敏:中国近代思想史论,台北:华世出版社,1977年。
王汎森:《章太炎的思想(1868—1919)及其对儒学传统的冲击》,台北:时报文化出版事

业有限公司，1985年。

王京生：《观念的力量》，北京：人民出版社，2012年。

王京生：《深圳十大观念》，深圳：深圳报业集团出版社，2011年。

王京生：《文化主权论》，北京：红旗出版社，2013年。

王京生：《我们需要什么样的文化繁荣》，北京：社会科学文献出版社，2014年。

王森然：《近代二十家评传》，北京：书目文献出版社，1987年。

威廉·詹姆士：《实用主义》，北京：商务出版社，1996年。

韦政通：《伦理思想的突破》，成都：四川人民出版社，1988年。

韦政通等编著：《中国前途的探索者——现代中国思想家》第二辑、第三辑，台北：巨人出版社，1978年。

吴嘉勋、李华兴编：《梁启超选集》，上海：上海人民出版社，1984年。

肖萐父、李锦全主编：《中国哲学史》（上下册），北京：人民出版社，1983年。

萧功秦：《儒家文化的困境——中国近代士大夫与西方挑战》，成都：四川人民出版社，1986年。

谢樱宁：《章太炎年谱摭遗》，北京：中国社会科学出版社，1987年。

辛冠洁主编：《中国近代著名思想家评传》（上下册），济南：齐鲁书社，1982年。

熊十力：《佛家名相通释》，北京：中国大百科全书出版社，1985年。

许抗生：《僧肇评传》，南京：南京大学出版社，1998年。

严北溟：《儒道佛思想散论》，长沙：湖南人民出版社，1984年。

杨伯峻：《论语译注》，北京：中华书局，2011年。

杨伯峻：《孟子译注》，北京：中华书局，2011年。

杨曾文：《日本佛教史》，杭州：浙江人民出版社，1995年。

杨松、邓力群原编，荣孟源主编：《中国近代史资料选辑》，北京：生活·读书·新知三联书店出版，1954年。

余英时：《士与中国文化》，上海：上海人民出版社，1987年。

余英时：《现代儒学论》，上海：上海人民出版社，1998年。

袁伟时：《帝国落日：晚清大变局》，南昌：江西人民出版社，2003年。

袁伟时：《中国现代哲学史稿》上卷，广州：中山大学出版社，1987年。

[挪威]约翰·加尔通：《美帝国的崩溃：过去、现在与未来》，阮岳湘译，北京：人民出版社，2013年。

张曼涛主编：《佛教与中国文化》，上海：上海书店，1987年。

章念驰编:《章太炎生平与思想研究文选》,杭州:浙江人民出版社,1986年。

章太炎:《章太炎全集》,上海:上海人民出版社,1985年。

赵明:《道家思想与中国文化》,长春:吉林大学出版社,1986年。

中国社会科学院近代史研究所中华民国史研究室、中山大学历史系孙中山研究室、广东省社会科学院历史研究所合编,《孙中山全集》(第1–11卷),北京:中华书局,1981—1986年。

中国社科院世界宗教研究所编:《马恩列斯论宗教》,北京:中国社会科学出版社,1979年。

后 记

　　本书是我历年来有关中国思想文化方面的文集，基本都已发表刊载过。第一部分为中国哲学论文，第二部分是文化课题类论文，第三部分是讲座稿。全书围绕的中心都是中国思想文化问题，思想出入于传统与现代之间。

　　本书的写作首先要特别感谢我的三位导师：丁宝兰、袁伟时、冯达文先生对我的培养。我于1982年入读中山大学哲学系，毕业时有幸以年级第二名的学业成绩，经袁伟时、冯达文两位教授推荐并通过考试，继续攻读本系中国哲学硕士学位，成为该专业首位女研究生，师从丁宝兰教授。丁宝兰先生是近代著名政治家、教育家、执掌中山大学20年的许崇清校长的高足，德高望重，学贯中西，有着儒雅君子风范，令人痛惜的是1988年在我研究生二年级时他因病辞世，享年70岁。之后，袁伟时先生接替丁先生成为我的硕士生导师。对此，1989年5月我在硕士毕业论文的扉页中写下"谨以此文纪念我的老师丁宝兰教授"，在"后记"中也特别表达了缅怀之情，现特录如下：

　　本来，首先看到这篇论文并悉加指导的，应是我先前的导师——丁宝兰教授。但是，去年十月，正当我开始论文的准备工作之时，丁先生却因病而离开了人间……先生生前对我谆谆教诲、悉心关怀，一切历历在目，令我难忘。对于论文选题的确定及资料来源，先生曾花了诸多心血，提供了诸多帮助……如今，论文已经完成，我谨以它作为献给先生灵前的一朵洁白的小花。

　　本文的写作是在我现在的导师——袁伟时教授的关怀指导下而进行的。我十分感谢袁先生在事务的繁重之下（注：当时袁老师是中山大学孙文学院创院院长、全国人大代表），接替了丁先生对我的论文指导工作。他在这几年中给予了我诸多关怀、鼓励与教诲，早在我考研究生之时，承蒙他与冯达文先生作为我的推荐老师，帮我写了推荐意见……所有这一切，都使我不胜感激，难以忘怀。

　　我深深地感谢李锦全教授、冯达文副教授、吴熙钊副教授，他们在这几年中，对我给予了辛勤培育、诸多关心与帮助。我深深地感谢西北大学校长张岂之教授，他在百忙之中对我的论文提出了诸多宝贵意见；感谢兰州大学哲学系马序先生对我敦煌之行的热情帮助，使我能更好地领略敦煌佛学文化。

　　感谢陈少明老师的热情帮助与指导，他对本论文的写作与修改提出了诸多宝贵意见。

　　感谢孙树明、吴重庆、邢益海诸学兄在这几年来对我的鼓励与帮助。

　　有幸一直得到母校师友诚挚的关爱与帮助，康乐园成为我心中永远的精神家园。

　　恩师如父，三位导师对我的学业与人生产生了深远的影响。除了已仙逝的丁先生，袁伟时、冯达文两位先生不仅是我学业上的导师，更是我人生的导师。袁老师由于对我个人品学的赏识和器重，力劝我放弃考北大而留在中大读研，从而深深影响了我的人生轨迹。而被学生们誉为"我们的老师"的冯达文老师则先是我专业入门的导师，接着是我硕士研究生的推荐导师，而后成为我的博士生导师。这位著名哲学史家为大学二年级的我们讲授"中国哲学"课程，他别开生面的学术阐释能力、构筑哲学体系的宏阔气度，以及睿智豁达的人格魅力，深刻影响了我的学术志趣。抽象晦涩的哲学在这位中宣部、教育部"马工程·中国哲学史编写组"首席专家的讲授之下，变得生动有趣，并与我们的日常生活、社会人生息息相关，我由此对中国哲学产生了浓厚兴趣并继而把它作为自己的专业。1997年我考回母校在职攻读该专业博士研究生，这位广东省优秀社会科学家遂成为我的博士生导师，我的专业方向也因此由近现代中国哲学转向古典中国哲学。

"学以成人"是2018年在北京举办的第24届世界哲学大会的主题，也是中国哲学的核心主题，正如现代新儒家牟宗三先生所说，中国哲学是"以生命为中心的学问"。融化于生命的学问成为个人学养。我有幸承教于三位名师，在美丽的康乐园以中国哲学为专业度过我的学习生涯，使我原本稚拙的精神生命得以丰盈温润的滋养，此生幸甚！感恩！

子曰："知者不惑，仁者不忧，勇者不惧。""仰不愧于天，俯不怍于人。"愿以此与大家共勉，以学问滋养人生，从容面对时代内卷，走向未来。

本书的出版得到深圳市社会科学院专项科研课题经费的资助，衷心感谢深圳市社会科学院诸位领导及同事的关心与支持！

衷心感谢广东学而优书店创办人陈定方女士，广东人民出版社柏峰女士、陈其伟先生、唐金英女士等对本书出版的帮助与严谨细致的审校！

方映灵

2021年9月16日于深圳梧桐山谷